T0244333

LA CIENCIA
DEL PECADO

Jack Lewis

LA CIENCIA
DEL PECADO

Por qué hacemos cosas que sabemos
que no deberíamos hacer

© Jack Lewis, 2018, 2024

Esta traducción de *La ciencia del pecado* ha sido publicada por editorial Pinolia en colaboración con Bloomsbury Publishing Plc.

© Editorial Pinolia, S. L., 2024
   Calle de Cervantes, 26
   28014 Madrid

www.editorialpinolia.es
info@editorialpinolia.es

© Traducción: Equipo Pinolia

Colección: Divulgación científica
Primera edición: enero de 2024

Reservados todos los derechos. No está permitida la reproducción total o parcial de este libro, ni su tratamiento informático, ni la transmisión de ninguna forma o por cualquier medio, ya sea mecánico, electrónico, por fotocopia, por registro u otros métodos, sin el permiso previo y por escrito de los titulares del *copyright*.

Depósito legal: M-33714-2023
ISBN: 978-84-19878-29-8

Corrección y maquetación: Palabra de apache
Diseño de cubierta: Álvaro Fuster-Fabra
Impresión y encuadernación: Industria Gráfica Anzos, S. L. U.

Printed in Spain - Impreso en España

ÍNDICE

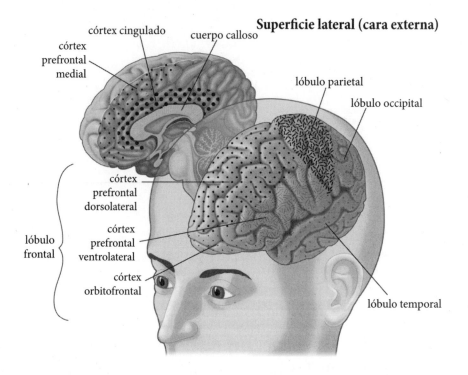

Superficie medial (cara interna)

Superficie lateral (cara externa)

córtex cingulado

cuerpo calloso

córtex prefrontal medial

lóbulo parietal

lóbulo occipital

córtex prefrontal dorsolateral

lóbulo frontal

córtex prefrontal ventrolateral

córtex orbitofrontal

lóbulo temporal

Una ilustración de la superficie medial y lateral del cerebro humano. El lector que lo desee puede regresar a esta página para aclarar a qué superficie del cerebro se refieren las ilustraciones que encontrará a lo largo del libro.

CAPÍTULO I
AL PRINCIPIO

En los siglos anteriores a la Ilustración, movimiento que nos trajo el método científico y las respuestas basadas en pruebas a las preguntas de la humanidad, los líderes de opinión eran invariablemente hombres de convicciones religiosas o filosóficas. Estos hombres compartían el interés por la observación minuciosa del comportamiento humano y hacían todo lo posible, dados los limitados recursos disponibles, por encontrar respuestas a preguntas difíciles sobre cómo deberíamos vivir nuestras vidas, la naturaleza del universo, el propósito de la existencia, qué nos espera después de la muerte, etc. Reflexionaron largo y tendido sobre el problema de lo que constituye una vida «buena» frente a una vida «mala» y, en conjunto, hicieron un buen trabajo al identificar los aspectos de la naturaleza humana que causan problemas sociales y los que promueven una buena calidad de vida.

Los filósofos buscaban su inspiración en el interior, estableciendo verdades absolutas mediante repetidas iteraciones de deducción y poniendo a prueba sus conclusiones a través del debate con personas de ideas afines. Por su parte, los religiosos buscaban inspiración en el mundo exterior, observando el cielo con el fin de encontrar la orientación divina.

Los filósofos tenían un doble sistema de etiquetado: los buenos comportamientos se denominaban virtudes, y los que conducían a malos resultados, vicios. Sin embargo, las religiones mundiales de mayor éxito tendían a centrarse en los comportamientos prohibidos —los que se consideraba que distraían de una apreciación plena de Dios—, marcándolos como pecados. Y la lista de pecados tendía a crecer, crecer y crecer.

San Gregorio Magno —papa desde el año 590 al 604 d. C.— no solo nos regaló las delicias del canto gregoriano, sino que también tuvo la amabilidad de tomarse la molestia de reunir los siete pecados capitales. Su particular lista de los vicios capitales[1] ha sido elegida como base para la exploración en este libro de las posibles observaciones de la ciencia a la cuestión del pecado por tres razones principales.

En primer lugar, el cristianismo es el sistema de creencias con el que estoy más familiarizado, una consecuencia de haber vivido mi infancia en el oeste de Londres en los años ochenta y noventa. A pesar de haber nacido en una familia atea y agnóstica, acabé cantando muchos himnos durante mi infancia. Las asambleas matutinas diarias de la escuela primaria y secundaria de la Iglesia de Inglaterra lo exigían, y de joven incluso elegí cantar en el coro de la iglesia local por voluntad propia. Nunca me creí las historias que escuché[2] durante las muchas horas que pasé en aquella cámara de culto perpetuamente fría e impregnada de incienso, pero estaba agradecido por haber

---

[1] Los siete *pecados capitales* y los *vicios capitales* son conceptos sinónimos en este libro.

[2] Sin embargo, sí creí en los mensajes contenidos en un poema que mi madre colgó en la parte trasera de la puerta del baño de la casa de mi infancia y que debo haber leído miles de veces. Todas y cada una de sus palabras me suenan a verdad. Véase el anexo I.

sido aceptado en el redil y por la oportunidad de cantar con regularidad. De hecho, algunos de los momentos más trascendentales de mi vida ocurrieron mientras cantaba canciones religiosas en las que no creía, como una voz entre muchas, durante mi introducción al sistema de creencias cristiano. Me dio una auténtica visión de primera mano de lo eficaz que puede ser la religión para hacer que la gente se sienta parte de una comunidad.

En segundo lugar, el septeto pecaminoso tiene la ventaja de ser ampliamente familiar para personas pertenecientes a muchos contextos diferentes, gracias en gran parte al thriller de asesinos en serie de 1995 *Se7en*,[3] protagonizado por Brad Pitt, Morgan Freeman, Gwyneth Paltrow y Kevin Spacey. Los siete pecados capitales son generalmente reconocibles para la mayoría de la gente, incluso para los nacidos en culturas donde el cristianismo no es la religión preferente, aunque a la mayoría le cuesta nombrarlos todos. Adelante. Inténtalo. Sin mirar.

En tercer lugar, el número siete es científicamente propicio. En lo que respecta a las limitaciones de la memoria de trabajo humana, el siete es una especie de «número mágico». De hecho, un artículo de psicología publicado en 1956 y escrito por George A. Miller, de la Universidad de Princeton, se titulaba «El número mágico siete, más o menos dos». En él se presentaban pruebas de que, por término medio, el cerebro humano tiene dificultades para retener simultáneamente más de siete datos en la mente. Esto sugería que había pocas posibilidades de que una persona normal pudiera retener diez instrucciones distintas en su cabeza en un momento dado, como los diez mandamientos, por ejemplo. Es posible que el papa Gregorio Magno se adelantara a este descubrimiento en más de un milenio cuando redujo las diversas tentaciones pecaminosas del ser humano a un número mucho más manejable.

---

[3] Si no la has visto, te la recomiendo encarecidamente: ¡es un clásico!

Analizaremos las posibles causas neurológicas de comportamientos que encajan más o menos en el molde de cada vicio capital. Una y otra vez veremos que, con moderación, cada una de las siete tentaciones humanas más comunes es una parte perfectamente aceptable, si no totalmente necesaria, de nuestro repertorio de comportamientos. Si se suprimieran por completo, es muy posible que nuestra especie nunca hubiera sobrevivido.

El orgullo, por ejemplo, puede tener consecuencias sanas o malsanas según cómo se manifieste en una persona. Ser demasiado egocéntrico es una actitud molesta para los demás, pero no sentirse orgulloso de lo que uno hace también puede acarrear problemas. Está claro que un toque de lujuria es vital para la perpetuación de la especie, pero, cuando permitimos que la libido domine todas las decisiones, esto nos puede causar un gran sufrimiento. La gula permitió que nuestros antepasados cazadores-recolectores sobrevivieran a períodos de escasez de alimentos, pero ahora la lacra de la obesidad atenta contra nuestra calidad de vida e inluso nos está matando en masa. La pereza es una fuerza del mal cuando anima a la gente a eludir sus obligaciones, pero en otras ocasiones es vital, ya que nos permite recuperarnos de la enfermedad, o incluso evitar que esta se desarrolle. Incluso la envidia, la codicia y la ira tienen componentes benignos y malignos.

LA DESCENDENCIA DE LAS ESPECIES

Desde las épocas de los diversos profetas cuyas palabras engendraron las religiones más populares e influyentes del mundo, el conocimiento de la humanidad se ha expandido exponencialmente. Uno de los hitos clave fue la comprensión del auténtico origen de la vida, un conocimiento basado en pruebas. Ningún ser humano original del tipo de Adán y Eva aterrizó jamás, completamente formado, en la Tierra de la mano de un dios todopoderoso y omnisciente. La humanidad surgió a través de un proceso mucho más gradual. El principal avance en nuestra comprensión consistió en darnos cuenta de que el modelo de los organismos biológicos (el ADN) se transmite de padres a hijos, y cuando este material genético se copia, combina y transmite de una generación a la siguiente, inevitablemente se cometen pequeños errores. Por lo general, estos errores no afectan a las perspectivas de supervivencia del organismo, pero a veces sí. Cuando uno de estos cambios inevitables y accidentales proporciona a la descendencia una ventaja sobre sus competidores, el paquete de ADN reescrito tiene más posibilidades de transmitirse a través de las generaciones sucesivas. Como consecuencia de muchos de estos errores genéticos fortuitos acumulados durante períodos de tiempo inimaginablemente largos, las jirafas acabaron teniendo cuellos enormemente alargados, lo que les permitía alcanzar las ramas altas que eran inaccesibles para otros animales; los pinzones de Darwin obtuvieron sus picos especializados, que les permitían acceder a alimentos que otras aves de las islas Galápagos no podían conseguir, y los humanos terminamos caminando sobre dos piernas en lugar de a cuatro patas, una modificación del código genético de los primates que resultó ser inestimable para recorrer largas distancias y liberar nuestras manos para poder utilizar herramientas. Esto mejoró enormemente nuestra capacidad para cazar y, a su vez, nuestras posibilidades de sobrevivir lo suficiente como para transmitir esos genes bípedos. Este es el proceso por el que, a lo largo de millones de años, la evolución forjó gradualmente a los humanos a partir de antiguas criaturas marinas. Los *Homo sapiens* no somos más que una maraña fortuita de ADN mal copiado que pasó a conferirnos unas capacidades cerebrales excepcionales.

Caminar erguidos sobre dos piernas fue solo el principio. Hace entre 350 000 y 200 000 años, la superficie del cerebro de nuestros antepasados empezó a expandirse, de generación en generación, a un ritmo más rápido que nunca. El aumento de tamaño del córtex prefrontal, situado en la parte frontal del cerebro, detrás de nuestras abultadas frentes, empezó a dar soporte a un repertorio de comportamientos más amplio que el de otros animales de nuestro tamaño. Nos permitía pensar de forma más creativa, comunicarnos y cooperar entre nosotros de maneras más sofisticadas, predecir el futuro con mayor exactitud y, en última instancia, averiguar cómo adaptar el entorno a nuestra voluntad. Pero un cerebro más grande significaba una cabeza más grande, lo que planteaba un gran problema.

Los únicos bebés de cerebro grande que nacieron vivos fueron los que abandonaron el útero materno antes de lo normal (para un primate de nuestro tamaño y complejidad). El cerebro de un bebé humano duplica su tamaño durante el primer año de vida. ¿Te imaginas que eso ocurriera dentro del cuerpo de la madre? Una salida prematura podría salvar la vida de la madre y del niño, pero dejaría a nuestros recién nacidos increíblemente indefensos. En comparación con nuestros primos primates no humanos, nuestras crías tardan muchos más años en desarrollar las habilidades básicas necesarias para sobrevivir. Cuanto más tiempo dependen las crías de los adultos para sobrevivir, mayor es la presión para que desarrollen habilidades sociales que les permitan llevarse bien con los demás durante largos períodos de tiempo. Muchas especies animales cooperan en grupo, pero la habilidad única que permitió a nuestra especie dominar finalmente todo el planeta fue la capacidad de colaboración flexible con un gran número de individuos, tanto con extraños como con parientes.

La aparición de diversas especializaciones cerebrales que facilitan la colaboración eficaz a largo plazo con los demás puede explicarse por un bucle de retroalimentación positiva. Nuestro cerebro más grande nos hizo necesitar la cooperación de los demás para sobrevivir a los muchos años de vulnerabilidad hasta que finalmente alcanzamos la madurez sexual y pudimos transmitir los genes a la siguiente generación, pero el cerebro más grande también nos proporcionó los medios —en términos de espacio cerebral adicional— para apoyar las sofisticadas habilidades sociales que nos permitieron llevarnos bien con muchos individuos diferentes durante períodos de tiempo tan largos.[4] El ciclo dio vueltas y vueltas durante cientos de generaciones hasta que nuestro cerebro acabó siendo tres veces mayor que el de nuestros primos chimpancés y bonobos, a pesar de compartir con ellos el 98,5 % de nuestro ADN.

BENEFICIOS DE UN CEREBRO MÁS GRANDE

Esta capacidad cerebral adicional proporcionó a nuestros antepasados la potencia de aprendizaje necesaria para desarrollar todo tipo de habilidades únicas nunca vistas antes en la Tierra. El lenguaje, por ejemplo, mejoró la capacidad de nuestros antepasados para formar grupos relativamente grandes y estables que podían cooperar entre sí a largo plazo, y también facilitó enormemente la acumulación y el intercambio de conocimientos. El habla no solo permitió que los lazos sociales se cimentaran a través del cotilleo, en sustitución del acicalamiento físico que ocupa la mayor parte del tiempo libre de nuestros primos chimpancés y bonobos, sino que también aceleró enormemente el desarrollo y la adquisición de todo tipo de nuevas habilidades y conocimientos.

En un mundo sin lenguaje, los chimpancés pueden aprender a utilizar herramientas —como cascanueces y esponjas de musgo— simplemente observando el ejemplo de otros. Pero la

---

[4] Otra forma de verlo es que el *tiempo adicional* que nuestra especie necesita para desarrollar un dominio completo de nuestros cerebros sobredimensionados nos hizo dependientes de la colaboración en grupo a largo plazo y facilitó el desarrollo de las habilidades sociales relativamente sofisticadas que la hacen posible.

capacidad de usar palabras para guiar a un aprendiz ofrece un mayor grado de flexibilidad y matiz, lo que permite transmitir habilidades más sofisticadas de un humano a otro.

Tras muchos miles de años de caza y recolección, nuestros antepasados cambiaron las lanzas, las hondas, los arcos y las flechas que utilizaban para obtener alimento por palas, guadañas y arados. La invención de la agricultura y la ganadería proporcionó un suministro más constante de alimentos, y eliminó la necesidad de desplazarse periódicamente en busca de nuevos recursos. La adopción de un estilo de vida más estático lo cambió todo. Cuando los humanos se vieron obligados a permanecer en el mismo lugar generación tras generación, empezaron a utilizar sus cerebros sobredimensionados para encontrar formas de gestionar sus recursos. Por ejemplo, ¿por qué utilizar a los animales únicamente para obtener carne y ropa cuando también podían emplearse para tirar del arado? Con el uso de bestias de carga, sistemas de irrigación y otras innovaciones que aumentaban la productividad de una gama cada vez mayor de cultivos, llegaron los excedentes. Con la acumulación de excedentes (que sus antepasados nómadas nunca habrían podido llevar consigo) surgió la necesidad de encontrar sistemas de almacenamiento, contabilidad, distribución y todo tipo de inventos. Esto preparó el terreno para la aparición de las ciudades y las civilizaciones. Volvamos al principio: al caballo le siguió el vapor, al gas y a los combustibles líquidos, la electricidad y, finalmente, la energía nuclear. Antes de que nos diéramos cuenta, en un abrir y cerrar de ojos histórico, nos encontramos abandonando nuestras herramientas para entrecerrar los ojos ante las pantallas de nuestros omnipresentes ordenadores personales y teléfonos inteligentes.

Podría decirse que la característica más increíble del cerebro humano es su fenomenal capacidad para adaptarse a las presiones de cualquier entorno en el que se encuentre, ya sea natural o construido. La neuroplasticidad (véase el glosario para más información, p. 337) describe el proceso por el cual cualquier cosa que hagamos de forma regular e intensiva, y que mantengamos durante largos períodos de tiempo, induce cambios físicos en el tejido de nuestro cerebro. Estos cambios nos permiten realizar las actividades que hemos estado practicando con mayor eficacia la próxima vez. Este es el proceso por el que perfeccionamos nuestras habilidades a base de ensayo y error, y producimos cerebros capaces de moldear el entorno local de formas cada vez más sofisticadas. Podemos construir todo tipo de estructuras útiles en la tierra, bajo el agua, en el espacio; podemos desviar ríos, abrir agujeros en montañas y mucho más. A su vez, los entornos en los que habitamos moldean nuestros cerebros, y esos cerebros adquieren habilidades que nos permiten volver a moldear el entorno, y estos nuevos entornos moldean aún más nuestros cerebros, y así sucesivamente.

Lo que hay que tener en cuenta es que ninguna de las innovaciones logísticas, de ingeniería, científicas, financieras y arquitectónicas que nos han permitido, colectivamente, moldear la superficie de nuestro planeta para adaptarla a nuestras necesidades habría sido posible sin desarrollar antes las especializaciones del cerebro humano que permiten la interacción social a gran escala. Para lograrlo, nuestro cerebro tuvo que especializarse en leer entre líneas cuando se trataba de entender a otras personas, dándonos la capacidad de percibir sus estados de ánimo, intenciones y motivos ocultos. Nuestro repertorio emocional se amplió para ayudarnos a modular nuestro comportamiento de forma que buscáramos el equilibrio entre nuestras necesidades egoístas y las de los demás. Cuando lo conseguimos, nos aseguramos la pertenencia a largo plazo a grandes grupos cooperativos (denominados *InGroup*) que iban más allá de la familia. Al principio, el objetivo fundamental de estos grupos era proporcionar seguridad para protegerse de diversas amenazas. Los peligros ocasionados por el hambre, los depredadores y los ataques de competidores humanos (a los que nos referimos como *OutGroup*) eran mucho más fáciles de sortear trabajando juntos.

Cuanto más grande es el grupo, mayores son los beneficios, hasta cierto punto. Las comunidades humanas tienden a ser relativamente estables cuando están compuestas por alrededor de 150 personas. Este parece ser el tamaño óptimo para un grupo cooperativo de humanos tanto en todo el mundo como a lo largo de la historia. Se cree que refleja las limitaciones de la cantidad de información social que puede almacenar el cerebro humano, no solo sobre sus propias relaciones, sino también sobre las de los demás. Nuestra capacidad para mantener grupos cooperativos más grandes que cualquier otro primate se debe probablemente a nuestra facultad para aprender no solo de nuestra propia experiencia personal, sino también de las experiencias de otras personas. Incluso con la ventaja de los cotilleos para hacer circular información sobre la reputación de otras personas y potenciar nuestras capacidades sociales, si un grupo tiene más de 150 miembros, acabamos perdiendo la pista de quién es quién. Eso hace que mantener la armonía social dentro del grupo sea mucho más difícil. Para que las cooperativas humanas se mantuvieran estables con poblaciones de más de 150 personas tuvimos que inventar a Dios (o a los dioses).

Caras en las nubes

Los pecados capitales pueden considerarse los extremos de siete categorías muy comunes de comportamiento humano que tienden a provocar enfrentamientos entre las personas. Si todo el mundo se resistiera a esas siete tentaciones concretas, habría menos fricciones sociales, más cooperación y, por tanto, todos saldríamos ganando. El problema es que la naturaleza humana es tal que siempre hay alguien que intenta torcer las reglas a su favor. En cualquier grupo humano lo suficientemente grande, siempre habrá alguien que intente engañar al sistema. Sin embargo, si el grupo comparte la creencia de que el incumplimiento de las normas siempre acabará descubriéndose y los castigos por las transgresiones son adecuadamente severos, entonces el número de personas que actúan de acuerdo con estas tentaciones podría al menos mantenerse en un mínimo absoluto. Los dioses son muy útiles cuando se trata de imponer códigos de conducta a gran escala. Incluso se ha argumentado convincentemente[5] que la creencia en un dios o en varios dioses resulta inevitable para cualquier criatura con un cerebro como el nuestro. Teniendo en cuenta algunos de los mecanismos fundamentales del cerebro humano que nos permiten sentir, comprender e incluso anticipar acontecimientos del mundo que nos rodea, la creencia en lo sobrenatural es totalmente predecible. La retrospectiva es algo maravilloso.

El primer mecanismo que conviene tener en cuenta es la enorme capacidad del cerebro para advertir patrones en el mundo que nos rodea a partir de la información sensorial recibida. A continuación, el cerebro utiliza estos patrones para hacer predicciones y luego actualiza el modelo interno en función de si las expectativas se han cumplido o no. Cuando no funciona como se esperaba, el cerebro se pone a zumbar, corrigiendo el mecanismo que realiza las predicciones para que funcione mejor la próxima vez. Por otro lado, si lo que ocurre coincide con lo que el modelo interno del cerebro predijo, entonces se refuerza ese modelo concreto. Estos mecanismos de detección y predicción de patrones nos ayudan a predecir el futuro, no en el sentido de una clarividencia sobrenatural, sino en el sentido de que, si somos buenos detectando patrones, mejoramos nuestra capacidad de anticipar lo que puede ocurrir a continuación.

---

[5] Por Michael Shermer en su excelente libro *The Believing Brain*.

Veamos un par de ejemplos. Estos patrones pueden operar en diferentes escalas temporales, desde segundos hasta días. Imagina, por ejemplo, que intentas encontrar un lugar seguro para cruzar un río y ves a lo lejos un tramo de agua en el que las ondulaciones de la superficie indican que podría ser lo bastante poco profundo como para cruzarlo. Si llegas hasta allí y te das cuenta de que el patrón que viste en la superficie del agua desde lejos no predecía un buen lugar para cruzar (no era poco profundo en absoluto, sino un remolino de corriente), es posible que decidas ignorar esas ondulaciones en el futuro. Por otro lado, si encuentras un bonito camino de piedras justo debajo de la superficie del agua, sabrás que tu predicción de que un patrón diferente en las ondulaciones de la superficie indica la ubicación de un cruce poco profundo parece funcionar y, por tanto, podría ser útil de nuevo en el futuro.

Un ejemplo a más largo plazo sería una cadena de acontecimientos sucesivos. Si al suceso A le siguen casi siempre los sucesos B y C, basta con que ocurra el suceso A para estar prevenidos y prepararnos para el C. Digamos, por ejemplo, que el suceso A es que el cielo se abre con un aguacero torrencial, el suceso B es empaparse hasta los huesos y el suceso C es ponerse enfermo en los próximos días. Cuando nuestro modelo interno del funcionamiento del mundo registra la proximidad del acontecimiento A (nubes negras que se ciernen sobre nosotros), podemos ver el futuro, dejar lo que estamos haciendo y tomar medidas para evitar el acontecimiento B (empaparnos) y reducir las probabilidades de que se produzca el acontecimiento C (enfermar).

Nuestra capacidad para dar sentido al mundo implica miles de predicciones sobre lo que veremos, oiremos, tocaremos, oleremos y saborearemos a continuación, en cualquier entorno en el que pasemos nuestro tiempo y tengamos amplia experiencia. Estos modelos internos del funcionamiento del mundo se van refinando e integrando gradualmente a través de la experiencia. Para los niños, el mundo está lleno de sorpresas. En la edad adulta ya lo hemos visto todo y lo sentimos así porque nuestros cerebros han acumulado una experiencia considerable, mientras que, durante la infancia, todos estos modelos internos eran un trabajo en curso. Nuestros cerebros son máquinas biológicas astutamente evolucionadas que se esfuerzan por minimizar las sorpresas.[6] Con el tiempo, consiguen anticiparse a lo que va a ocurrir, pero no es un sistema perfecto y las falsas alarmas son habituales.

Tenemos una tendencia innata a encontrar patrones dondequiera que estemos. Por ejemplo, hay zonas específicas de nuestro cerebro dedicadas a procesar rostros. Esto nos dota de habilidades extraordinarias que nos permiten, por ejemplo, reconocer al instante la cara de una persona aunque no la hayamos visto en décadas. Sin embargo, también somos propensos a ver caras cuando no las vemos. Un buen ejemplo es la percepción de rostros humanos y otras figuras en las formas completamente aleatorias de las nubes que pasan por encima de nosotros. Como la percepción de patrones significativos en información sensorial sin sentido no suele causarnos ningún daño, nuestra tendencia a detectar patrones que en realidad no existen persiste. Si tales experiencias hubieran provocado por alguna razón la desaparición de nuestros antepasados, esta tendencia habría desaparecido pronto del repertorio de comportamientos humanos. La cuestión es que, a menos que un malentendido sensorial sea mortal, o limite gravemente las perspectivas de transmisión de genes a la siguiente generación por algún motivo, no hay razón para que cambie nuestra tendencia a percibir erróneamente el mundo de forma inofensiva. Nadie ha muerto nunca por ver un dragón en las nubes.

---

[6] El profesor Karl Friston, del Departamento de Neuroimagen Cognitiva del Centro Wellcome de Queen's Square (Londres), contribuyó decisivamente a desarrollar esta influyente teoría.

El segundo mecanismo que contribuye a la creencia en lo sobrenatural tiene que ver con nuestro cerebro altamente social, que nos hace propensos a asignar voluntad a las cosas no humanas. Tenemos una poderosa inclinación a relacionarnos con animales no humanos, e incluso con objetos inanimados, como si fueran agentes similares a los humanos. Muchas personas hablan con sus mascotas, a pesar de que los cerebros de los peces de colores, los gatos y los caballos carecen de las especializaciones exclusivamente humanas que sustentan el lenguaje, lo que les impide comprender el significado de nuestras palabras. Durante la adolescencia, mis amigos y yo poníamos apodos a nuestros coches. Hablábamos con ellos en voz alta y los llamábamos por su nombre cuando necesitábamos que arrancaran en un día frío o que subieran con dificultad una cuesta empinada. Estos casos de antropomorfismo son inofensivos. En todo caso, estas conversaciones lúdicas y unidireccionales con nuestros vehículos nos reconfortaban. Creaban la ilusión de que podíamos ejercer algún tipo de influencia sobre una situación en la que estábamos perdiendo el aliento. A falta de una sanción evidente, los propietarios de coches y mascotas siguen obteniendo beneficios emocionales de estas «ilusiones de control». Un hipo cerebral inofensivo.

Esta tendencia a atribuir voluntad siempre que sea posible parece funcionar incluso con objetos geométricos, siempre que se muevan de forma intencionada. Un estudio clásico de los años cuarenta consistía en mostrar un dibujo animado de un triángulo grande que empieza a moverse hacia un triángulo mucho más pequeño y un círculo. A continuación, el par más pequeño se aleja de la forma más grande a gran velocidad. Los observadores interpretaban la escena como si los objetos geométricos tuvieran pensamientos, sentimientos e intenciones, les atribuían voluntad y solían ofrecer explicaciones del tipo: «el triángulo grande es un matón que se mete con el triángulo pequeño y con el círculo, que corren asustados, pero luego descubren cómo engañar al triángulo grande y escapar».

Disney y Pixar habrían fracasado sin las tendencias humanas gemelas de identificar patrones significativos y asignar una intención siempre que sea posible. Tenemos un montón de áreas cerebrales dedicadas a entender e interpretar las interacciones humanas, y a menudo aplicamos estas interpretaciones a fenómenos no humanos.

IDEAS RECONFORTANTES

Nuestra capacidad innata para detectar patrones significativos donde en realidad no los hay, junto con la tendencia a utilizar la maquinaria neuronal que evolucionó para apoyar la comprensión de las interacciones humanas al tratar con entidades inanimadas, puede ser consoladora incluso cuando está equivocada. Cada vez que cae un rayo (suceso A) y me preparo para el estruendo potencialmente ensordecedor de un trueno (suceso B), comprendo lo totalmente razonable que era para cualquier humano de la Antigüedad, sin acceso a las causas meteorológicos que realmente provocan este ataque a los sentidos, concluir que alguna deidad omnipotente podría estar expresando su descontento. Lo mismo ocurre con los terremotos, las erupciones volcánicas, las inundaciones, las plagas y los tsunamis: nos parecen enfadados. Los seres humanos tendemos a relacionar los acontecimientos del mundo natural con cómo nos hacen sentir los acontecimientos que afectan a nuestros semejantes. De hecho, incluso hay pruebas que sugieren una relación directa entre la religiosidad y la frecuencia con que se producen las catástrofes naturales en una determinada parte del mundo. El concepto de *afrontamiento religioso* sugiere que encontrar una explicación aceptable (aunque completamente ficticia) a la causa de las catástrofes naturales permite a la gente afrontar mucho mejor el estrés de la fatalidad inminente. Además, es mucho más fácil apartar de la mente los recuerdos del suceso traumático si uno está convencido de que su dios estaba expresando su enfado con la conducta de su grupo de seres humanos, y ahora que la advertencia ha sido lanzada y atendida, la vida puede volver a la normalidad. Si una figura de autoridad adecuada nos dice que, tomando ciertas medidas, podemos evitar disgustar a la deidad en el futuro, la realización de estas acciones nos traerá una sensación de paz. La creencia de que es posible ejercer cierto control sobre la probabilidad de futuros actos divinos es muy reconfortante, aunque no tenga nada que ver con la realidad.

Hasta que la verdadera base científica de estos fenómenos se estableció mediante la investigación empírica, las únicas explicaciones autorizadas para aclarar las causas de tales acontecimientos provenían de la fértil imaginación de quienquiera que se creyera que contaba con el favor de los dioses, ya fuera adivino, chamán, mago o sacerdote. Si el sistema de creencias religiosas imperante ofrecía una explicación convincente, e incluso una línea de acción específica (pecar menos, rezar más) para fomentar la ilusión de control sobre lo incontrolable, la gente se consolaba y aumentaba la aceptación de la religión en cuestión. Incluso si seguir al pie de la letra los rituales prescritos resultaba completamente ineficaz, mientras nunca se revelara explícitamente la falta de eficacia, seguía siendo totalmente posible encontrar la dicha en este tipo de ignorancia. La imposibilidad de refutar definitivamente este tipo de fenómeno desempeña un papel vital en una gran variedad de supersticiones. A falta de pruebas tangibles de lo contrario, seguimos tocando madera, saludando a las urracas y pidiendo deseos a las estrellas fugaces, por si acaso. Al fin y al cabo, nunca se sabe...

Los dioses son ideas: ideas que ayudan a organizar grupos muy grandes de seres humanos que interactúan bajo un sistema de creencias compartido. Si todo el mundo cree que un dios todopoderoso vigila a toda la comunidad y que las penas por mal comportamiento son suficientemente severas, cada persona debería estar motivada para regular su propio comportamiento en consecuencia. No es perfecto, pero mientras la mayoría crea que, independientemente de que otras personas les pillen portándose mal, su dios todopoderoso sabrá lo que han hecho e intervendrá para castigarlos, la gente tenderá a elegir comportamientos que se mantengan dentro de las normas acordadas.

La genialidad de este sistema es que, dado que es imposible establecer si serás recompensado o castigado en la otra vida hasta después de muerto, es irrelevante si el dios o los dioses en cuestión existen realmente o no. La creencia compartida de que los castigos y las recompensas serán repartidos en última instancia por una fuerza sobrenatural que todo lo ve debería bastar para que la gente intentara al menos regular su propio comportamiento. Puestos a elegir entre el cielo o el infierno, lo lógico es intentar atenerse a las reglas, sean cuales sean.

Mientras todos canten el mismo himno sobrenatural, se podrá alcanzar un mayor grado de confianza entre todos los creyentes durante su breve estancia en la Tierra. La creencia compartida nos permite hacer lo que antes era imposible: cooperar no solo con otros miembros del *InGroup* —las aproximadamente 150 personas cuyas reputaciones de honestidad o deshonestidad nuestro cerebro puede seguir—, sino también con extraños. Sin un sistema de creencias compartido, no teníamos ni idea de si podíamos confiar en que los miembros del *OutGroup* cooperarían según lo acordado o simplemente se aprovecharían de nosotros a la primera oportunidad. Ni siquiera es necesario compartir el mismo sistema de creencias. Mientras todos comprendan al dios o a los dioses de los demás y las limitaciones que les impone su religión, incluso se puede confiar en que los miembros de otras religiones se atengan a un código de conducta acordado, aunque solo sea para salvar sus propias almas.

Una vez que un sistema de creencias se pone de moda, por muy erróneos que resulten los detalles, comprar la gran idea puede reportar enormes beneficios. Sobre todo teniendo en cuenta que los grandes cerebros capaces de contemplar su propia existencia empiezan inevitablemente a plantearse preguntas existenciales aterradoras como: «¿Por qué estoy aquí?», «¿Cómo sabemos que el sol volverá a salir mañana?», «¿Qué pasa después de la muerte?». Cualquier sistema de creencias que pretenda explicar todos los inexplicables y aterradores giros del destino que experimentan las personas a lo largo de su vida, y más allá, tiene el potencial de proporcionar un gran consuelo. La gente hará la vista gorda ante algunas contradicciones e inexactitudes fácticas si lo que se ofrece es un beneficio neto de tranquilidad. El creyente a menudo dormirá mejor por la noche[7] que el no creyente, que, a falta de explicaciones tranquilizadoras que generan la ilusión de control, podría pasar gran parte de su existencia cojeando por el miedo a lo desconocido.

CORRER LA VOZ

Sin duda, los humanos han dejado que los impulsos naturales descritos por los siete pecados capitales se les fueran de las manos, provocando así el caos dentro del *InGroup* durante muchas decenas de miles de años. A lo largo de los milenios de prehistoria no documentada, los ancianos de las aldeas, clanes o tribus encontraron sin duda soluciones eficaces al problema de cómo mantener a raya a los miembros antisociales del *InGroup*. Pero las estrategias empleadas probablemente diferían algo entre grupos, lo que hacía problemática la cooperación entre *InGroup* y *OutGroup*.

Incluso cuando los diferentes *InGroups* vivían según reglas similares, la capacidad de transmitir el conocimiento acumulado a lo largo de la vida se veía frenada por la limitada capacidad de la memoria humana y las deficiencias del boca a boca como medio de comunicación. Como sabrá cualquiera que haya ju-

---

[7] A pesar de preocuparse innecesariamente por el destino de su alma.

gado de niño al teléfono escacharrado, los mensajes tienden a deformarse con el paso de las sucesivas narraciones.

Como consecuencia de las insuficiencias en la transmisión de la cultura oral de una generación a la siguiente, aunque puede que los antiguos humanos no acabaran siempre reinventando la rueda, probablemente sí acabaron cometiendo los mismos errores una y otra vez. Una vez que el arte de la escritura se convirtió en un método para preservar y duplicar con precisión la sabiduría de épocas anteriores, conservándose a lo largo de múltiples generaciones, seguía habiendo problemas de disponibilidad y distribución. O bien no había suficientes libros para todos o, cuando los había, la alfabetización era privilegio de unos pocos. Cuando la educación se hizo accesible a la mayoría y la invención de Internet permitió que el conocimiento colectivo de la humanidad se difundiera a lo largo y ancho del planeta, pronto nos vimos desbordados por el diluvio. El reto consiste ahora en separar el grano de la paja.

La cuestión es que, sin duda, la humanidad ha estudiado su propio comportamiento de una forma u otra desde que empezamos a vagar por este mundo. La sabiduría destilada a lo largo de siglos de observaciones acabó llegando a los libros. Aunque los libros científicos tienden a ser los más precisos en cuanto a los hechos, los religiosos tienen las mejores historias y por eso se difunden más. A través de las historias, la información se intercambia y se retiene más fácilmente.

Las historias atraen a la gente emocionalmente, de una manera que las listas de hechos e instrucciones simplemente no hacen, y las emociones consiguen que los recuerdos sean menos propensos a ser olvidados. Además, una narración bien estructurada puede ser entendida por todo el mundo y, en este sentido, los libros de religión tienen un historial mucho mejor que los libros de ciencia. Las historias son el formato de información al que nuestro cerebro está especialmente adaptado, hasta el punto de que nuestro sentido del «yo» se basa esencialmente en las narraciones que nos contamos a nosotros mismos cuando recordamos los momentos más conmovedores de nuestra vida. Esto se debe, una vez más, a la necesidad inherente de mantener los vínculos sociales mediante el intercambio de cotilleos y a la larga tradición de contar historias. Al fin y al cabo, es el principal método por el que los humanos han compartido ideas desde que conseguimos domesticar el fuego. Sentados alrededor del hogar, acurrucados para protegernos del frío, la oscuridad y nuestros miedos, el deseo primitivo de interacción verbal fomentó la afición al intercambio de información en forma de historias.

Deja que te cuente una historia.

UNA HISTORIA

Desde hace unos veinte años, siempre que sale el sol y tengo tiempo libre, una de mis actividades favoritas es patinar en el Hyde Park de Londres. Hay una larga y ancha franja de asfalto perfectamente liso que bordea la orilla norte del lago Serpentine. Durante estos viajes siempre saco tiempo para patinar hasta Marble Arch y detenerme en Speaker's Corner. Me gusta escuchar a la gente que se reúne allí para ejercer su derecho a la libertad de expresión. A lo largo de los años he oído a cristianos debatir con judíos, a musulmanes deliberar con hindúes y budistas, a marxistas discutir con conservadores y todas las combinaciones imaginables. En lugar de centrarme en el orador subido a su tribuna o escalera, a menudo me fijo en las caras de los turistas desconcertados que, al tropezar con la melé, se detienen para ver de qué va todo el alboroto, y normalmente se quedan embelesados por la apasionada retórica. Sus expresiones de perplejidad revelan a menudo una sensación de *shock:* quizá les sorprende que las autoridades permitan debates sobre temas tan candentes como la religión y la política. Que londinenses de todos los credos, colores y capacidades intelectuales, de todas las clases sociales, tengan un lugar donde reunirse y expresar sus opiniones es, a mi parecer, algo maravilloso de contemplar. Me encanta escuchar a la gente despotricar, pero rara vez participo, a no ser que me inciten a ello.

La última vez que pasé por allí me detuve a escuchar una acalorada conversación entre un cristiano y un musulmán. Ambos eran jóvenes, guapos, carismáticos y bien peinados. Uno intentaba convencer al otro de que el islam no sanciona el asesinato de cristianos. Pronunció de memoria un largo pasaje en árabe —que tardó más de un minuto en recitar completo— y luego pasó a recitar la traducción al inglés, también de memoria. Al final dijo: «¿Dice en algún lugar de este pasaje que los musulmanes deben matar a los cristianos?». Todo el mundo, un grupo de unas cincuenta personas, permaneció en silencio. Cuando repitió la pregunta y nadie respondió, sentí pena por él porque parecía que nadie lo había escuchado bien. Para evitarle la vergüenza del silencio, y como yo había seguido la lógica de su argumento, respondí en nombre de todos: «No».

Se le iluminó la cara, unos ojos encantados me miraron y, antes de que me diera cuenta, atravesó la multitud, me cogió de la manga y tiró de mí hacia él. Me dio un suave tirón del brazo y rodé hacia el centro de la multitud.[8] En ese momento me di cuenta de que tenía una cámara montada en un trípode para grabar su actuación y parecía que, me gustara o no, yo formaba parte del espectáculo.

---

[8] A quienes no hayan patinado últimamente les recuerdo que los frenos de los patines se encuentran en la parte delantera, bajo los dedos de los pies. La única manera de utilizarlos es girar, inclinarse hacia delante y doblar las rodillas y los tobillos. No tuve tiempo de hacerlo, así que bastó un ligero tirón de la manga para que yo rodara, impotente, hacia el centro de la multitud.

—Eres ateo, ¿verdad? —me dijo.

«¿Tan fácil es saberlo?», pensé.

—Emm… Soy neurocientífico —respondí, esperando que la implicación fuera obvia sin necesidad de ser explícito.

—Pero ¿no crees en Dios?

La ambigüedad, al parecer, no estaba a la orden del día.

—Así es —confirmé dubitativo.

—De acuerdo, entonces eres imparcial —respondió.

Volvió a citar todo el pasaje, tanto en árabe como en inglés, como antes. De repente, recordé vagamente que en el Speaker's Corner a veces hay violencia, sentí cómo el corazón me latía con fuerza y se me secaba la boca. Cuando llegó al final de su traducción, repitió su pregunta original y me miró expectante. Repetí obedientemente mi respuesta: «¡No!».

—Ya ves, amigo —le gritó triunfante al cristiano—. La yihad consiste en matar a los infieles, no a los cristianos.

¿Se dan cuenta de mi situación? Habiendo confirmado ya que soy ateo, parecía que me había puesto involuntariamente en la línea de fuego. Cada vez más preocupado, miré a mi alrededor en busca de intenciones malévolas, tratando de averiguar si alguien iba a mover ficha para llevar su argumento hasta sus últimas consecuencias.

Si esta conversación hubiera tenido lugar en cualquier otro lugar del mundo, o incluso del Reino Unido, podría haberme encontrado en un aprieto. Afortunadamente, parecía que este orador en particular estaba tratando de defender la paz —un loable esfuerzo por encontrar un terreno común entre cristianos y musulmanes— y el ataque a los ateos no estaba, por suerte para mí, a la orden del día.

Una vez concluida la actuación y sin que los curiosos siguieran clamando por mi sangre, esbocé una sonrisa apaciguadora al público y me despedí de todos con un alegre: «¡Bien, entonces me marcho!». Y salí patinando a toda velocidad, de vuelta a la relativa seguridad del lago en el otro extremo del parque. Puede que los patines ofrezcan poca resistencia cuando te tiran del brazo en medio de una multitud, pero no hay velocista en la Tierra que pueda alcanzarme a toda velocidad sobre el asfalto cuando llevo los patines puestos y una buena dosis de adrenalina corriendo por mis venas.

Comparto esta historia por tres motivos. En primer lugar, fue la experiencia que me inspiró para escribir este libro, pues avivó el rescoldo de un interés pasajero por cómo conciliar las antiguas enseñanzas religiosas con el conocimiento científico moderno hasta convertirlo en una pasión en toda regla. En segundo lugar, hizo que me cuestionara una profunda convicción que había mantenido durante muchos años: que a la gente se le debe permitir creer lo que quiera, sin importar cuáles sean esas creencias. Mientras reflexionaba sobre lo sucedido en el Speaker's Corner, no tardé en darme cuenta de que, de haber tenido lugar exactamente el mismo diálogo en presencia de un público menos liberal y abierto de mente, fácilmente me habrían pateado la cabeza. Desde aquel fatídico día, mi tolerancia hacia las creencias ajenas se ha vuelto más matizada: cuando un sistema de creencias impone restricciones sobre lo que otras personas deben o no deben pensar, va demasiado lejos, sobre todo cuando se utiliza para sancionar la violencia. Si algún día se ilegalizaran todas las religiones, creo que esta prohibición podría tener un impacto negativo en el bienestar general de la humanidad, pero, al mismo tiempo, la interpretación literal de cualquier texto religioso (hoy sigo sin tener ni idea de qué fuente citaba ese hombre) es extremadamente peligrosa y debe desalentarse para proteger la libertad de pensamiento. En tercer lugar, esta experiencia demuestra lo eficaz que puede ser una anécdota personal para implicar al lector/oyente a nivel emocional. Tanto si amas como si odias mi historia, probablemente te haya despertado una emoción u otra, lo que facilita que recuerdes el mensaje.

Juntos somos más sanos

Mi principal motivo para no apoyar la abolición de la religión es que la fe compartida no tiene rival en cuanto a su capacidad para promover un sentido significativo de comunidad, y hay pruebas sólidas que apoyan la idea de que sentirse conectado a los demás es vital para nuestra salud. A pesar de las inexactitudes fácticas y de la tendencia a la interpretación literal, todavía se puede encontrar mucha sabiduría en los libros religiosos. El uso de la narración es un ámbito en el que la religión goza de superioridad sobre la ciencia. También puede ser una fuente inagotable de esperanza que ayuda a la gente a mantenerse positiva en circunstancias desesperadas en las que la realidad científica puede ofrecer poca tranquilidad. Para adquirir un conocimiento práctico de un sistema de creencias religiosas basta con acudir una vez a la semana a la iglesia, el templo, la mezquita o la sinagoga y escuchar. Si un desconocido acude con regularidad a un lugar de culto cada semana, pronto será aceptado por los demás como parte del *InGroup*, lo que puede proporcionarle muy rápidamente un sentimiento de pertenencia a la comunidad. Puede que la ciencia ofrezca muchas respuestas importantes a algunos de los interrogantes de la vida, pero, cuando un desconocido acude a una conferencia científica pública, invariablemente saldrá del edificio sintiéndose tan solo como cuando llegó.

El hecho es que las personas que consiguen forjar relaciones íntimas, duraderas y cooperativas obtienen beneficios psicológicos y físicos como resultado directo. Incluso viven más. Por el contrario, quienes se distancian de familiares, amigos y compañeros de trabajo acaban sintiéndose muy aislados. Esto no solo es triste, sino que les hace más vulnerables a diversos problemas de salud, como las enfermedades cardíacas y el cáncer.

Es importante recordar que lo que cuenta aquí es la calidad de las relaciones, no la cantidad. Una persona con uno o dos confidentes de confianza suele sentirse suficientemente unida. Otra con un gran número de amistades endebles y superficiales puede sentirse extremadamente sola. En un mundo en el que la conexión social en línea ya no es un mero complemento de la interacción social cara a cara, sino que para muchas personas la sustituye por completo, puede que merezca la pena reflexionar sobre este punto.

No hemos desarrollado un cerebro que nos impulse a buscar y mantener relaciones con otros seres humanos solo para tener un mejor acceso a recursos valiosos. La comida, el cobijo, el calor y la protección son más fáciles de conseguir en grupo, pero eso no es todo. Hemos demostrado ser capaces de conseguir mucho más juntos y con mucha más facilidad que cualquier persona en solitario. Sin embargo, la necesidad de pertenecer a un grupo es mucho más profunda que la construcción de ciudades e instituciones políticas, la invención de nuevas formas de arte y la domesticación de los elementos. Para una especie intensamente social como el ser humano, es un prerrequisito vital para nuestra paz mental, satisfacción y buena salud. Ningún hombre es una isla.

En un mundo cada vez más posreligioso, muchas de las estrategias que en el pasado fomentaban la obediencia dócil a las normas del compromiso social han quedado obsoletas. Con el descreimiento en Dios extendiéndose por gran parte del mundo occidental, apagando las llamas del infierno y haciendo añicos la ilusión de un paraíso en el cielo, ¿dónde está el incentivo para mantenerse en el lado correcto de los siete pecados capitales? ¿Es suficiente la ciencia para inspirarnos a hacer las cosas que nos mantienen felices y sanos? O, en ausencia de un dios que nos vigile, ¿podría el diablo que llevamos dentro empezar a hacer de las suyas?

¿La ciencia del cerebro al rescate?

La mejor parte de la ciencia, en mi humilde opinión, es la neurociencia. Soy parcial, por supuesto. A diferencia de muchos neurocientíficos, que parecen encantados de decir a quien quiera escucharlos que no sabemos casi nada del cerebro humano, yo creo que hay una gran historia por contar. Los esfuerzos colectivos de cientos de científicos que han dedicado sus vidas a explorar los misterios del cerebro humano han desenterrado auténticos tesoros: descubrimientos que podrían ayudarnos a comprendernos mejor a nosotros mismos y a los demás. Este corpus de conocimiento se ha ampliado hasta el punto de que empieza a dar pistas sobre lo que nos lleva a hacer las cosas que sabemos que no debemos hacer, señalando estructuras cerebrales específicas que parecen estar implicadas en el impulso de nuestros comportamientos antisociales, los etiquetados como pecados por las religiones y vicios por los filósofos. Queda mucho más por aprender sobre el cerebro de lo que hemos descubierto hasta ahora, pero lo mismo podría decirse de muchas otras cuestiones.

Decir que la ciencia del cerebro ha avanzado a pasos agigantados en el último siglo sería quedarse corto. Lo creamos o no, los rápidos avances logrados a lo largo del siglo XX en la comprensión de cómo el cerebro humano hace lo que hace tienen una enorme deuda de gratitud con la Primera y la Segunda Guerra Mundial. Si se hubieran evitado milagrosamente, aún estaríamos esperando varias ideas nuevas y revolucionarias derivadas directamente de las guerras.[9] Las ideas teóricas y

---

[9] Las dos guerras mundiales llevaron a innumerables soldados a los hospitales de campaña, muchos de los cuales acabaron con balas y metralla alojadas en diversas partes del cerebro. Algunos médicos de campaña muy brillantes y meticulosamente organizados, en ambos bandos de la contienda, empezaron a prestar mucha atención a qué funciones mentales se perdían sistemáticamente y cuáles se conservaban según el área concreta del cerebro que había resultado

los descubrimientos tecnológicos resultantes inspiraron nuevas herramientas que se utilizan a diario en todo el mundo para sondear las profundidades del cerebro humano sin tener que abrir el cráneo. En un siglo hemos pasado de un estado de ignorancia casi total a que la práctica de aumentar el cerebro humano con componentes artificiales que permiten ver a los ciegos, oír a los sordos y recuperar el control del movimiento a los enfermos de Parkinson se esté convirtiendo en rutina.

Hacia finales del siglo XX, el proceso de adquisición de datos cerebrales mediante imágenes de resonancia magnética (IRM) se aceleró lo suficiente como para tomar instantáneas de cerebros enteros en cuestión de segundos en lugar de horas.[10] Esto facilitó el proceso de construcción de una imagen más detallada de cómo las distintas unidades funcionales del cerebro humano contribuyen a la producción de nuestras diversas capacidades sensoriales, emocionales y cognitivas. Hay que reconocer que esta imagen dista mucho de ser completa. Por un lado, lo que se mide en la actualidad solo proporciona una aproximación de lo que las células cerebrales individuales pueden hacer en realidad.[11] Dicho esto, nuestro conocimiento se ha estrechado lo suficiente como para contar una historia convincente hasta ahora.

---

dañada. Esto proporcionó algunas pistas fascinantes sobre la división del trabajo en el cerebro humano.

[10] El profesor sir Peter Mansfield (1933-2017) lideró este asombroso desarrollo.

[11] Los colegas neurocientíficos cuyos experimentos implican tomar medidas de células cerebrales individuales llaman a los investigadores que utilizan IRM «blobólogos» o «cazadores de manchas». Se trata de un término despectivo. Muchos electrofisiólogos creen que medir los cambios en la oxigenación de la sangre resultantes de la actividad metabólica combinada de millones de células cerebrales en una zona concreta del cerebro —que es esencialmente lo que hace la IRMf— es totalmente inútil, dado lo poco que entendemos actualmente sobre la función de las redes básicas de neuronas. Puede que tengan razón. Pero, como la mayoría de ellos trabajan con ratas y primates debido a los impedimentos legales y éticos que les impiden introducir electrodos en cerebros humanos cuando no hay una necesidad médica apremiante, la IRM es lo mejor que tenemos para estudiar a los humanos por ahora.

Explorar las causas profundas del pecado

Todos los comportamientos problemáticos descritos por los siete pecados capitales tienden a conducir al aislamiento social, que tiene un impacto profundamente negativo en el bienestar del individuo. El objetivo principal de este libro es utilizar los últimos descubrimientos del mundo de la investigación neurocientífica para comprender mejor la causa raíz de lo que las religiones denominan pecado. Mi esperanza es que, al comprender mejor lo que ocurre en el cerebro cuando surgen esas tentaciones, podamos encontrar mejores formas de inspirar a la gente para que frene sus impulsos antisociales, facilite la cohesión de la comunidad y, por tanto, mejore su salud y su calidad de vida.

El proceso consiste en analizar lo que decían los antiguos sobre lo que hace que cada uno de los vicios capitales sea una fuerza socialmente destructiva e intentar determinar cuántos problemas causa cada uno de ellos en la sociedad actual. A continuación, examinaremos los aspectos más destacados de las investigaciones neurocientíficas, psicológicas, psiquiátricas y médicas pertinentes que más se aproximan a los comportamientos descritos por cada pecado capital —soberbia, lujuria, gula, pereza, codicia, envidia e ira— en busca de causas profundas que ayuden a explicar por qué hacemos las cosas que sabemos que no debemos hacer. La esperanza última es encontrar mejores estrategias para promover la armonía dentro del grupo y evitar los conflictos entre grupos distintos, con independencia de que el lector crea en un dios, en diversos dioses o en ninguno.

CAPÍTULO II
SOBERBIA

«Firmas tu lugar y tu vocación, en toda regla,
con mansedumbre y humildad; pero tu corazón
está henchido de arrogancia, bazo y orgullo».

William Shakespeare, *Enrique VIII*

La soberbia no es del todo mala. El gran filósofo Aristóteles la consideraba incluso una virtud. No una virtud cualquiera, sino nada menos que la «corona de las virtudes». Su razonamiento era el siguiente: una persona orgullosa se siente merecedora de grandes cosas y, por tanto, motivada para conseguirlas. Este concepto concreto de orgullo implica tener la suficiente confianza en uno mismo y la determinación para no sentirse intimidado por los retos que surgen cuando se afrontan objetivos ambiciosos. Puede hacer que nos sintamos decididos a alcanzar nuestro objetivo, a pesar de la adversidad. Puede que Aristóteles tuviera razón. Desde la perspectiva de la psicología del desarrollo, vencer el miedo puede ser una de las principales razones por las que sentimos orgullo.

Las emociones básicas de alegría, tristeza, ira, miedo, asco, curiosidad y sorpresa surgen en los primeros seis a doce meses después del nacimiento. Las emociones autoconscientes, entre ellas el orgullo, no aparecen hasta más adelante en el desarrollo neurológico. Alrededor de los dos años, los niños desarrollan la capacidad de comprender si su comportamiento ha sido *bueno* o *malo*. Cuando reciben una respuesta que les indica que se han portado bien, muestran signos de orgullo. En cambio, cuando se dan cuenta de que se han portado mal, muestran los rasgos característicos de la vergüenza.

El orgullo es un sentimiento positivo y fortalecedor. Ayuda a los niños pequeños a encontrar el equilibrio entre el miedo intrínseco a lo desconocido y el impulso natural de explorar. Los comentarios de su cuidador orientan al niño y lo animan a asumir retos cuando es seguro hacerlo. El orgullo que sienten los niños es una recompensa emocional por haber vencido sus miedos y alcanzado sus objetivos, y este tipo de experiencias les hace más propensos a perseverar cuando se enfrenten a obstáculos en el futuro. El orgullo también incentiva a los niños a explorar su entorno, y esto los ayuda a desarrollar sus capacidades.

El orgullo es un fenómeno especialmente endiablado porque, si bien es esencial que los niveles sean moderados, los problemas surgen en ambos extremos. Recordemos nuestra infancia. En determinadas ocasiones, nuestros padres nos decían: «El mundo no gira a tu alrededor». Pero, en el colegio, por ejemplo, nuestro profesor nos pedía que nos sintiéramos más orgullosos de nuestro trabajo, ya que, si lo hacemos, sacaremos mejores notas e incluso recibiremos un premio u otro reconocimiento por nuestros logros. Si seguíamos su consejo y lográbamos ese objetivo, el profesor insistía: «Deberías estar orgulloso de ti mismo». Por tanto, podemos concluir que el orgullo es algo bueno. Sin embargo, si un adulto interpretaba que estábamos presumiendo de nuestra victoria —es decir, nos atrevíamos a expresar nuestros sentimientos de orgullo—, de repente nos regañaban por arrogantes. No se puede ganar.

Con el tiempo, la mayoría de la gente se da cuenta de que hay una gran diferencia entre sentirse orgulloso y mostrarlo al mundo exterior. Sentirse orgulloso de algo es aceptable cuando se utiliza como herramienta para ayudarnos a mejorar y superar obstáculos, pero presumir de los logros que se derivan de esta estrategia no lo es en absoluto. Sin duda, el comportamiento de los deportistas, los músicos o los actores en entrevistas y ceremonias de entrega de premios sugiere que es así. Para seguir gozando de la simpatía de la gente hay que recibir los elogios con aparente humildad, aunque el corazón esté «henchido de arrogancia, bazo y orgullo».

Así pues, el orgullo solo es una virtud cuando se mantiene en secreto. Si alguna vez recibimos elogios y queremos evitar caer en desgracia ante los demás, lo mejor que podemos hacer, al parecer, es negarlos o desviarlos educadamente. Es muy confuso. No es de extrañar que tanta gente se equivoque. Pero los famosos no son la mejor fuente de orientación moral. No es su especialidad. ¿Quizá los antiguos nos puedan ayudar?

UNA PERSPECTIVA HISTÓRICA

El papa Gregorio Magno no fue el primero en advertir de los peligros que entraña el pecado de la soberbia cuando escribió: «Porque cuando la soberbia, reina de los pecados, ha poseído plenamente un corazón conquistado, lo entrega inmediatamente a los siete pecados principales». Alrededor del año 139 a. C. apareció el Testamento de Rubén, en el que se describían diez comportamientos malévolos que debían evitarse a toda costa. El orgullo ocupaba el cuarto lugar de la lista, mientras que la vanidad (o *vanagloria*, como se conocía entonces) se situaba justo detrás, en quinto lugar. Unos cientos de años más tarde, en el año 375, Evagrio el Solitario, un monje que dedicó gran parte de su vida a contemplar a Dios en los desiertos del Bajo Egipto, formuló una lista algo más concentrada de ocho categorías clave de malos pensamientos. Elaboró esta lista para guiar a sus compañeros, que sudaban la gota gorda en el desierto, y ayudarlos a protegerse de las diversas tentaciones a las que tendrían que resistir si querían ir al cielo. El orgullo fue relegado al octavo lugar y la vanagloria al séptimo.

Cuando el papa Gregorio Magno completó sus propias reflexiones sobre el tema, recopiladas en un libro publicado a finales del siglo VI titulado *Moralia in Job*, la vanagloria y el orgullo se habían fusionado en el pecado de la soberbia. Este doble vicio capital fue rápidamente elevado a la cima de la lista. Proclamó que la soberbia no solo era el más vicioso de los siete pecados capitales, sino la raíz misma de todos los males; la «reina» de los pecados, por encima de todos ellos.

El cristianismo no es el único que fomenta la humildad frente a la influencia diabólica de la arrogancia. En la tradición budista mahāyāna, el orgullo es uno de los cinco «venenos mentales» que obstaculizan la iluminación; el hadiz islámico afirma que «basta un átomo de orgullo» en el corazón de un musulmán para impedirle el acceso al paraíso; y el libro sagrado hindú, el Bhagavad Gītā, contiene varios pasajes en los que se advierte a los fieles de que el orgullo es una característica impía. Los antiguos griegos llevaban advirtiendo de los peligros de la arrogancia desde muchos siglos antes de que el cristianismo apareciera en escena, al menos desde el siglo VI a. C. Aristóteles advertía que «los jóvenes y los ricos son arrogantes porque se creen mejores que los demás».

En lugar de describir un sentido ridículamente exagerado de autoimportancia y arrogancia extrema, como se utiliza hoy en día, en la antigua Grecia, la «arrogancia» era en realidad una ley que prohibía los actos de deshonra maliciosa. Los comportamientos concretos en cuestión eran actos de violencia física y sexual cometidos con el objetivo de humillar a los rivales. La suya era una cultura obsesionada con buscar el honor y evitar la vergüenza, por lo que la arrogancia empezó siendo el delito de despojar a la gente de su honor. Ahora describe el exceso de confianza de quienes se creen superiores a los demás.

En uno de los mitos más famosos de la antigua Grecia, Narciso era el atractivo vástago masculino resultante de la unión de una ninfa y un dios del río. No sentía más que desprecio por cualquiera que expresara amor por él. Se habla mucho de su vanidad y, tras rechazar el amor de la ninfa Eco, es castigado por los dioses a enamorarse de su propio reflejo en el agua del río. En este caso, el mito nos enseña por qué el pecado de la soberbia puede ser tan dañino: la obsesión de Narciso por sí mismo le impedía establecer relaciones significativas con los demás.

A finales del siglo XVI, el obispo alemán Peter Binsfeld dedicó gran parte de su tiempo a reflexionar sobre los demonios. En 1589 publicó una influyente lista que asignaba a Lucifer el pecado de la soberbia. Según cuenta la historia, Lucifer cayó en desgracia en primer lugar porque, convencido de que era más importante que todos los demás ángeles del cielo, intentó que lo adoraran. Como es lógico, a Dios no le gustó este comportamiento, que consideró totalmente inaceptable, por lo que Lucifer y sus compinches fueron rápidamente desterrados a las profundidades del infierno. Impertérrito, Lucifer consideró que era «mejor reinar en el infierno que servir en el cielo». Podríamos concluir que el umbral a partir del cual el orgullo común y corriente se transforma en el pecado de la soberbia es cuando una persona adquiere la profunda convicción de que es superior a todos los demás.

Según Dante, cuando llega el Día del Juicio Final, los que se pasan la vida haciendo caso al susurro de Lucifer y actuando como si fueran más atractivos, inteligentes e importantes que los demás acaban cargando pesadas losas de piedra por el infierno durante toda la eternidad como castigo por su arrogancia. La implicación parece ser que, si el pecador orgulloso se sintió demasiado importante para hacer su propio trabajo pesado en vida, entonces el castigo más apropiado para él en la muerte es no hacer nada más que trabajos forzados.

Dado que la ciencia parece estar acabando lenta pero inexorablemente con el concepto del castigo eterno en el infierno, eliminando de paso un elemento disuasorio potencialmente útil para que la gente no sea demasiado orgullosa, lo menos que puede hacer es intentar explicar por qué surgen estos comportamientos. Afortunadamente, lo que las religiones describen como el pecado de la soberbia se parece mucho a lo que la ciencia, la psicología y la psiquiatría denominan *narcisismo*.

El término *narcisismo* fue acuñado por primera vez por el gran Sigmund Freud en una reunión de la Sociedad Psicoanalítica de Viena hace más de cien años. Por aquel entonces, su significado era muy distinto al que tiene hoy, y se refería concretamente a amar y acariciar el propio cuerpo de una forma que normalmente se reserva para la pareja romántica. Si todavía fuera así, estaría contenido en el capítulo dedicado a la lujuria. En la actualidad, la definición excluye estas connotaciones sexuales y se centra en una obsesión más general por uno mismo. En términos generales, el narcisismo implica un sentido exagerado de autoimportancia y grandiosidad, a menudo acompañado de graves dificultades para sentir empatía, lo que conduce a tener problemas para conectar de forma significativa con los demás.

Recordando que el propio Narciso tenía verdaderas dificultades para entablar relaciones íntimas, para un animal intensamente sociable como nosotros, este es el aspecto del narcisismo o del orgullo más corrosivo. Para reiterar un punto clave de la introducción, sentirse conectado con los demás y aceptado como miembro de un *InGroup* es un fuerte predictor del bienestar. Las personas aisladas, en el sentido de estar desconectadas de un grupo en el que puedan confiar si necesitan apoyo en tiempos difíciles —ya sea la familia, los amigos o la gente de la comunidad—, son aquellas cuya salud física y mental sufre más.

Dado que el narcisista es incapaz de forjar relaciones sanas, esta puede ser la clave para comprender tanto su propio sufrimiento como el que provoca en la vida de los demás.

El narcisismo tiene formas subclínicas (no tan graves como para recibir un diagnóstico psiquiátrico formal) y clínicas (lo suficientemente perturbadoras como para considerarse un problema psiquiátrico). Ambas manifestaciones se han estudiado intensamente en las últimas décadas, lo que proporciona un abundante material con el que trabajar en la búsqueda de una mejor comprensión del pecado de la soberbia. Existen siete categorías diferentes de características narcisistas: la prepotencia grandiosa y la vanidad extrema son las que suelen venir a la mente con más facilidad, pero hay otras cinco que son menos conocidas. Los narcisistas tienen una clara tendencia a explotar a los demás. Se consideran una autoridad en todos los asuntos. Su sentido del derecho tiende a estar por las nubes. Se sienten totalmente autosuficientes, convencidos de que en realidad no necesitan a los demás. Y, como veremos en el siguiente apartado, suelen ser exhibicionistas. Antes de adentrarnos en la ciencia, echaremos un rápido vistazo a la prevalencia de estos rasgos narcisistas en nuestro mundo moderno, tecnológicamente mejorado, de mensajes de texto, *twerking* y *tweets*.

ERES TAN VANIDOSO... APUESTO A QUE PIENSAS QUE ESTE LIBRO TRATA DE TI

Las revistas de cotilleos y los blogs de famosos suelen sumar el número total de *selfies* que cada estrella ha publicado en sus distintas cuentas de redes sociales. Si bien Kylie Jenner encabeza la lista de 2013 en Instagram, sus hermanas Kendall y Kim Kardashian no se quedan atrás, en cuarto y quinto lugar.[12] El mero volumen de *selfies* no puede utilizarse para juz-

---

[12] mashable.com/2013/10/20/celebrity-selfies/?europe=true#CTWcRb pdwsqN

gar con fiabilidad lo vanidoso que es alguien, pero este tipo de máquina mediática de autopromoción es muy influyente. En Twitter, las tres hermanas Kardashian y las dos hermanas Jenner suman más de 150 millones de seguidores, y millones de personas sintonizan cada semana su serie de televisión *Keeping Up with the Kardashians* para ponerse al día de las últimas novedades en una sucesión de sesiones fotográficas, salidas de compras y peleas familiares. La popularidad de este tipo de medios podría estar extendiendo la aceptación de los extremos a los que llega la gente para maximizar su atractivo estético. Aunque la vanidad elevada no conduce directamente al narcisismo (véase p. 48), es uno de los siete factores que contribuyen a él, por lo que podría exacerbarlo al fomentar la aceptación de la vanidad como norma social.

Hubo un tiempo, no muy lejano, en que se consideraba poco masculino que un hombre se preocupara demasiado por su aspecto. Se arreglaban en ocasiones especiales, por supuesto, pero en general los hombres hacían un esfuerzo por mantener su aseo al mínimo absoluto. Esto ya no es así. Del mismo modo, si una mujer pasaba por el quirófano para someterse a una operación de cirugía estética hace un par de décadas, solía ser un secreto muy bien guardado, quizá compartido con algunos de sus confidentes más íntimos. Si se les preguntaba públicamente si se habían «operado», la mayoría de las mujeres lo negaban. Hoy en día, las mujeres se muestran más relajadas a la hora de admitir que se han operado el pecho, e incluso pueden decirle a una amiga «si quieres, échale un vistazo» cuando reciben un cumplido. La vanidad excesiva ya no parece algo de lo que haya que avergonzarse. Desde el blanqueamiento dental en adelante, los procedimientos estéticos son ahora tan comunes que ya no llaman la atención.

Si alguien se le acercara por la calle y le ofreciera pincharse en la cara con una aguja hipodérmica, probablemente llamaría a la policía. Sin embargo, cada año aumenta el número de hombres y de mujeres que se someten a inyecciones de toxina botulínica (bótox) para ocultar los signos visibles del envejecimiento alisando sus arrugas. La Asociación Británica de Cirujanos Plásticos Estéticos ha publicado datos que indican que, en el período de diez años comprendido entre 2003 y 2013, se quintuplicó el número de intervenciones quirúrgicas estéticas realizadas en el Reino Unido. Las operaciones de nariz, los estiramientos faciales y los aumentos de pecho eran antes patrimonio exclusivo de ricos y famosos. Ahora se ofrecen habitualmente como regalo de cumpleaños a chicas de dieciséis años.

Buscar signos de vanidad entre las estrellas de las redes sociales es un juego de niños. Es el caso de Kurt Coleman, autoproclamado superestrella de Instagram, que se describe a sí mismo como la respuesta australiana a Paris Hilton. Cuando le preguntan por qué se hace tantas fotos, sus respuestas documentadas incluyen comentarios como: «Porque me encanta lo que veo en la cámara»; «Estoy bueno y me quiero»; «La gente está muy celosa de mí, puedo entender por qué, y nunca cambiaré por nadie porque me quiero». Aunque la mayoría de la gente se lo pensaría dos veces antes de admitir que tiene una opinión tan elevada de sí misma, la falta de humildad sugiere que la vanidad, la grandiosidad y el inflado sentido de la propia importancia son totalmente aceptables en Internet.

Pensemos también en las travesuras de Dan Bilzerian. Este hijo de millonario, pistolero y conductor de tanques, tiene más de veinte millones de seguidores en Instagram. En entrevistas ha contado cómo ha sobrevivido no a uno, sino a dos infartos inducidos por la cocaína, y mantiene regularmente informados a sus seguidores con un sinfín de fotografías que documentan los veloces coches que conduce, las armas letales que dispara y los grandes felinos con los que retoza. Cuando apareció en Internet un vídeo en el que se le veía arrojando a una estrella del porno adolescente desnuda desde el tejado de una casa a la piscina del jardín, en lugar de que la absoluta indiferencia que mostró por el bienestar de la chica (que no llegó a tocar el borde de la piscina por poco) provocara una repulsa generalizada, su popularidad se disparó. El mundo no solo tolera cada vez más el exhibicionismo obsesionado con uno mismo, sino que parece estar hambriento de él.

SOSPECHOSOS HABITUALES

Decir que la vanidad está muy extendida entre los famosos es arriesgarse a afirmar lo obvio, pero ¿quiénes son los más narcisistas? ¿Qué tipo de famoso crees que es el más narcisista? ¿Las estrellas de la música, como Madonna, Justin Timberlake y Miley Cyrus? ¿Actores que parecen divas, desde Marilyn Monroe y James Dean hasta Meryl Streep y Chevy Chase? ¿Quizá deportistas millonarios, como Usain Bolt, Michael Jordan y Cristiano Ronaldo? En este caso no hace falta basarse en conjeturas. En *The Mirror Effect (El efecto espejo)*, el doctor Drew Pinsky y el doctor S. Mark Young administraron el test NPI (inventario de personalidad narcisista) a un gran número de celebridades para establecer cómo se clasifican entre sí los distintos tipos de famosos en lo que a narcisismo se refiere. Sorprendentemente, el dudoso galardón de «el más narcisista del mundo» no recae ni en los músicos, ni en las estrellas de cine, ni en los deportistas. De hecho, el tipo de celebridad que se lleva la palma no existía hasta hace poco.

Con una puntuación media de 16,6 en la prueba NPI, los músicos parecían ser los menos narcisistas de todos los examinados. Para ponerlo en perspectiva, solo es ligeramente superior a la puntuación media de 15,3 establecida en un estudio no relacionado que administró la prueba a más de 2500 estadounidenses corrientes. Los actores se mostraron más narcisistas que los músicos, con una puntuación media de 18,5. Los cómicos resultaron ser un poco más narcisistas que los músicos, con una puntuación media de 18,8. La corona de los reyes y reinas del narcisismo entre los famosos, con una puntuación media de 19,4, fue para las estrellas de los *reality shows.*

Si se reflexiona un momento sobre este resultado, enseguida cobra todo su sentido. La telerrealidad favorece naturalmente al narcisista. Incluso cuando no ganan el concurso en el que participan en pantalla, suelen ser los personajes que más se lucen ante las cámaras. Así que los narcisistas son los personajes en los que más se fijan y recuerdan tanto la audiencia como los productores. Esto crea un sesgo de selección impulsado por los índices de audiencia que hace que tengan más probabilidades de ser seleccionados para aparecer en series posteriores. Si nos atenemos al género de telerrealidad inventado más recientemente —los llamados programas de «telerrealidad construida»—, el proceso de *casting* parece reclutar exclusivamente a narcisistas. En los programas de telerrealidad, como *Made in Chelsea*, *Geordie Shore* y *The Only Way Is Essex*, las estrellas solo reciben una serie de instrucciones, por lo que hay aún más incentivos para crear drama de la nada, la especialidad del narcisista.

El auge de las estrellas obsesionadas consigo mismas de los *reality shows* y las redes sociales no significa necesariamente que el tejido moral de la sociedad se esté desmoronando. Puede que estemos empezando a desarrollar callos psicológicos que hacen que sus payasadas arrogantes parezcan cada vez más normales, pero seguramente no pueden hacer ningún daño real. El problema es que la telerrealidad vende la idea de que cualquier persona lo suficientemente obsesionada consigo misma puede triunfar en televisión, lo que supone un incentivo para alimentar, en lugar de reprimir, el comportamiento egocéntrico. Una encuesta realizada recientemente en el Reino Unido reveló que «hacerse famoso» era la principal aspiración profesional de los jóvenes de dieciséis años. Por preocupante que esto pueda ser, todos sabemos que los niños son especialmente impresionables durante la adolescencia y que las perspectivas suelen cambiar y madurar con el tiempo. Pero ¿qué tipo de impacto, si lo hay, pueden tener estos ídolos narcisistas de los medios de comunicación en adultos como tú y como yo?

Desde que tengo uso de razón, siempre he sido un fanfarrón. Puede que se deba a que, durante mi infancia, mis padres siempre me animaron a lanzarme a situaciones nuevas y a esforzarme en cada oportunidad que se me presentaba. Por eso, con el paso de los años, experimenté muchos éxitos y fracasos. Los fracasos nunca me molestaron, porque también estaban acompañados de muchos éxitos. Resulta que muchas de esas victorias no eran más que una ilusión. Años más tarde descubrí que mi padre a menudo me dejaba ganar para darme el gusto de triunfar contra un oponente más grande, más fuerte y más sabio. Ilusión o no, rápidamente acumulé un buen número de experiencias positivas probando nuevas aficiones, deportes y actividades y esto hacía que fuera capaz de adquirir nuevas habilidades con bastante rapidez.

Como resultado de todas estas experiencias, siempre he tenido una gran confianza en mí mismo. Inevitablemente, en el transcurso de mi infancia, esto me llevó a ser acusado ocasionalmente de chulería, a veces incluso de arrogancia. Durante los años acomplejados de mi adolescencia y en la edad adulta, en momentos de reflexión, me he preguntado si mis padres, a pesar de su buena intención, habrían creado accidentalmente un monstruo. ¿Soy narcisista? Esta idea me ha preocupado en muchas ocasiones.

El inventario de personalidad narcisista (NPI) fue elaborado originalmente por Raskin y Hall en 1979 para la revista *Psychological Reports* y es una encuesta que mide los siete rasgos narcisistas a partir de las respuestas a cuarenta sencillas preguntas. Esta ingeniosa y sorprendentemente simple herramienta requiere que las personas elijan de entre un par de afirmaciones cuál las describe mejor para cuantificar sus niveles de superioridad, autoridad, vanidad, privilegio, autosuficiencia, explotación y exhibicionismo.

Cuando por fin me armé de valor y me sometí a la prueba del NPI, descubrí que, con 16 de los 40 puntos posibles, no soy un narcisista tan terrible después de todo. Al menos para los estándares estadounidenses, esta puntuación se acerca a la media (15,3) hallada en el estudio de control con el que se compararon las puntuaciones del NPI de los famosos. Es cierto que mis puntuaciones en las facetas de «autoridad» y «vanidad» fueron más altas que las de los demás, pero las puntuaciones en las demás facetas del narcisismo fueron más bajas, lo que parece haber equilibrado el conjunto.

Estas puntuaciones tenían un sentido intuitivo, al menos para mí. Dado que me gano la vida como presentador de televisión y conferenciante, una puntuación alta en vanidad podría explicarse razonablemente por el hecho de que se me exige estar presentable cuando estoy delante de una cámara o ante un público en directo. Cuando no estoy trabajando, mi aspecto suele ser algo desaliñado, incluso evito afeitarme, así que puedo afirmar que la vanidad nace del deber y no del vicio. El inflado sentido de la autoridad podría deberse a los veinte años que me he dedicado a estudiar el cerebro; al fin y al cabo, un doctorado es un título de pericia universalmente aceptado. Dicho esto, siempre queda la inevitable pregunta del huevo o la gallina. ¿Me sentí atraído por una vocación profesional que implicaba compartir lo que he aprendido sobre el cerebro con grandes audiencias porque soy un sabelotodo vanidoso? ¿O los veinte años que pasé adquiriendo conocimientos sobre el cerebro y aprendiendo lo que se espera de un presentador me cambiaron gradualmente? Ambas explicaciones son plausibles. En cualquier caso, la experiencia de hacer el NPI me ha resultado esclarecedora. Te lo recomiendo. Atrévete.

Si te interesa hacer la prueba, te alegrará saber que alguien se ha tomado la molestia de poner a tu disposición una versión interactiva del test NPI.[13] Si decides hacerlo, hazlo ahora, antes

---

[13] openpsychometrics.org/tests/NPI/

de seguir leyendo. De lo contrario, existe una pequeña posibilidad de que lo leas influya en tu puntuación. Si lo intentas y obtienes una puntuación alta, no te preocupes demasiado. El NPI no es una herramienta de diagnóstico clínico. Se utiliza para medir los niveles relativos de narcisismo entre el público en general. No existe un umbral a partir del cual alguien pueda decir, más allá de toda duda razonable, que su narcisismo es necesariamente problemático. Existen otras herramientas que sirven para este propósito, el test para el trastorno de la personalidad narcisista, por ejemplo, pero eso requiere que un profesional cualificado lo puntúe correctamente. Pues bien. Si vas a hacerlo, ahora es el momento...

La puntuación del NPI proporciona una idea de en qué punto del continuo se encuentra una persona en términos de la extensión de las tendencias narcisistas que se suelen encontrar en una población amplia. Desde su creación a finales de la década de los setenta se ha utilizado ampliamente en la investigación psicológica. Su diseño es realmente ingenioso. Consiste en elegir entre pares de afirmaciones. Si cualquiera de las afirmaciones se presentara por separado, la gente podría sentirse poco inclinada a admitir que una de las opciones la describe bien. Sin embargo, cuando se presentan como un par, cada opción parece perfectamente razonable a la luz de la alternativa. Es inteligente porque suele ser difícil conseguir que la gente admita comportamientos que generalmente la sociedad desaprueba, y esta prueba consigue muy bien ese objetivo. Se ha demostrado que el NPI mide con precisión las tendencias narcisistas y ofrece resultados fiables y reproducibles. También es un potente predictor de otros comportamientos que una persona narcisista es probable que muestre, más allá de los explícitamente cubiertos por la prueba NPI. Una prueba que puede decir más sobre una persona de lo que ella misma está dispuesta a revelar es una herramienta muy valiosa.

Las puntuaciones altas en la prueba NPI predicen:

- La inclinación a buscar parejas de alto estatus, pero muy poco interés en formar vínculos afectivos íntimos reales.
- La tendencia a reclamar para sí los éxitos de los demás.
- El deseo de aprovechar cualquier oportunidad para recibir la admiración de los demás.

En combinación con una baja autoestima, un elevado narcisismo puede incluso predecir la creencia en teorías conspirativas.

El narcisismo, o el pecado de la soberbia, tiene numerosas consecuencias antisociales. Cuando un narcisista alardea insistentemente de sus logros ante los demás, o intenta reivindicar los éxitos de otras personas como propios, puede dañar los sentimientos de esa otra persona o incluso su reputación. Cuando un narcisista exige continuamente que la conversación gire en torno al más importante de todos los temas, es decir, él mismo, puede causar una grave alteración de la dinámica social normal. Si otros se atreven a resistir la constante demanda de atención y admiración, rápidamente se encontrarán en el extremo receptor de un torrente de abuso. Los narcisistas también suelen tener una idea exagerada de su propia inteligencia y competencia, que solo sirve para reforzar sus delirios de grandeza. Sin embargo, la medición objetiva de su inteligencia o competencia rara vez apoya esta autopercepción.[14] Como su superioridad parece totalmente evidente, no tienen ningún problema en rechazar cualquier evidencia objetiva.

Un verdadero narcisista nunca se equivoca, por lo que pierde la oportunidad de aprender de sus errores. Están ensimismados, son beligerantemente indiferentes a las opiniones o los intereses de los demás y están totalmente dispuestos a manipular al resto para conseguir lo que quieren. Sus escarceos amorosos carecen de compromiso, suelen ser insatisfactorios y a

---

[14] En realidad, la mayoría de la gente se engaña de forma similar, pero los narcisistas son peores que la media.

menudo efímeros. En cuanto desaparece el refuerzo positivo, estalla la hostilidad. Aprovechan cualquier oportunidad para reforzar su imagen de sí mismos. Una de las contradicciones más interesantes de los narcisistas es que carecen totalmente de la capacidad de sentir empatía por los demás, pero al mismo tiempo son increíblemente sensibles a la retroalimentación social, esperando constantemente un trato positivo.

Lo más alarmante de todas las investigaciones realizadas sobre este tema en las últimas décadas es que el narcisismo parece dispararse. Las puntuaciones medias del NPI no han dejado de aumentar desde que se inventó el test. Hay que admitir que la mayoría de los datos relevantes proceden de estudios realizados en Estados Unidos, por lo que podría tratarse de un problema restringido a ciertas partes de Norteamérica. Por otra parte, como el canario en la mina de carbón, estos datos podrían servirnos de advertencia anticipada de lo que el futuro tiene reservado al resto del mundo. Teniendo en cuenta cuántas tendencias en el pasado se han establecido a ese lado del charco para extenderse a todos los rincones del planeta pocos años después, puedes apostar tu último dólar a que pronto será un problema global, aunque todavía no sea el caso. Los indicios apuntan a que esta tendencia va a continuar, por lo que parece probable que los diversos peligros antisociales asociados a la soberbia no hagan sino empeorar. Existe una clara necesidad de comprender mejor el narcisismo si queremos tener alguna esperanza de controlarlo. Una pregunta importante es: ¿qué ocurre exactamente en los cerebros de estas legiones cada vez más numerosas de narcisistas?

LA CIENCIA DEL NARCISISMO

Una observación consistente que emerge de las investigaciones científicas sobre las diferencias entre narcisistas y no narcisistas es cómo responden a la presión social. En un estudio reciente se pidió a los participantes que realizaran una de dos tareas mientras eran observados por dos extraños en silencio. O bien hacían un examen de matemáticas, o bien disponían de tres minutos para preparar una charla de seis minutos sobre sí mismos que después debían pronunciar en un foro público y que sería juzgada por un experto. Tales circunstancias serían estresantes para cualquiera, pero los narcisistas, a pesar de parecer a menudo bastante sensibles, liberaban una cantidad significativamente mayor de cortisol, la hormona del estrés, que sus homólogos no narcisistas. También manifestaron un mayor grado de confusión emocional que los participantes no narcisistas.

Uno de los hallazgos recientes más notables de la investigación en neuroimagen es que las mismas áreas cerebrales que se iluminan cuando sentimos dolor físico también se activan cuando sentimos dolor social. Tanto si el dolor social se debe a un rechazo romántico como a un desaire de los compañeros u otras situaciones similares, las sensaciones desagradables asociadas al dolor social parecen estar generadas por el mismo mosaico de áreas cerebrales que producen las sensaciones físicas de dolor derivadas de un golpe en un dedo del pie o de un dolor de cabeza. Teniendo esto en cuenta, pasamos ahora a un brillante estudio realizado por Christopher Cascio y sus colegas de las universidades de Pensilvania y Míchigan. Utilizaron la imagen por resonancia magnética funcional (IRMf, véase el glosario, p. 339) para comparar las activaciones cerebrales de narcisistas y no narcisistas mientras experimentaban el rechazo social en un juego llamado ciberbalón.

El ciberbalón consiste en que tres jugadores se pasen una pelota virtual. La persona que está en el escáner de resonancia magnética puede ver lo que ocurre en el juego en una pantalla de proyección que observa a través de un espejo colocado justo delante de sus ojos. Los otros dos jugadores del juego controlan sus movimientos desde una sala contigua (o al menos eso es lo que se le hace creer a la persona que está en el escáner). De vez en cuando, el jugador del escáner se queda fuera del juego, mientras los otros dos jugadores se pasan la pelota entre ellos. Cuando las personas eran rechazadas socialmente de esta manera, tres áreas cerebrales diferentes se activaban con más fuerza en los cerebros de los narcisistas que en los de los no narcisistas. La intensidad de la activación reflejaba el grado de dolor social que sentía cada persona. No solo eso, sino que, cuanto más alta era la puntuación individual de narcisismo de cada persona, mayor era la magnitud de las activaciones asociadas con el rechazo social. En otras palabras, encontraron una correlación positiva entre la intensidad de la activación —que se cree que refleja la gravedad del dolor social que estaban experimentando en ese momento— y el grado de narcisismo de cada persona. La principal implicación es que los narcisistas parecen sentir el dolor social del rechazo con más fuerza que otras personas. ¿Podría ser esta la causa de sus diversas tendencias antisociales?

Se trataba de la ínsula anterior y de dos partes distintas del córtex cingulado: el córtex cingulado anterior subgenual (CCAs) y el córtex cingulado anterior dorsal (CCAd). Veremos en qué parte del cerebro se encuentran exactamente estas regiones (véanse las figuras 1 y 2) y analizaremos brevemente las funciones específicas que, en la actualidad, se cree que desempeña cada una de estas áreas sobre la base de muchos otros estudios de imágenes cerebrales.

La ínsula anterior es una zona del cerebro que se encuentra en el fondo del valle formado por el encuentro del lóbulo frontal y el temporal a ambos lados del cerebro, cerca de cada sien. La ínsula anterior interviene en el procesamiento y la creación de la percepción de muchos tipos diferentes de experiencias sensoriales y emocionales, no solo del dolor. Suele iluminarse en los estudios de imágenes cerebrales cuando una persona siente asco, ansiedad o algún tipo de malestar. También se sabe que desempeña un papel importante en la empatía con el dolor ajeno y que responde de forma fiable a imágenes desagradables, como una herida sangrante, el olor nocivo de la comida podrida o incluso el precio excesivo de una prenda de ropa que pensábamos comprar pero que no nos podemos permitir. La ínsula anterior reacciona ante muchas cosas, pero todas ellas tienen en común el hecho de ser desagradables.

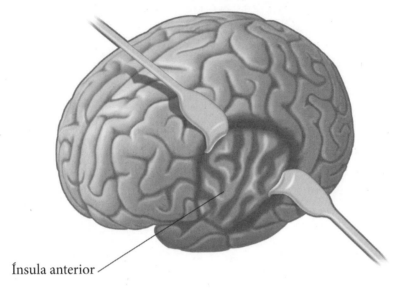

Ínsula anterior

Figura 1. El uso de retractores para separar el lóbulo frontal que sobresale y el lóbulo temporal que sobresale por debajo revela la corteza insular. La ínsula anterior es la parte de la corteza insular situada en la parte anterior del cerebro.

El CCAs forma parte del córtex cingulado anterior y está situado justo debajo de la parte anterior del cuerpo calloso. El cuerpo calloso es un punto de referencia muy útil para observar la superficie interna del cerebro, ya que se trata de un enorme haz de neuronas (cables cerebrales) que conecta los hemisferios izquierdo y derecho del cerebro. Las activaciones en esta región CCAs están muy bien caracterizadas. Sobre la base de muchos estudios de imágenes cerebrales que investigan la percepción del dolor, esta zona parece estar implicada en la generación de los sentimientos de angustia asociados al dolor, ya sea dolor físico o dolor social. En otras palabras, parece producir el componente emocional negativo del dolor, el aspecto del dolor que «duele». Por cierto, esta estructura cerebral concreta también se ha visto implicada en una amplia variedad de trastornos del estado de ánimo.

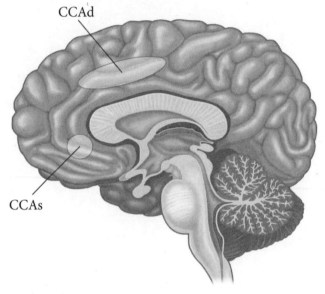

Figura 2. El córtex cingulado se encuentra en la superficie medial de cada hemisferio. Abraza el denso haz de materia blanca —el cuerpo calloso— que conecta los hemisferios cerebrales izquierdo y derecho, envolviéndolo como un cinturón o faja (véase la ilustración de la p. 8). El córtex cingulado anterior (CCA) es la zona más adelantada de esta estructura. El CCA dorsal describe la parte superior del CCA y el CCA subgenual describe la parte inferior que reside bajo la sección del cuerpo calloso conocida como *genu*.

El CCAd es la región superior (dorsal, como la aleta dorsal del lomo de un delfín) del tercio anterior del córtex cingulado. Se activa en muchas circunstancias, pero sobre todo cuando lo que ocurre en el mundo exterior entra en conflicto con nuestras expectativas. Por ejemplo, si pulsamos el interruptor de la luz y, en lugar de encenderse la bombilla, se oye el canto de un gallo, la diferencia entre nuestra experiencia habitual de causa y efecto y lo que ocurre en realidad se registrará como una activación del CCAd.

Considerando la actividad de esta región CCAd en una amplia variedad de estudios de imágenes cerebrales, parece, en términos generales, ser sensible a los conflictos: conflicto entre lo que una persona espera que ocurra y lo que realmente ocurre.[15] Estas expectativas pueden estar fijadas por una exposición durante toda la vida al comportamiento habitual de los interruptores de la luz o, para el caso, a cómo suelen comportarse los desconocidos en un juego. Encontrarse excluido y sentirse desatendido en las líneas laterales de un juego tonto sin ninguna buena razón probablemente haría que cualquiera se sintiera molesto, pero en el cerebro de un narcisista parece que tales sentimientos desagradables se manifiestan con mayor intensidad.

Para completar el círculo, el hallazgo inicial que comentamos sobre la tendencia del narcisista a liberar más cortisol en condiciones socialmente estresantes se complementa con otros estudios que sugieren que la activación del CCAd está positivamente correlacionada con el cortisol circulante. En otras palabras, cuanto mayor es la activación del CCAd, mayor es la concentración de cortisol, la hormona del estrés, que se encuentra en el torrente sanguíneo de la persona. Es imposible estar seguro de si el aumento de la activación del CCAd provoca realmente el aumento de la liberación de la hormona del estrés basándose únicamente en una correlación, pero merece la pena tener en cuenta esta posibilidad.

Las personas narcisistas, por una razón u otra, parecen tener una respuesta de estrés exagerada cada vez que se encuentran bajo el escrutinio social. Los datos anteriores sobre imágenes cerebrales apoyan la idea de que su experiencia del dolor social es más aguda que en los individuos no narcisistas. Esto podría explicar la observación común de que, cuando el

---

[15] ¿Recuerdas los modelos internos del cerebro que buscan patrones predecibles en el mundo exterior del capítulo I?

comportamiento de otras personas no corresponde a los delirios de grandeza de la persona narcisista, esta sea propensa a los arrebatos agresivos. Se ha sugerido que esto puede ser incluso un intento de exteriorizar su dolor social. También podría explicar por qué los narcisistas suelen estar interesados en buscar relaciones que les proporcionen admiración por encima de intimidad. Es de suponer que la reafirmación constante es el bálsamo que necesitan para ayudar a calmar sus sentimientos excesivos de dolor social.

Construir un narcisista

Una teoría influyente relacionada con lo que siembra las semillas del narcisismo describe dos estilos de crianza diferentes que, de un modo u otro, acaban impidiendo que un niño distinga con éxito entre el «yo» y el «otro». En este proceso influyen poderosamente las interacciones diarias entre el niño y sus padres o cuidadores, o cualquier otra persona con la que el niño pase la mayor parte del tiempo y con la que establezca vínculos más estrechos.

En términos generales, los padres o cuidadores negligentes no dedican suficiente tiempo a sus interacciones con el niño para permitirle establecer dónde acaba su «yo» y dónde empiezan los «otros» en el mundo exterior. Los problemas también pueden surgir en el otro extremo del espectro, con los llamados «padres helicóptero». Al intervenir constantemente para responder por sus hijos y decirles siempre lo que deben hacer, sentir y pensar, se impide que el niño desarrolle la capacidad de resolver nada por sí mismo. Cualquiera de los dos enfoques puede interferir en el desarrollo de un sentido sano e independiente de uno mismo, lo que puede dar lugar a una vida en la que el niño busque constantemente la respuesta positiva de los demás para tranquilizarse. La zona de «Ricitos de Oro» entre estos dos extremos del estilo parental negligente y el estilo parental helicóptero es mucho más propicia para un sentido del yo sano y bien desarrollado. En estas circunstancias, el niño es capaz de aprender a juzgar la idoneidad de su propio comportamiento y su autoestima, con mayor independencia de los demás.

Aparte de la influencia de los estilos de crianza que prestan demasiada o muy poca atención, el diablo realmente está en los detalles cuando se trata de cómo la retroalimentación puede dirigir el orgullo hacia la virtud o el vicio. Cuando los padres y cuidadores dan su opinión sobre si la conducta actual de un niño es buena o mala, es decir, un juicio transitorio, están en terreno seguro. El problema empieza cuando los comentarios se formulan en términos absolutos que suenan mucho más permanentes: «Eres una niña tan traviesa» o «Ahí tienes a mi princesita perfecta». Estos comentarios pueden parecer perfectamente inofensivos, pero, si se utilizan de forma sistemática, pueden estar sembrando inadvertidamente la semilla del narcisismo.

Los problemas surgen cuando los padres o cuidadores hacen comentarios sobre el comportamiento utilizando un lenguaje que suena como una evaluación del valor global del niño. Si, en lugar de oír comentarios del tipo «eso que has hecho ha sido malo» o «¿por qué te has portado tan mal hoy?», el niño escucha constantemente frases del tipo «eres un niño malo» o «¿por qué tienes que ser siempre tan malo?», interioriza el mensaje y acaba aceptando la idea de que hay algo malo en él. Esto puede conducir a la creencia, aceptada en lo más profundo de su ser, de que son fundamentalmente malos, lo que en última instancia puede llevarlos a la conclusión de que no merecen amor. Desgraciadamente, todo esto puede acabar convirtiéndose en una profecía autocumplida, en la que el niño se comporta de acuerdo con la etiqueta negativa que se le haya puesto sistemáticamente. En el corazón de la búsqueda externa de admiración y afirmación positiva de los narcisistas más problemáticos suele haber un profundo sentimiento de inutilidad. Esta es la forma «vulnerable» del narcisismo.

La forma alternativa de narcisismo es la «grandiosidad». En este caso, el problema es la persistencia de comentarios positivos sobre lo maravilloso que es el niño, independientemente de si su comportamiento reciente ha sido bueno o malo. Los padres demasiado indulgentes, al tratar de apoyar al niño constantemente, también pueden crear narcisistas. Cuando se coloca a un niño en un pedestal, recibiendo constantemente elogios (independientemente de su conducta real) por parte de unos padres desesperados por evitar las críticas por miedo a herir los sentimientos de su hijo, el niño puede acabar interiorizando el mensaje de que no puede hacer nada mal. Esto conduce al desarrollo de un sentido exagerado del derecho y a un narcisismo «grandioso».

Para alimentar los aspectos positivos del orgullo en los niños, sin inducir accidentalmente las diabólicas consecuencias del narcisismo, la regla general es dar amor incondicionalmente —estableciendo que el niño es digno de amor— y mantener la retroalimentación sobre si su comportamiento actual o reciente es bueno o malo como una cuestión completamente separada.

Para completar nuestra exploración de los posibles impulsores neurológicos detrás de los aspectos del orgullo que se han interpretado como pecaminosos en los últimos siglos, nos sumergiremos brevemente en una forma particularmente destructiva de narcisismo: el trastorno de la personalidad narcisista.

EN EL PEOR DE LOS CASOS

Aunque en la actualidad uno de cada cuatro estudiantes universitarios estadounidenses obtiene una puntuación alta de narcisismo en el inventario de personalidad narcisista, con una incidencia de alrededor de 1 de cada 100, el trastorno de la personalidad narcisista (TPN) es, afortunadamente, mucho menos común. Dicho esto, las tasas de TPN también parecen estar aumentando de forma constante, al menos en Estados Unidos.

Los criterios diagnósticos del TPN se elaboraron en 1980 y se grabaron en la tercera edición de la biblia de las dolencias psicológicas que es el *Manual diagnóstico y estadístico de los trastornos mentales* (conocido como *DSM*). El TPN es extremadamente desagradable, tanto para quien lo padece como para quienes lo rodean. Dependen excesivamente de los demás para regular su autoestima, y luchan con toda una serie de graves dificultades psicosociales que a menudo implican problemas emocionales y diversas adicciones. Su capacidad para regular sus propias emociones fluctúa enormemente en función de cómo les traten los demás. Si no reciben la admiración que necesitan para mantener su exagerado sentido de la importancia personal, su estado emocional se transmite inmediatamente al mundo exterior: no pueden contenerlo, por muy inapropiado que sea el arrebato. Los síntomas principales del TPN incluyen: a) una profunda necesidad de admiración, b) un sentido muy exagerado de la propia importancia y c) una falta crónica de empatía emocional.

En cuanto a la falta de empatía, es importante distinguir entre dos formas diferentes. La empatía emocional describe la capacidad de sentir realmente lo que siente otra persona con solo mirarla y escucharla. Se desencadena al captar señales sutiles en la voz y en el lenguaje corporal. En cambio, la empatía cognitiva es un fenómeno diferente. Es la capacidad de emitir un juicio sobre cómo se siente una persona y utilizar esa información para guiar sus interacciones, pero sin sentir realmente lo que ella siente. Las últimas investigaciones sugieren que los TPN pueden emitir juicios precisos sobre las emociones de otras personas, solo que no pueden sentirlas, por lo que el poderoso papel que desempeña la empatía en la vida de la mayoría de la gente se reduce drásticamente. Examinar los cerebros de las personas con un diagnóstico formal de TPN puede ayudarnos a comprender lo que ocurre en el extremo patológico del narcisismo.

El estudio que vamos a considerar aquí utilizó la resonancia magnética de un modo diferente al experimento anterior con narcisistas no clínicos. En lugar de buscar diferencias funcionales, identificando áreas que se activan más o menos en diferentes circunstancias, este estudio buscaba diferencias estructurales. Querían averiguar si alguna parte del cerebro de los pacientes TPN era físicamente diferente, de media, a un grupo de control, compuesto por personas sin diagnóstico de TPN. Lars Schulze y sus colegas de la Universidad Libre de Berlín (Alemania) encontraron varias diferencias interesantes.

En primer lugar, la ínsula anterior izquierda de las personas con TPN es más pequeña que la de las personas sin TPN.[16] Recuerda que el estudio de imágenes funcionales de narcisistas cotidianos (aquellos sin diagnóstico psiquiátrico de TPN) reveló que, cuanto más alto puntuaban en la prueba del inventario de personalidad narcisista, mayor era la activación en esta área cerebral cuando se les hacía sentir socialmente excluidos. El menor volumen de un área cerebral, en relación con el que se encuentra en cerebros sanos, suele reflejar una alteración en el desarrollo de los circuitos neuronales que intervienen en la regulación de la estructura cerebral en cuestión. Cuando este es el caso, refleja una capacidad reducida para modular los niveles de actividad de esa estructura bajo la influencia de la retroalimentación de otras áreas cerebrales. Por lo tanto, el menor tamaño de la ínsula anterior izquierda en estos pacientes TPN puede reflejar dificultades para suprimir los sentimientos desagradables que resultan de no obtener la admiración que ansían. Igualmente, podría tener más que ver con el papel de la ínsula anterior en la empatía; su menor tamaño podría contribuir a sus profundas dificultades para sentir lo que sienten los demás. Los estudios individuales de imágenes cerebrales rara vez proporcionan todas las respuestas, pero a menudo inician debates interesantes.

---

[16] Físicamente más pequeño en cuanto al volumen de espacio que ocupa.

Este estudio también observó que los cerebros TPN tienen significativamente menos materia gris que los pacientes de control no clínicos en dos partes del córtex cingulado: el córtex cingulado anterior rostral y el córtex cingulado medio (véase la figura 3). Se sabe que estas áreas desempeñan un papel importante a la hora de averiguar qué está pasando en la mente de otras personas, una capacidad conocida como teoría de la mente —un tema al que volveremos en capítulos posteriores—, por lo que esto puede ayudar a explicar los déficits empáticos que presentan los pacientes con TPN. El volumen reducido de espacio ocupado por todas estas áreas en las personas con TPN en comparación con las personas no TPN podría ayudar a explicar su necesidad de un suministro constante de admiración. Si son incapaces de sentir lo que piensan los demás basándose en instintos que el resto de nosotros damos por sentados, esto podría explicar su necesidad de buscar constantemente la retroalimentación positiva de los demás.

Por último, también se observó un menor volumen de materia gris en parte del córtex prefrontal medial (CPFm), conocido por ser una parte importante del sistema cerebral denominado colectivamente red neuronal por defecto (RND). Se cree que la RND está causalmente implicada en la capacidad del cerebro para generar nuestro sentido del yo. Volveremos al tema de la RND en un capítulo posterior (capítulo IX, p. 255), pero por el momento basta con señalar que una parte de la RND parece estar reducida en los cerebros de quienes padecen la forma más grave y perturbadora de narcisismo conocida por la medicina. Teniendo en cuenta los estilos de crianza que vimos en el apartado anterior, que interfieren con el desarrollo cerebral en regiones implicadas en la comprensión de la frontera que separa al yo de los demás, es interesante observar que, en el TPN, las áreas cerebrales implicadas en la generación de nuestro sentido del yo y las que apoyan nuestra capacidad para leer la mente de los demás parecen estar comprometidas.

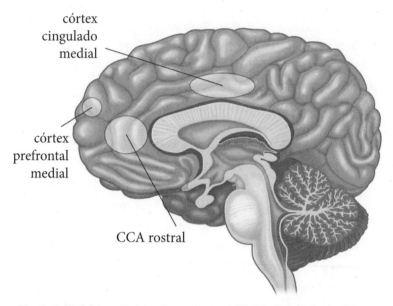

córtex cingulado medial

córtex prefrontal medial

CCA rostral

Figura 3. El CCA rostral es el segmento del CCA situado justo delante del cuerpo calloso. El córtex cingulado medial se refiere a la sección del córtex cingulado que se encuentra a medio camino entre la córtex cingulado anterior (hacia delante) y la córtex cingulado posterior (hacia atrás). También se ha destacado la parte específica de la región del córtex prefrontal medial implicada en el trastorno de la personalidad narcisista.

CÁMARA DE ECO

Si Facebook fuera una religión, con más de mil millones de usuarios, sería la tercera más popular del mundo, por detrás del cristianismo (2100 millones) y el islam (1500 millones). Pero, mientras que las principales religiones del mundo tratan de poner el acento en fomentar el sentido de comunidad por encima del interés personal, Facebook es un caldo de cultivo ideal para el narcisismo. Quienes más lo utilizan suelen ser los miembros más narcisistas de la sociedad. Las personas con un mayor número de amigos en Facebook tienden a mostrar más cualidades narcisistas que las que tienen menos. Las redes sociales no crean narcisistas de la nada, pero, como medio diseñado en torno a un mecanismo de publicación de imágenes, artículos, vídeos y actualizaciones personales para buscar la afirmación («me gusta») de los demás, proporciona a los narcisistas exactamente lo que ansían.

Lo mismo ocurre con los *reality shows*. Las personas narcisistas se sienten atraídas a aparecer en los *realities* por razones similares y los más narcisistas son los que suelen tener éxito. Los productores de televisión y los editores de periódicos, revistas y sitios web sensacionalistas favorecen activamente a aquellos cuyo sentido de la grandiosidad, vanidad, exhibicionismo y tendencia a la confrontación agresiva crea el drama más espectacular y, por tanto, digno de la prensa sensacionalista. Esto proporciona a diario una dieta de altísimos niveles de narcisismo para el público que ve la televisión y consume los medios sociales. Con el tiempo, todo este comportamiento excesivamente narcisista empieza a parecer normal, lo que conduce a una mayor aceptación del narcisismo, no solo en términos de lo que llegamos a esperar de los medios de comunicación, sino también de aquellos con los que interactuamos a diario en la vida real. Como consecuencia, las sanciones sociales que solían aplicarse para castigar los niveles excesivos de arrogancia y vanidad ya no se aplican.

La normalización del narcisismo, junto con la ausencia de modelos de conducta más apropiados en los medios de comunicación, o al menos con unos niveles muy reducidos de cobertura mediática, parece estar empujando las tasas de narcisismo global hacia arriba. Como hemos visto, esto se está manifestando actualmente en el aumento constante de las puntuaciones del inventario de personalidad narcisista en la población en general y también puede contribuir a las elevadas tasas de trastorno de personalidad narcisista. Quizá el aspecto más alarmante de todo esto es el impacto que tendrá en los hijos de narcisistas. Los padres narcisistas son tremendamente perjudiciales para toda la familia, pero los niños son especialmente vulnerables.

Vicios de la soberbia

Si San Gregorio tenía razón y la soberbia es realmente la reina de todos los pecados, podríamos anticipar que la epidemia de narcisismo en la que nos encontramos envueltos actualmente podría hacer que los siete pecados capitales fueran más problemáticos. A la inversa, si pudiéramos encontrar la manera de extinguir el narcisismo, podríamos cortar de raíz todos los demás vicios capitales.

Cuando una persona cree de verdad en sus sentimientos de grandiosidad y prepotencia, su exagerado sentido del derecho la llevará inevitablemente a convencerse de que es más merecedora que los demás. Se sentirá en su perfecto derecho de llevarse más de lo que le corresponde de cualquier mercancía. Ya sea actuando sobre los sentimientos de deseo sexual hacia las parejas de otras personas (lujuria), abusando de los socios comerciales en las transacciones financieras (avaricia), o dejando que los demás hagan todo el trabajo duro (pereza), está muy claro cómo el orgullo puede avivar las llamas de los otros pecados capitales. Cuando un narcisista se encuentra con alguien con más riqueza, poder o popularidad, a menudo se enfadará (ira) o, como mínimo, deseará que todo sea suyo (envidia). Y, por supuesto, los que se sienten con más derecho que los demás alrededor de la mesa no se lo pensarían dos veces antes de llevarse la mejor parte del asado…

CAPÍTULO III
GULA

«En general, la humanidad, desde el
perfeccionamiento de la cocina,
come aproximadamente el doble
de lo que exige la naturaleza».

Benjamin Franklin

L a sospecha de San Gregorio de que la soberbia es la raíz de todos los pecados capitales se ve reforzada por la curiosa observación de que el aumento constante de las puntuaciones del inventario de personalidad narcisista en Estados Unidos se ha visto reflejado en la expansión gradual de las cinturas. Con la Organización Mundial de la Salud clasificando oficialmente a casi un tercio de la población mundial como obesa o con sobrepeso, el pecado de la gula plantea ahora un serio desafío para los sistemas sanitarios de todo el planeta. La situación es tan grave que el término «epidemia de obesidad» ya no sirve. Artículos recientes publicados en revistas médicas serias afirman que ha alcanzado proporciones «pandémicas». En este capítulo exploraremos cómo se ha llegado a esta situación e indagaremos en el cerebro humano en busca de pistas que expliquen por qué somos tan malos resistiéndonos a las tentaciones culinarias.

Aperitivo

El Índice de Masa Corporal, o IMC, es una escala que determina el peso de una persona en relación con su estatura. Como las personas más altas tienden a pesar más y las más bajas suelen inclinar la balanza en menor medida, el IMC clasifica a las personas en peso insuficiente, normal, sobrepeso u obesidad teniendo en cuenta estas dos medidas. ¿Podría ser esta la herramienta científica para definir el umbral a partir del cual una persona puede ser considerada culpable del pecado de gula? Hay muchos factores que contribuyen a la propensión de una persona a engordar. Pero, solo por diversión, consideremos brevemente esta idea para estimular nuestro apetito por los últimos conocimientos científicos sobre la reciente escalada de este particular vicio capital.

Un IMC «normal», de entre 18,5 y 24,9, se asocia a una buena salud. A partir de 25 se considera «sobrepeso»; a partir de 30, «obesidad», y a partir de 40, «obesidad mórbida». Cuanto más se sube en la escala, mayor es la probabilidad de sufrir complicaciones de salud como diabetes y enfermedades cardiovasculares. Esto no solo es malo para la salud y la calidad de vida de la persona, sino también para quienes tienen la responsabilidad de mejorar la salud de la población general y para quienes se encargan de proporcionar los cuidados adicionales necesarios.

Actualmente tengo un IMC de 25,4, lo que me sitúa en el umbral del «sobrepeso». ¿Soy, por tanto, un pecador? ¿Es un IMC superior a 25 un parámetro razonable para decidir quién acaba en el tercer círculo del infierno de Dante, arrojado a un pozo de sufrimiento junto con el resto de los glotones de la humanidad?

¿O debería reservarse una eternidad acurrucados en busca de calor, tiritando bajo la lluvia, el granizo y la nieve perpetuos, a aquellos con una puntuación superior a 30? ¿O más de 40?

Dado que hago ejercicio más o menos cada dos días (cuando las lesiones me lo permiten), me sentiría muy mal si me enviaran al infierno por cometer el pecado de la gula. Seguramente las personas con un ligero sobrepeso como yo, o las que apenas alcanzan una de las categorías de obesidad, deberían ser enviadas primero al limbo en lugar de ser desterradas directamente a las llamas del infierno, sin hacer preguntas. Los casos límite podrían pasar unas semanas en el campamento de los gordos del purgatorio para ponerse en mejor forma y ser considerados aptos para cruzar las puertas del cielo.

Alternativamente, ¿podríamos someternos al potro de tortura justo antes del Juicio Final? Una máquina de este tipo, popular en la Edad Media como instrumento de tortura, podría ayudarnos a contrarrestar toda una vida de compresión de la columna vertebral impuesta por la fuerza de la gravedad. Añadir uno o dos valiosos centímetros más a nuestra estatura podría ayudarnos a descender a una categoría de IMC inferior[17] con la misma eficacia y probablemente con mayor rapidez que cualquier esfuerzo por perder peso. Con 186 cm de altura en lugar de 184 cm, y exactamente el mismo peso corporal, mi IMC volvería a la zona «normal». También se podrían conseguir efectos similares pasando unas semanas en órbita alrededor de la Tierra en la Estación Espacial Internacional; la gravedad cero suele añadir uno o dos centímetros a la estatura de un astronauta.

¿Se trata de un enfoque astuto para volver al lado correcto de la división entre pecadores y santos? ¿O es que no tiene ni pies ni cabeza? Por ridículas que sean estas propuestas, queda

---

[17] La fórmula del IMC es estatura/masa^2, que refleja la idea de que las personas más altas suelen pesar más que las más bajas, lo que significa que el IMC puede reducirse perdiendo peso o aumentando la estatura.

claro lo resbaladiza que puede ser la cuestión de determinar quién es y quién no es un glotón. No es fácil encontrar límites concretos que nos ayuden a definir dónde acaba la moderación y dónde empieza la glotonería. Como descubriremos, no es tan fácil como limitarse a observar el peso o la forma del cuerpo de las personas. Para ser culpable de pecado, el consumo excesivo debe elegirse libremente. Y las últimas imágenes cerebrales de personas clínicamente obesas sugieren que su capacidad para ejercer el libre albedrío en este sentido puede haberse visto permanentemente comprometida.

ENTREMÉS

El problema original del cristianismo con la glotonería parecía girar principalmente en torno a la propensión de la gente a adorar su vientre por encima de su Dios. San Pablo arremetió contra los que «no sirven al Señor Jesucristo, sino a su propio vientre», y señaló con el dedo a «... los enemigos de la cruz de Cristo». Teniendo en cuenta que la gula se utilizaba originalmente para describir no solo el exceso de comida, sino también los atracones de bebidas alcohólicas, es fácil entender la oposición teológica. Los glotones ebrios son especialmente propensos a bajar la guardia y a dejarse vencer por sus vicios. El comentario de Santo Tomás de Aquino[18] sobre los peligros de la gula parece la descripción de un borracho común y corriente: «Alegría excesiva e indecorosa, gamberrismo, suciedad, locuacidad y torpeza mental».

En su época, Santo Tomás tenía una voz poderosa e influyente. Contribuyó decisivamente a divulgar la importancia de tener en cuenta los siete vicios capitales a la hora de tomar decisiones sobre la conducta adecuada. Sin embargo, se dice

---

[18] Santo Tomás de Aquino fue un fraile dominico del siglo XIII y un prolífico escritor de teología que escribió un libro muy influyente llamado *Suma Teológica*.

que tenía un apetito voraz. Se rumorea que hubo que cortar una pieza de madera en forma de media luna de la mesa en la que cenaba para acomodar su enorme barriga. Algunos dirán que esto huele a hipocresía. Los más indulgentes dirán que la glotonería fue calificada de pecado mortal porque el apetito es algo que incluso los más devotos luchan por contener.

El papa Gregorio Magno detalló los diversos aspectos de la gula que, en su opinión, distraían de la pureza espiritual exigida a los piadosos, justificando su inclusión como uno de los siete pecados capitales.[19] Santo Tomás lo parafraseó muy bien: «A veces se anticipa a la hora de la necesidad; a veces busca carnes costosas; a veces exige que los alimentos estén delicadamente cocinados; a veces excede la medida del refrigerio tomando demasiado; a veces pecamos por el calor mismo de un apetito inmoderado».

Según los estándares modernos, es difícil imaginar cómo alguien puede no ser considerado un glotón. Todos hemos caído alguna vez en la tentación de comer solo por comer o hemos elegido el plato más caro del menú. Muchas personas son un poco quisquillosas con la cocción de los huevos, otras caen en la tentación de beber o de comer más de la cuenta. Dadas las numerosas influencias de la sociedad moderna que normalizan estos hábitos alimentarios, no es de extrañar que el pecado de la gula sea ahora más evidente que nunca.

CANAPÉ

Cualquiera que, como yo, haya pasado gran parte de su infancia mirando el televisor, probablemente conoció por primera vez el concepto de consumo excesivo viendo el programa infantil *Barrio Sésamo*. ¿Recuerdas al Monstruo de las Galletas? El bicho peludo, azul, balbuceante y esponjoso arquetipo del

---

19 Libro XXX de *Moralia in Job*, versículo 60

glotón. Toda su existencia gira en torno a encontrar galletitas, metérselas en la boca, haciendo volar las migas, hasta que se ha comido hasta la última. Después, tras una breve pausa, sale corriendo en busca de más. No tiene suficiente.

La británica Georgia Davis puede haberse inspirado en esas influencias infantiles. Apodada en su día por los periódicos sensacionalistas como «la adolescente más gorda de Gran Bretaña», en su momento de mayor peso comía hasta veinte kebabs a la semana y se atiborraba a chocolate, patatas fritas y cocacola durante todo el día. En abril de 2015, se vio en la desagradable situación de tener que ser sacada de su casa con una grúa, con la ayuda de una docena de vehículos de emergencias, en una operación de siete horas para llevarla al hospital a recibir tratamiento tras una caída. En su momento de mayor peso superó la barrera de las 60 libras (381 kg).

Las motivaciones psicológicas habituales para comer en exceso son variadas, pero suelen reflejar una respuesta automática a emociones negativas, a menudo generadas por problemas de imagen corporal en primer lugar. Lo que empieza como un impulso de comer como un método de autocontrol emocional puede convertirse pronto en una respuesta compulsiva y automática a los sentimientos de tristeza y ansiedad. Un estudio reciente investigó cuatro estilos alimentarios diferentes que suelen conducir a aumentos patológicos de peso. En orden de menor a mayor gravedad son: atiborrarse (lo que implica comer una gran cantidad de comida tres veces al día), picar entre horas (comer continuamente entre comidas), picotear (consumir repetidamente pequeñas cantidades de comida a lo largo de todo el día) y, lo peor de todo, darse atracones (pérdida total del control sobre la ingesta de alimentos). Cuanto más avanzados estén tus hábitos alimentarios en esta lista de estilos, más rápido aumentarás de peso.

El *Libro Guinness de los Récords* concede el dudoso honor del hombre más pesado del mundo a Jon Brower Minnoch, de Bainbridge Island (Washington, EE. UU.). El señor Minnoch murió en 1983. En su momento de mayor peso, pesaba la friolera de 635 kg, lo que equivale a 100 piedras o 1400 libras. Con 1,85 m de estatura, tenía un índice de masa corporal (IMC) de 185,5. Teniendo en cuenta que la categoría de obesidad mórbida comienza a partir de los cuarenta años, el IMC de Minnoch era asombroso. Sin embargo, el saudí Khalid bin Mohsen Shaari superó a Minnoch en IMC con 204 puntos. A pesar de ser más ligero (610 kg), Shaari es considerablemente más bajo (1,73 m). Dado que el índice se calcula como la masa en kilogramos dividida por la altura en metros al cuadrado (kg/m^2), el señor Shaari salió finalmente victorioso en las apuestas del IMC. El tiempo pasado se utiliza aquí no porque esté muerto (en el momento de escribir estas líneas está muy vivo), sino porque hace unos años el rey de Arabia Saudí ordenó al señor Shaari que ingresara en un hospital para someterse a una intervención médica que lo ayudara a perder algunos de los kilos que le sobraban.

Todo lo dicho hasta ahora hace suponer que la gula y la obesidad van de la mano, pero ¿es realmente así? Dado que «glotonería» tiene su origen en la palabra latina *gluttire*, que significa «engullir», aunque la obesidad es una consecuencia probable de este hábito, el glotón no tiene por qué tener un sobrepeso excesivo. Se trata más bien de una actitud respecto a cuándo es suficiente. Los orígenes de esta palabra también nos ayudan a comprender la diferencia fundamental entre la glotonería y el concepto aparentemente muy similar de avaricia. Mientras que la avaricia es probablemente mejor entendida como el deseo de tomar más de lo justo de cualquier producto, la gula se refiere específicamente a engullir comida o bebida en cantidades extremadamente grandes.

Atiborrarse de esta manera, lejos de considerarse un acto despreciable, es ahora un talento digno de alabanza, en el que solo los más glotones reciben adulación. El concurso de comer perritos calientes de Nathan's Famous en Coney Island, Brooklyn, Nueva York, tiene lugar durante cada celebración del 4 de julio desde los años setenta. En la década de los noventa, el objetivo del juego era ingerir el mayor número posible de perritos calientes (salchichas y pan) en un tiempo límite de doce minutos. En el año 2000, el récord se situó en la friolera de 25 perritos, con una media de algo más de dos por minuto. En 2001, un joven japonés se presentó al concurso y arrasó. ¿Puede adivinar por qué margen se batió el récord? ¿Cinco? ¿Diez, quizá? Seguramente no más que eso, ¿verdad? Takeru Kobayashi —o el Tsunami, como lo llamaban los expertos— devoró la friolera de cincuenta perritos calientes. Es de suponer que, para batir un récord de velocidad de treinta años, el señor Kobayashi debía de ser enorme. Tal vez tengas en mente a hombres de proporciones gigantescas, como Jon Brower Minnoch y Khalid Bin Mohsen Shaari. Pues la verdad es que Kobayashi no es un sumo. Al contrario. Con 73 kg y 1,73 m, tiene un IMC muy saludable de 19. ¿La excepción a la regla? No lo es.

El ganador de 2015 fue un hombre conocido como Megatoad. Tiene la misma altura que Kobayashi, pero pesa apenas 54 kg, por lo que su IMC (18) lo convierte oficialmente en una persona con «bajo peso». Se comió 62 perritos calientes en solo 10 minutos, a un ritmo de poco más de 6 por minuto. ¿Cuál es la moraleja de esta historia? Pues que el peso corporal y la capacidad estomacal no tienen nada que ver. Y, lo que quizá sea más importante, cuando no participan en concursos de comida, tanto el Tsunami como el Megatoad siguen una dieta sana, que les permite mantener un IMC saludable.

Otro competidor habitual, Joey «Jaws» Chestnut, consiguió consumir 73,5 perritos durante una ronda clasificatoria en 2013 en solo diez minutos. Eso supone más de 20 000 calorías, más de ocho veces la ingesta diaria recomendada para un hombre de estatura media. ¿Es posible que estos glotones competitivos también se dirijan directamente a las llamas purgadoras del infierno el Día del Juicio Final, a pesar de tener un IMC perfectamente saludable?

Las competiciones de comida empezaron a surgir en el siglo XX. Puede que el objetivo final fuera glorificar a aquellos cuyo aparato digestivo podía sobrevivir a la dura prueba de embutir enormes cantidades de comida en estómagos sobredimensionados. Lo más probable es que se tratara de una hábil estratagema de marketing. Las empresas de relaciones públicas son aficionadas a este tipo de trucos. La normalización gradual de la sobrealimentación ha sido extremadamente eficaz para generar un enorme crecimiento de los beneficios de las multinacionales productoras de alimentos procesados de alto valor energético, bajo valor nutricional y larga duración. Estos alimentos se pueden encontrar convenientemente envasados y siempre listos para su compra inmediata en el supermercado, la gasolinera o el local de comida rápida más cercano. La fácil disponibilidad de alimentos deliciosos, asequibles y altamente calóricos ha conducido directamente a la expansión de las cinturas en todo el mundo.

Comer en exceso no es un invento reciente. La tentación del ser humano de entregarse a las delicias culinarias ha existido probablemente desde el principio de los tiempos. La principal diferencia es que, mientras que en los países desarrollados el azote de la glotonería parece estar más extendido entre las personas de nivel socioeconómico más bajo, durante la mayor parte de la historia de la humanidad esos excesos solían estar reservados exclusivamente a los ricos.

Tácito describe el consumo excesivo de comida y bebida en su relato de la «orgía suprema» del emperador Nerón en el año 64. Otro autor romano, Petronio, describe un banquete libertino y ridículamente ostentoso en lo que muchos consideran la primera novela del mundo: *El satiricón*. En él se ofrecían innumerables platos, uno por cada signo del zodiaco, y una obra maestra consistente en pájaros vivos que salían del vientre de un cerdo asado. En la boda de María de Médici y el rey Enrique IV de Francia se sirvieron 50 platos. El rey Jorge IV era conocido por su gusto por enormes banquetes que habrían hecho correr al mismísimo Baco hacia el vomitorio.[20]

PLATO PRINCIPAL

Los grandes banquetes han sido durante mucho tiempo una tradición anual para los habitantes de muchas regiones templadas del mundo, sobre todo cuando se celebra la cosecha o el final de los largos, fríos y hambrientos meses de invierno. Sin embargo, hoy en día, todo el mundo puede darse un festín de este tipo durante todo el año en el restaurante de bufé libre donde se come todo lo que se quiere. Como hemos visto, la glotonería también se celebra en el *Libro Guinness de los Récords* e incluso se convierte en una aspiración con la existencia de concursos de comida con grandes premios en metálico. La gente pasa horas de su tiempo libre viendo a otros comer en Internet. Este fetiche es tan popular en Corea del Sur que hay quien se gana la vida comiendo grandes cantidades de comida en la comodidad de su hogar.

La gula se diferencia de los demás pecados capitales en que los estragos que causa en el cuerpo, cuando se practica a diario, suelen ser imposibles de ocultar al mundo exterior. Ya se trate de la barriga cervecera que cuelga por encima del cinturón, o de los vasos sanguíneos reventados en la nariz hinchada de quienes se exceden en el consumo de alcohol, los signos son demasiado fáciles de detectar. El impacto a largo plazo de la glotonería está a la vista de todos en las calles del Reino Unido, repletas de restaurantes de comida rápida, a lo largo y ancho del país. Al otro lado del charco, los establecimientos de comida estadounidenses venden refrescos a litros e incluso sus platos

---

[20] Muchos creen que el vomitorio es una leyenda urbana, pero yo puedo afirmar con absoluta autoridad que existe uno en una casa de hermandad junto al castillo de Tubinga, ¡porque he tenido el dudoso honor de utilizarlo!

de tamaño normal parecen enormes al ojo europeo medio. La obesidad mórbida se encuentra ahora tan fácilmente como las omnipresentes hamburgueserías en los centros comerciales suburbanos de todo el mundo.

¿De dónde procede esta tendencia humana a comer y beber en exceso siempre que se presenta la ocasión? ¿Por qué nuestra especie ha desarrollado un cerebro que hace tan difícil resistirse a las oportunidades de atiborrarse de alimentos ricos en grasas y carbohidratos? Durante la mayor parte de la historia de la humanidad, una de las principales amenazas para la supervivencia de nuestros antepasados fue la insuficiente disponibilidad de alimentos. En estas circunstancias de escasez tenía sentido consumir más calorías de las realmente necesarias cada vez que se presentaba la oportunidad, por lo que las redes de regulación del apetito del cerebro humano evolucionaron en consecuencia. Al comer en exceso, las calorías sobrantes podían almacenarse en depósitos de grasa bajo la piel y alrededor de los órganos internos para que nuestros antepasados sobrevivieran sanos y salvos a las épocas de escasez. En la Edad de Piedra comer alimentos ricos en calorías hasta hartarse era una inversión de futuro y una estrategia de supervivencia sensata en tiempos de hambruna. Ahora que la mayoría de los habitantes del mundo desarrollado viven en un entorno caracterizado por la sobreabundancia de alimentos y no por la escasez, por primera vez en la historia de la humanidad tenemos más probabilidades de morir de enfermedades relacionadas con la obesidad que de inanición. La ignorancia no es excusa; desde los tiempos de Aristóteles se sabe que comer en exceso es tan perjudicial para nuestro bienestar como comer poco: «La bebida o la comida que está por encima o por debajo de cierta cantidad destruye la salud, mientras que la que es proporcionada la produce, la aumenta y la conserva».

Dicho esto, se podría argumentar razonablemente que toda nuestra neuroquímica ha evolucionado para fomentar los atracones. La sensación de hambre no se sustituye por la de saciedad hasta pasados entre veinte y treinta minutos desde que la comida llega al estómago. Esto nos da tiempo de sobra para «sobrepasar la medida del refresco comiendo demasiado». Cuando el estómago ruge, segrega un mensajero químico en el torrente sanguíneo llamado grelina. Este mensajero llega hasta el hipotálamo, el cuartel general hormonal del cerebro, para ponerlo en modo búsqueda de comida. A menos que surja un asunto más apremiante que requiera atención urgente y provoque la liberación de adrenalina y cortisol, que suprimen el apetito, la comida será la prioridad hasta que la hayamos encontrado. Sin embargo, una vez que nos hemos saciado, las hormonas que producen la sensación de saciedad que asociamos a un estómago lleno son mucho más lentas. El intestino libera una sustancia química llamada colecistoquinina (CCK) y las células grasas liberan una sustancia llamada leptina, que suprimen el hambre. Esto provoca un desfase entre la sensación de saciedad y la de plenitud, ya que el organismo tarda unos minutos en liberar cantidades suficientes de estas sustancias químicas, que viajan hasta el cerebro y ejercen su influencia en los centros reguladores de la alimentación del hipotálamo. Estas hormonas supresoras del apetito, en combinación con los mensajes eléctricos enviados por la médula espinal desde los receptores de estiramiento del estómago, acaban por sacarnos del modo hambre, pero no antes de que hayamos conseguido meternos un postre en la barriga repleta.

Una consecuencia de esto es que, cuanto más rápido comemos, más cantidad solemos introducir en el estómago antes de que el cerebro se dé cuenta de que ya no tenemos hambre. El bajón de energía que experimentamos después de comer demasiado implica el desplazamiento de la sangre hacia el intestino para hacer frente a toda esa comida. Esto se debe a que la sangre se desvía del cerebro hacia la vasta maraña de vasos sanguíneos dilatados que irrigan el intestino para absorber todas las moléculas químicas liberadas de la comida durante la digestión. Nos sentimos letárgicos después de una comida copiosa, en parte porque el estómago acapara toda la sangre y en parte porque se liberan hormonas en el torrente sanguíneo que nos ponen en un estado sedentario, desalentando cualquier movimiento innecesario que, de otro modo, haría que la sangre se desviara del estómago de vuelta al tejido muscular o cerebral. El lapso de tiempo que transcurre entre estar lleno y sentirse saciado también explica por qué las competiciones de comida suelen tener lugar en un período de tiempo relativamente corto: de diez a quince minutos.

A lo largo de la prehistoria humana, una panza de grasa podía marcar la diferencia decisiva entre la vida y la muerte, en caso de que la comida dejara de estar disponible durante semanas. En el vientre, los glúteos y los muslos se acumula todo el exceso de calorías de la dieta, una vez que las limitadas reservas de glucógeno de los hidratos de carbono alcanzan su capacidad máxima. Tanto si comemos en exceso alimentos ricos en grasas como si lo hacemos con abundantes hidratos de carbono, todo el exceso se acaba convirtiendo en grasa subcutánea. En épocas de escasez, nuestro cuerpo canibaliza literalmente estas reservas para evitar una muerte prematura por inanición: un golpe maestro de la evolución. Cualquiera que maldiga su apetito insaciable y las antiestéticas acumulaciones de grasa que cuelgan de su cuerpo debería tener en cuenta que, si sus antepasados no hubieran tenido esta capacidad de almacenar calorías, la raza humana se habría extinguido.

La supervivencia favoreció a los devoradores más glotones porque los que comían en exceso acumulaban depósitos de grasa que les salvaban el pellejo cuando ya no quedaba nada en la famosa alacena de la Vieja Madre Hubbard. Los que tenían un apetito más modesto perecían en los tiempos de escasez, a menudo antes de conseguir transmitir los genes que permiten la moderación en la mesa.

La mayor probabilidad de supervivencia de los glotones de la Edad de Piedra frente a los que tenían un apetito menos voraz nos dejó otro legado cerebral que dista mucho de ser ideal en la era moderna: una preferencia innata por los alimentos grasos y azucarados. Varios estudios de resonancia magnética han demostrado respuestas mucho más intensas a imágenes de alimentos ricos en grasas y azúcares, como pasteles, bollería y pizza, que a opciones más sanas y bajas en calorías en el núcleo accumbens, un eje vital de la vía de recompensa que reside en el cuerpo estriado ventral (véase la figura 4).

La vía de la recompensa comprende el área tegmental ventral, el núcleo accumbens y el córtex prefrontal medial. Todas estas zonas del cerebro utilizan el neurotransmisor dopamina como medio principal de transmisión de información a través de las sinapsis que conectan unas neuronas con otras.

Por ejemplo, cuando pensamos en lo que nos apetece desayunar, el cuerpo estriado ventral se activa con más fuerza para las opciones que, basándose en experiencias anteriores, tienen más probabilidades de saciar nuestro apetito, en comparación con otras que solemos encontrar menos satisfactorias. Cualquiera de los alimentos disponibles que desencadene la respuesta más potente en el estriado ventral es el que, en igualdad de condiciones, elegiremos. Una respuesta más potente ante la perspectiva de un pastel danés rico en carbohidratos y grasas, en comparación con una tortilla de claras de huevo o un plato de cereales, tenderá a dar como resultado la elección del pastel. Este sistema evolucionó para ayudarnos a tomar todo tipo de decisiones: no solo seleccionar las mejores opciones de alimentos disponibles para comer cuando tenemos hambre, sino también la mejor fuente de líquido para beber cuando tenemos sed y las mejores parejas disponibles con las que mantener relaciones sexuales, todo lo cual, en última instancia, cumplía la función vital de mantenernos vivos el tiempo suficiente para transmitir nuestros genes.

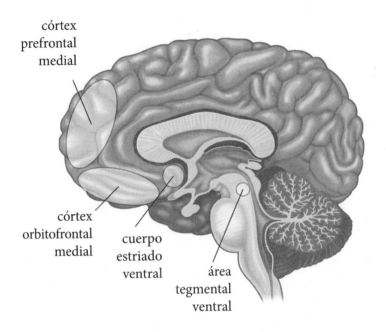

córtex
prefrontal
medial

córtex
orbitofrontal
medial

cuerpo
estriado
ventral

área
tegmental
ventral

Figura 4. El área tegmental ventral es una parte del mesencéfalo de la que emanan neuronas dopaminérgicas que forman conexiones con otras partes de la vía de la recompensa. Entre ellas se encuentran el núcleo accumbens, en la parte ventral del cuerpo estriado, y el córtex prefrontal medial, en particular la parte que se sitúa sobre las órbitas oculares, conocida como córtex orbitofrontal medial.

La razón por la que la tentación de comer alimentos malos pero sabrosos es una fuerza tan poderosa en la vida de la mayoría de las personas es que los alimentos ricos en grasas y carbohidratos están programados para desencadenar activaciones más fuertes que las opciones bajas en grasas y carbohidratos en el aparato de toma de decisiones del cerebro. Se trataba de una astuta característica de diseño en la época en que la próxima oportunidad de comer era una cuestión de incertidumbre perpetua. Ahora, en un mundo moderno en el que el entorno local de las personas cuenta con numerosas tiendas y restaurantes repletos de alimentos ricos en calorías a precios asequibles, se trata de un defecto de diseño potencialmente letal.

SEGUNDO PLATO

El caldo se espesa. A medida que se añadan otros ingredientes a la olla neuronal, empezaremos a tener una idea más completa de los procesos que influyen en qué, cuándo y durante cuánto tiempo comemos.

En primer lugar, nuestra capacidad para tomar decisiones alimentarias sanas y disciplinadas se erosiona a lo largo del día. Aunque algunos de nosotros podemos resistirnos a las opciones de desayuno ricas en grasas y azúcares al principio del día, optando en su lugar por un tazón saludable de gachas de avena con fruta fresca, más tarde nuestra determinación se desmoronará y nos dejaremos llevar por un capricho dulce y graso u otro. Los niveles bajos de azúcar en sangre incapacitan los circuitos neuronales del córtex prefrontal que nos ayudan a controlar la tentación de comer alimentos que sabemos que no debemos. Irónicamente, es justo en el momento en que más necesitamos nuestra fuerza de voluntad, cuando nuestra bajada de azúcar nos obliga a buscar comida, cuando las áreas cerebrales que nos ayudan a tomar decisiones disciplinadas nos abandonan. De hecho, un nivel bajo de azúcar en sangre nos hace vulnerables a una gran variedad de decisiones precipitadas e impulsivas que no se limitan a ceder a la tentación de desviarnos hacia un establecimiento de comida rápida. También tendemos a precipitarnos o incluso, en el caso de un estudio que analizó a los jueces que deliberaban sobre si conceder o no la libertad condicional a los presos, a denegar la libertad a las personas con mayor frecuencia cuando han pasado unas horas desde la última vez que comimos algo. Este fascinante estudio demostró que, aunque los casos no se consideraron en un orden concreto, era mucho más probable que se concediera la libertad condicional a los reclusos justo después de que los jueces hubieran tomado un refrigerio. Si los niveles de azúcar en sangre están bajos, es mucho menos probable que tomemos decisiones acertadas y meditadas, tanto si se trata de comida como de asuntos más importantes.

La vida frenéticamente ajetreada de muchos urbanitas modernos conduce a una alta incidencia de «comer por estrés». Corriendo de un lado a otro como un cerdo en patines,[21] tratando desesperadamente de tachar algunos puntos de una larga lista de «cosas por hacer», acosados por todos lados por retrasos imprevistos, obstáculos y otros impedimentos para avanzar, tendemos a tomar decisiones precipitadas. Al darnos cuenta demasiado tarde de que nos hemos dejado llevar por la voracidad, listos para comernos el proverbial caballo, consideramos nuestras opciones para reponer esos menguantes niveles de azúcar en sangre. Tras echar un breve vistazo a las opciones saludables, pronto empezamos a inventarnos excusas plausibles para justificar nuestra inevitable falta de voluntad: si hay un momento en el que nos merecemos un poco de «travieso pero bueno», sin duda es después de un día como este.

La ciencia ha establecido por fin por qué nuestra determinación parece evaporarse bajo el estrés, con o sin bajo nivel de azúcar en sangre. Resulta que la hormona del estrés, el cortisol, hace dos cosas en nuestro cerebro para facilitar la demolición total del autocontrol.

- Número 1: aumenta la sensibilidad de la vía de recompensa al aroma apetitoso de los alimentos hipercalóricos.
- Número 2: debilita las líneas de comunicación entre la vía de la recompensa y las áreas cerebrales responsables de frenar el impulso de consumir esas tentadoras golosinas.

Dada su propensión a liberar cortisol en exceso en circunstancias socialmente estresantes, esto podría tener implicaciones para el narcisista, quizá incluso sugiriendo un mecanismo neurobiológico a través del cual el pecado del orgullo podría repercutir en la gula.

---

[21] Tomé prestada esta frase del maravilloso Adrian Webster, coautor de mi primer libro, *Sort Your Brain Out*.

La calidad del sueño de la noche anterior también influye mucho en la regulación del apetito. La gente consume invariablemente más comida cuando ha dormido mal la noche anterior. Para completar el círculo vicioso, lo que realmente no conviene hacer en la hora crítica antes de acostarse es ingerir una comida copiosa. Si se hace, el estómago generará un exceso de calor a medida que las enzimas rompen los enlaces químicos entre las moléculas de los alimentos. Este exceso de calor debe eliminarse antes de conciliar el sueño, ya que el cerebro necesita enfriarse ligeramente antes de entrar en modo sueño. Para facilitar este proceso, los vasos sanguíneos de las manos y los pies se dilatan cuando intentamos conciliar el sueño, en un esfuerzo por irradiar el exceso de calor de forma más eficaz. Por cierto, si te gusta dormir con los pies asomando por debajo de la sábana, instintivamente estás favoreciendo este proceso.

El concepto de «alimentación reconfortante» se ha visto respaldado por estudios recientes que demuestran que el neuropéptido oxitocina interviene en la regulación del apetito. La oxitocina es más conocida por su papel en la generación de sensaciones de confort y seguridad cuando experimentamos interacciones sociales positivas como un abrazo (a menudo es apodada la «droga del abrazo») o cuando recibimos un cumplido, pero también desempeña un papel en la generación de sensaciones de saciedad. Una dieta rica en azúcar reduce los niveles de oxitocina en el hipotálamo, lo que lleva a las personas a buscar más comida.

El resultado de todo esto es una hipersensibilidad a la tentación de las frutas prohibidas culinarias y una capacidad profundamente comprometida para resistirse a ellas. Los niveles bajos de azúcar en sangre, el estrés elevado, la somnolencia e incluso la propensión al aburrimiento parecen obstaculizar el trabajo de las áreas del cerebro responsables del control de los impulsos que, de otro modo, nos ayudarían a alejarnos de los alimentos que nos producen placer pero nos hacen engordar.

Esta omnipresente indisciplina silencia eficazmente nuestra conciencia, permitiendo que los circuitos de la confabulación entren en acción. Nuestras cabezas se llenan de excusas semirracionales y débiles justificaciones de nuestras acciones. Si a esto le añadimos el alcohol, que erosiona aún más el control de los impulsos, lo siguiente que hacemos es dirigirnos al puesto de kebabs más cercana antes de poder decir taramasalata. Por lo tanto, quien quiera controlar mejor su cintura, cada vez más ancha, haría bien en concentrarse en encontrar formas eficaces y cómodas de controlar el estrés y mejorar la calidad del sueño (véase el capítulo IX, p. 255).

LA CUENTA

Los científicos y los médicos consideran la obesidad una adicción a la comida más que una debilidad moral. No está claro por qué tantos de nosotros sucumbimos al impulso primario de comer mucho más de lo que realmente necesitamos, y con tanta frecuencia. En parte, se debe al cambio de actitud en casa y en la sociedad en general respecto a lo que constituyen raciones normales. El marketing desempeña un papel importante en la formación de estas actitudes. Cada vez hay más pruebas que respaldan la idea de que, una vez que la gente adquiere el hábito de comer porciones exageradas de alimentos hipercalóricos, pero sin hacer ejercicio físico intenso y regular para quemar esas calorías extra, se producen cambios fundamentales en el cerebro que perpetúan estos hábitos al cabo de pocos años.

La grasa no solo se acumula bajo la piel, sino también alrededor de los órganos vitales. Es lo que se conoce como grasa visceral, y supone la mayor amenaza para la vida y la integridad física. Resulta alentador para las personas con sobrepeso que deciden perder unos kilos de forma proactiva, pero se desaniman por la falta de impacto estético, que esta grasa visceral mortal sea la primera en desaparecer. Los escáneres corporales por resonancia magnética revelan que, a pesar de que los depósitos de grasa más visibles bajo la piel se desplazan con notoria lentitud, la grasa letal más profunda —la que literalmente estrangula órganos vitales como el corazón, los pulmones, los riñones y el hígado— desaparece mucho más rápido.

Todo el exceso de moléculas de grasa que acaba nadando por el torrente sanguíneo de quienes siguen habitualmente dietas ricas en grasas o hidratos de carbono acaba provocando un caos metabólico. Un aspecto de esto es que la obesidad aumenta enormemente la probabilidad tanto de infarto como de cardiopatía. Esto se debe, en parte, a la acumulación de una sustancia grasa y pegajosa denominada placas ateroscleróticas en la superficie interna de los vasos sanguíneos que irrigan el cerebro y el corazón, respectivamente. Cuando las numerosas arterias que suministran al corazón la materia prima que necesita para bombear continuamente 24/7 se estrechan gradualmente, más allá de un cierto umbral, los músculos empiezan a funcionar mal. Pueden acabar siendo incapaces de contraerse en el momento adecuado (arritmia cardiaca), o secciones de la pared muscular del corazón pueden dejar de funcionar, impidiendo que la acción de bombeo se produzca (insuficiencia cardiaca).

Los accidentes cerebrovasculares son el resultado final de un proceso muy similar, pero los vasos sanguíneos afectados son los que irrigan el cerebro, en lugar de los que irrigan el corazón. Hay una enorme cantidad de tuberías que podrían verse afectadas cuando se trata de mantener un órgano codicioso como el cerebro perpetuamente lleno de sangre fresca. Colocados de punta a punta, los vasos sanguíneos del cerebro se extenderían a lo largo de más de 600 km, lo que equivale a más de tres vueltas a la autopista M25 alrededor de Londres. A pesar de que solo pesa el 2 % de nuestra masa corporal total, el cerebro consume el 20 % del oxígeno y la glucosa disponibles en la sangre (en reposo, mucho más cuando se concentra mucho en algo) y requiere un suministro constante de energía porque no hay espacio para almacenarla.

Al igual que ocurre con el corazón, antes de que los vasos sanguíneos cerebrales se obstruyan por completo, se estrechan más de lo normal, lo que puede bastar para impedir que las áreas cerebrales que irrigan funcionen a pleno rendimiento. Hay pruebas claras de un deterioro cognitivo leve en las personas con obesidad grave. En otras palabras, la obesidad ralentiza varios procesos del pensamiento. Parte de la explicación se reduce al hecho de que los vasos sanguíneos cerebrales pueden obstruirse por completo sin causar un deterioro evidente. Si el vaso sanguíneo es lo bastante pequeño como para irrigar una pequeña porción de tejido cerebral, los llamados «infartos cerebrales silenciosos» pueden pasar más o menos desapercibidos. Sin embargo, pueden causar disfunciones mentales caracterizadas como deterioro cognitivo leve. Pasan desapercibidos a los ojos de los médicos porque no alteran el funcionamiento normal del cerebro.

Sin embargo, si uno de los vasos sanguíneos más grandes del cerebro se obstruye con suciedad (el lugar más común para esto es la arteria cerebral media), puede significar la muerte de una parte mucho mayor del cerebro. Se trata de accidentes cerebrovasculares completos que suelen causar parálisis en un lado del cuerpo y la pérdida permanente de cualquier otra función cognitiva de las áreas cerebrales que han perdido el riego sanguíneo. Una vez que una zona del cerebro muere por completo, nunca se recupera. Otras áreas cerebrales supervivientes pueden a veces reentrenarse para compensar la pérdida de función, pero, por muy en serio que se tomen la rehabilitación, es raro (aunque no imposible) que las personas vuelvan completamente a la normalidad. Dado que la obesidad es un conocido factor de riesgo de ictus, se podría pensar que la gente empieza a reconsiderar seriamente su dieta cuando nota que la ropa le aprieta más.

Si solo tienes sobrepeso, es de esperar que estas revelaciones te ayuden a tomar la determinación de detener tu caída en la obesidad. Si padeces obesidad crónica, puede que te ayuden a reconciliarte con la verdadera magnitud de los retos a los que te enfrentas. En cualquier caso, prepárate, porque lo que sigue puede ser una lectura incómoda.

Recientemente se ha revelado que el cerebro de los obesos crónicos es diferente del de las personas con un IMC más saludable. Se sabe desde hace tiempo que la obesidad está asociada a una inflamación de bajo grado en todo el organismo. Esto explica el mayor riesgo de diabetes, cáncer y enfermedades cardiovasculares. La inflamación se debe en gran medida a un aumento de la producción de citoquinas proinflamatorias, fabricadas en los tejidos grasos del organismo. El aumento de estos agentes, y los procesos inflamatorios que favorecen, se relacionan cada vez más con el deterioro cognitivo. Es más, estas mismas sustancias parecen acumularse en las zonas del cerebro que sufren neurodegeneración relacionada con la edad, lo que significa que quizá no sea exagerado decir que la obesidad acelera el ritmo al que envejece el cerebro.

Un estudio reciente que compara los cerebros de varios miles de personas de una amplia gama de grupos de edad y valores de IMC ha conseguido por fin cuantificar el daño que la obesidad causa en el cerebro de una forma comprensible y fácil de recordar. El sobrepeso en la mediana edad provoca una pérdida de materia blanca, las conexiones en forma de cable que las neuronas utilizan para transportar mensajes eléctricos entre zonas cerebrales distantes. La degradación era equivalente a la observada en personas diez años mayores, pero con un cuerpo más delgado. Este es el verdadero precio cognitivo que están pagando las personas obesas por permitir que las tentaciones de la gula se apoderen de sus hábitos alimentarios a diario. La obesidad puede considerarse ahora, desde una perspectiva científica inquebrantable, como una condición de salud que daña el cerebro de tal forma que conduce a una plétora de cambios que, en conjunto, aumentan la susceptibilidad a los mecanismos normales de envejecimiento. Esto puede explicar por qué varios estudios han hallado una relación indirecta entre un IMC elevado y no solo menores capacidades cognitivas, sino incluso un mayor riesgo de demencia y enfermedad de Alzheimer.

Los lectores que tengan la desgracia de caer en la categoría de obesos pueden encontrar esta noticia bastante desalentadora. Aunque las posibles soluciones a los diversos problemas asociados a la tentación se describen en un capítulo aparte (véase el capítulo IX, p. 255), para evitar que cunda el pánico en este momento, he aquí un estudio optimista que demuestra que la ayuda está al alcance de la mano para quienes realmente han perdido el control de sus conductas alimentarias. Se midieron los índices de deterioro cognitivo leve en un grupo de individuos gravemente obesos. La mitad de estos pacientes se sometieron a una cirugía de banda gástrica. La banda reduce el estómago para restringir drásticamente la cantidad de comida que una persona puede ingerir, normalmente a la mitad. Apenas un mes más tarde, los casos de deterioro cognitivo leve se redujeron en casi un 50 % entre los operados. Aunque la cirugía es una opción extrema, podría salvar el cerebro incluso de las personas con sobrepeso más crónico. Siempre hay esperanza cuando la persona está francamente decidida a aceptar el cambio.

¿IRREVERSIBLE?

Los estudios de imagen realizados con ratones y ratas con obesidad crónica han revelado cambios en la morfología celular —la forma y el tamaño de las células cerebrales— de las regiones del hipotálamo que responden a las distintas hormonas que señalan el estado energético del cuerpo y el cerebro. En concreto, estas células se vuelven menos sensibles a hormonas como la CCK y la leptina, que señalan al cerebro cuándo estamos saciados. En circunstancias normales, el efecto de estas sustancias en las regiones del hipotálamo que controlan el apetito es hacer que dejemos de comer una vez que hemos ingerido suficientes calorías. Al mismo tiempo, los compartimentos hipotalámicos pertinentes también muestran una mayor sensibilidad a la grelina y a otras señales químicas que indican un déficit calórico, lo que fomenta el impulso de buscar comida.

Mientras que otros efectos de la obesidad sobre la salud, como la grasa visceral y el estrechamiento de los vasos sanguíneos que van al corazón y al cerebro, pueden revertirse con un mejor control de la dieta y ejercicio regular, las disfunciones del hipotálamo parecen ser permanentes. Esto supone un reto mucho mayor para una persona obesa que para una persona con sobrepeso: debe controlar cuánto come a pesar de las alteraciones del sistema cerebral que regula el apetito. Esto sugiere que lo ideal sería actuar antes de que las personas alcancen la fase de obesidad, pero ,dada la naturaleza del entorno alimentario en los países desarrollados modernos, es más fácil decirlo que hacerlo.

Sería posible pensar que una persona tiene genes obesos o no los tiene. Después de todo, observar a la gente por la calle puede llevarnos rápidamente a la conclusión de que, si los padres tienen sobrepeso, sus hijos también suelen estar gorditos. Investigaciones recientes sugieren que los padres a menudo son completamente ciegos al exceso de peso de sus hijos; simplemente no pueden verlo. ¿Cuánto tiene que ver la obesidad con la naturaleza (ADN heredado de nuestros padres) y cuánto con la crianza (hábitos alimentarios transmitidos de padres a hijos)? Aunque la forma general de nuestro cuerpo se hereda de nuestros padres, hay mucha más variabilidad en la cantidad de carne adherida a ese cuerpo de la que puede explicarse solo por la genética. Al fin y al cabo, los hijos no solo heredan la composición genética de sus padres, sino también sus hábitos alimentarios, su forma de afrontar los problemas, sus respuestas emocionales a los acontecimientos de la vida y sus valores. Copiamos los comportamientos de las personas que nos rodean. Los niños emulan el ejemplo de sus padres y otras figuras influyentes en su vida. De ahí les viene el sentido de lo que constituye un comportamiento normal. El golpe mortal a la idea de que la obesidad es resultado de la naturaleza (genes) y no de la crianza (experiencia) surge de la observación de que, en los últimos tiempos, cada generación sucesiva es más pesada que la anterior. Los genes que pasan de una generación a otra son más o menos los mismos. Eso significa que la culpa es de la educación.

La gente hace menos ejercicio, pero come más que cualquier generación anterior. Los alimentos que ingerimos están más procesados que nunca. El procesado de los alimentos consiste en eliminar sus nutrientes y sustituirlos por altos niveles de azúcar y grasa para que duren más y sepan mejor. El dinero que se gasta en la comercialización de comida basura aumenta cada año y el incremento de los presupuestos publicitarios refleja el aumento de la obesidad. Comidas para llevar, establecimientos de comida rápida y supermercados compiten por ofrecer ofertas que permitan gastar menos dinero, con menos esfuerzo, para consumir más calorías que nunca. ¿Supergrande? Adelante. ¿Quiere nata montada? En realidad no debería, pero ya que me lo has ofrecido...

La sobreabundancia de alimentos hipercalóricos y nutricionalmente vacíos, astutamente diseñados para mantenernos en la montaña rusa del azúcar, garantiza que las multinacionales hagan su agosto con nuestro hábito irreflexivo de picar golosinas a lo largo del día. Esta montaña rusa consiste en crear un subidón de azúcar al que sigue rápidamente (gracias a un buen chorro de insulina) un bajón de azúcar que nos provoca hambre y nos hace correr hacia la golosina más cercana, lo que hace que los niveles de azúcar en sangre vuelvan a dispararse. Para muchos, este ciclo perpetuo se repite cada día. Los hábitos alimentarios adquiridos en la juventud nos acompañan inevitablemente hasta la edad adulta, por lo que la publicidad se dirige a un público cada vez más joven. Los niños pequeños de todo el mundo ya pueden identificar correctamente la mayoría de las principales marcas de comida rápida mucho antes de dominar el alfabeto. No es de extrañar que los índices de obesidad se disparen.

Panorama general

Cuando los 20 millones de obesos del mundo en el año 1995 se dispararon a 30 millones en el año 2000, quedó claro que la lucha mundial contra la obesidad no iba a ninguna parte. Durante la década de los noventa, el énfasis de las campañas sanitarias destinadas a abordar este problema tendía a girar en torno a comer menos grasas. Sin embargo, al hacer tanto hincapié en el azote que suponen los alimentos ricos en grasas a la hora de aumentar nuestra cintura, se desbarató temporalmente toda esperanza de comunicar a las masas que el exceso de carbohidratos en forma de pan, pasteles, dulces y bebidas azucaradas también se convierte en grasa. Mientras la gente consumiera las opciones bajas en grasa, en general se sentía justificada para comer todo lo que quisiera. Desgraciadamente, los fabricantes se afanaban en idear opciones «bajas en grasa» que a menudo, si alguien se había molestado en comprobar las etiquetas, contenían más calorías en general que las opciones «normales en grasa».

En el Reino Unido, los niños consumen el triple (y los adultos el doble) de la ingesta diaria recomendada de azúcar. La principal fuente son los refrescos azucarados. La cantidad diaria recomendada de azúcares añadidos no supera el 5 % de la ingesta calórica diaria, lo que equivale a 30 gramos para los mayores de 11 años. Teniendo en cuenta que hay más de 30 g de azúcar en una sola lata normal (330 ml) de Coca-Cola o Pepsi (ambas de 10,6 g/100 ml), está claro que los millones de libras que se gastan anualmente en publicidad de refrescos han deformado nuestra intución sobre cuánto azúcar adicional es aceptable en nuestra dieta.

Ahora que nuestra atención dietética ha pasado de centrarse en evitar la grasa a evitar el exceso de azúcar, se ha producido un impulso hacia las opciones bajas en calorías endulzadas artificialmente. Lamentablemente, incluso este enfoque aparentemente sensato está condenado al fracaso. Resulta que los edulcorantes artificiales solo nos llevan a buscar alimentos más calóricos. En un estudio en el que se alimentó a animales de experimentación con comida sana o con la misma comida más un edulcorante artificial popular, los animales que recibieron el edulcorante consumieron un tercio más de calorías en total. También se observó que los edulcorantes provocaban insomnio y, como sabemos, una mala calidad del sueño conlleva una mayor probabilidad de optar por opciones alimentarias más calóricas al día siguiente. Aunque pocos de estos estudios se han replicado en poblaciones humanas, estos primeros datos deberían al menos hacer reflexionar a la gente la próxima vez que eche mano a una botella de tres litros de bebida gaseosa *light*. Puede que el tono de los anuncios te haya convencido de que es la opción más saludable, pero tu cerebro notará la diferencia entre el sabor dulce y la falta de calorías, y empujará a tu hipotálamo a buscar comida para compensar.

Como ya se ha dicho, la mayoría de las veces no hay nada malo en la composición genética de las familias obesas. El problema es el entorno en el que se criaron los propios padres y en el que crían a sus hijos. Hay un déficit en la educación relativa a la comprensión de los alimentos que deberíamos comer, la mejor manera de preparar las comidas, cuánto consumir cada día, cuándo y por qué. También existe una conspiración de marketing clara y bien probada que nos lava el cerebro intencionadamente a todos en un grado u otro. Se han modificado las percepciones para que el consumo de muchas más calorías de las que cualquiera podría quemar de forma realista en un día normal parezca normal. Nuestra única esperanza, si no queremos que nuestros sistemas sanitarios se vean aplastados bajo el peso de las facturas médicas relacionadas con la obesidad, es contrarrestar estas influencias malsanas con mensajes de fácil acceso y claramente descritos sobre alternativas asequibles a estos alimentos y bebidas deliciosos pero nutricionalmente deficientes.

Las intervenciones son más eficaces cuando se dirigen a las personas en una etapa temprana de su vida, antes de que sus comportamientos se asienten en un patrón relativamente fijo. Una forma sorprendentemente eficaz de cambiar los hábitos alimentarios del adolescente medio para que evite los deliciosos alimentos grasos y azucarados a los que se siente atraído por naturaleza es hacer que se enfade. Llamar su atención sobre la injusticia asociada a las enormes y bien financiadas empresas multinacionales que obtienen beneficios de la epidemia de la obesidad e incluso hacen todo lo que está en su mano para fomentarla tiene realmente un impacto positivo en sus hábitos alimentarios. Consumir menos calorías cada día, combinado con intervenciones que nos animen a considerar el ejercicio diario como una parte esencial de la vida, son la clave para prevenir los cambios cerebrales que nos llevan a quedarnos atrapados en la montaña rusa del azúcar. Además, cuanto antes empiece una persona, menos probabilidades tendrá de cruzar el umbral de la obesidad. Este no es el lugar para entrar en detalles sobre las estrategias que podemos elegir para reducir la tentación; hay un capítulo entero dedicado a ello (capítulo IX, p. 255). Y de todos modos, tenemos muchos más vicios que considerar antes de tener alguna esperanza de librarnos del mal.

El siguiente vicio capital que consideraremos está íntimamente relacionado con el pecado de la gula. Como astutamente observó san Basilio: «A través del sentido del tacto en la degustación —que siempre seduce hacia la gula al tragar—, el cuerpo, engordado y excitado por los humores blandos que burbujean incontrolablemente en su interior, es llevado en un frenesí hacia el tacto de la relación sexual».

CAPÍTULO IV
LUJURIA

«La lujuria es a las otras pasiones
lo que el fluido nervioso es a la vida;
las sostiene a todas, les da fuerza a todas:
la ambición, la crueldad, la avaricia,
la venganza,todas se basan en la lujuria».

Marqués de Sade

H ablemos de sexo. Pero, antes, una advertencia: este capítulo no es para pusilánimes. Si es usted mojigato, aprensivo o se ofende con facilidad, quizá prefiera pasar directamente a la pereza (capítulo V, p. 135). Soy neurobiólogo de formación, es decir, un biólogo que decidió centrarse en el cuerpo humano y, en particular, en el cerebro. Cuando un biólogo describe los mecanismos de la excitación sexual desde una perspectiva científica objetiva, es muy posible que lo que pretende ser un enfoque sencillo, directo y sin rodeos para transmitir los hechos se confunda con una vulgaridad grosera. Me he esforzado mucho por ajustar mi lenguaje para minimizar la posibilidad de ofender, pero, a pesar de mis esfuerzos, algunas partes de lo que sigue pueden resultar incómodas de leer para algunas personas. Otros llegarán al final del capítulo y no tendrán ni idea de cómo algo de lo que he dicho podría interpretarse como censurable. He hecho todo lo posible por encontrar un camino a través de una auténtica jungla de material interesante y relevante que espero mantenga intrigadas a todas las partes. Me pareció importante no rehuir algunos de los temas más incendiarios, por muy tentador que fuera evitarlos para no molestar a la gente. Mi intención no es ofender, sino simplemente informar.

Al explorar la ciencia relacionada con el pecado de la lujuria, nuestra principal preocupación es el comportamiento sexual que podría considerarse razonablemente antisocial desde la perspectiva de su potencial para causar daño; una fuerza que separa a las personas, en lugar de unirlas. Para cumplir este objetivo, analizaremos las prácticas sexuales que las religiones consideran inapropiadas y examinaremos hasta qué punto han resistido el paso del tiempo. Reflexionaremos sobre lo que es realmente la excitación sexual y evaluaremos varias vías de investigación sobre las respuestas fisiológicas y neurológicas de grupos de personas a una amplia gama de estímulos eróticos. Al final de este viaje deberíamos tener una idea más clara de lo que ocurre cuando las personas tienen prácticas sexuales que saben que no deberían tener.

PERSPECTIVA HISTÓRICA

Las principales religiones discrepan en muchas cosas, pero todas parecen compartir una visión poco favorable del adulterio. Las definiciones de lo que realmente se considera adulterio varían considerablemente de una religión a otra, pero todas parecen estar de acuerdo en la cuestión de engañar al cónyuge:

sencillamente, no está bien. Buda fue probablemente el menos condenatorio: «Estar insatisfecho con su esposa, si uno es visto con prostitutas o con las esposas de otros, es causa de su decadencia». Las palabras de advertencia del hinduismo son más contundentes: «El que comete adulterio es castigado aquí y en el más allá, pues sus días en este mundo se acortan y, una vez muerto, cae en el infierno». El islam prescribe castigos severos para las actividades sexuales fuera del matrimonio, y ofrece una dura advertencia: «Y no os acerquéis al adulterio. He aquí una abominación y un mal camino». Y, por supuesto, la tradición judeocristiana incluye el «no cometerás adulterio» entre los diez mandamientos.

Cuando san Gregorio Magno entró en escena, su lista de los siete pecados capitales incluía la *luxuria*, término latino que se traduce aproximadamente como «extravagancia». No se limitaba a la lujuria en el sentido de comportamiento sexual, sino que incluía la lujuria dirigida a una amplia gama de objetivos. Prohibía codiciar los bienes ajenos, las esposas, los esclavos y cualquier otro lujo. El pecado capital de la lujuria, tal y como lo conocemos hoy en día, no se centró específicamente en los actos sexuales hasta la época medieval. En el siglo XIII, cuando santo Tomás de Aquino se involucró, los actos sexuales que se prohibían explícitamente se enumeraban bajo la categoría de sodomía, la sexta especie del pecado paraguas *luxuria*. La sodomía prohibía muchas cosas: la masturbación, los juguetes sexuales, el sexo anal, las parejas del mismo sexo, el sexo con otras especies. Si nos remontamos al razonamiento por el que estos comportamientos sexuales concretos se consideraban diabólicos, nos encontramos con debates filosóficos que tuvieron lugar muchos siglos antes.

Los primeros escritos cristianos sobre lo que constituían prácticas sexuales aceptables e inaceptables eran notoriamente vagos. Clemente de Alejandría se encargó de simplificar las cosas inventando la regla alejandrina: el sexo es aceptable si el objetivo es la procreación. Todo lo demás queda fuera del menú. Todos los actos específicos que acabaron prohibiéndose bajo el epígrafe de sodomía parecen satisfacer bastante bien la regla alejandrina, que a su vez evolucionó a partir del concepto de pecado *contra naturam* en latín o *para physin* en griego, es decir, pecados contra natura. Se entiende que el pensamiento de Clemente estuvo influido en última instancia por otro alejandrino llamado Filón, y se cree que *su* motivación original para escribir sobre el pecado *para physin* surgió de una objeción sincera a la pederastia —hombres que mantienen relaciones sexuales con niños—, que era muy común en su ciudad natal en aquella época.

Hoy en día, las actitudes varían enormemente en cuanto a los daños potenciales que pueden causar los impulsos sexuales humanos. Para algunos, la masturbación es un acto de maldad; para otros, no solo es inofensiva, sino que incluso podría proteger contra el cáncer a quienes tienen próstata.[22] Algunos creen que el sexo entre una pareja de adultos sin compromiso es una abominación si son del mismo sexo. Otros argumentarían que, dado lo ampliamente documentada que está la homosexualidad en el reino animal, sugerir que podría ser de alguna manera «contra natura» es sin duda incoherente con los hechos. Dicho esto, sospecho que la inmensa mayoría de los seres humanos de todo el planeta, sean cuales sean sus creencias o educación, condenan la pedofilia. Cuando se trata del potencial de causar daños físicos y psicológicos duraderos, la mayoría de la gente estaría de acuerdo en que este impulso sexual en particular es lo más bajo de lo bajo. Este tema, bastante desagradable, será nuestra primera escala en esta exploración del pecado de la lujuria.

---

[22] Masturbarse con frecuencia entre los veinte y los cincuenta años se asocia a una menor incidencia de cáncer de próstata.

PEDOFILIA

Un estudio de Burns y Swerdlow (2003) describe el caso de un hombre casado de cuarenta años que, a pesar de un historial de toda la vida de comportamiento perfectamente civilizado, empezó a desarrollar impulsos sexuales atípicos que acabaron escapando a su control. Este exfuncionario de prisiones estadounidense se dedicó a la enseñanza tras completar con éxito un máster en educación. Tras dos años de relación estable con su segunda esposa, empezó a visitar burdeles y a coleccionar pornografía infantil. Después de que le hiciera proposiciones sexuales a su hijastra prepúber, esta no tardó en informar a su madre del comportamiento de su padrastro, quien a su vez lo denunció a las autoridades. Una condena por abuso sexual de menores lo llevó a participar en un programa de rehabilitación de delincuentes sexuales de 12 pasos para evitar una pena de prisión. Incluso durante la rehabilitación fue incapaz de resistirse a sus impulsos sexuales. Solicitaba favores sexuales no solo a otras mujeres que asistían al programa, sino incluso a las que dirigían los grupos. Este hombre, hasta entonces responsable y sin antecedentes de conducta sexual inapropiada, se vio de repente poseído por Asmodeo, el demonio que el obispo Binsfeld (al que conocimos en el capítulo II) dedicó al pecado de la lujuria. Este hombre sabía que lo que estaba haciendo era moralmente inaceptable, razón por la cual guardaba su creciente colección de imágenes pedófilas como un secreto culpable cuidadosamente guardado, pero aun así se encontró impotente para resistirse.

La noche antes de comparecer ante el tribunal para ser condenado empezó a experimentar terribles dolores de cabeza y dificultades de equilibrio. Rápidamente fue trasladado al Hospital de la Universidad de Virginia, en Charlottesville, para que le realizaran un escáner cerebral. La prueba reveló la existencia de un enorme tumor en el córtex orbitofrontal derecho, una zona del cerebro situada justo encima de la cuenca del ojo. La masa de tejido del tamaño de un huevo fue extirpada quirúrgicamente y los terribles dolores de cabeza desaparecieron. Sorprendentemente, sus impulsos pedófilos también parecieron desaparecer milagrosamente. Sus impulsos sexuales desviados habían desaparecido tan completamente que el psicólogo de la prisión se sintió cómodo declarando que, como resultado de la operación, el hombre ya no era una amenaza para los niños. Fue puesto en libertad y se le permitió volver a casa a vivir con su mujer y su hijastra.

Sin embargo, al cabo de unos meses, el deseo de coleccionar pornografía regresó, acompañado de fuertes dolores de cabeza. Esto lo llevó a buscar ayuda médica y otros escáneres cerebrales revelaron que el tumor había vuelto a crecer. Otra operación no solo abolió de nuevo los impulsos sexuales inapropiados, sino que esta vez también mejoraron varios problemas cognitivos con los que había estado lidiando desde la primera operación. Su escritura, antes ilegible, volvió a ser legible. Su incapacidad para copiar con precisión la esfera de un reloj se solucionó, al igual que otros aspectos de su función cerebral, que antes estaba deteriorada. Que las tendencias pedófilas se activaran y desactivaran de este modo era algo inaudito; desde luego, no era un caso típico.

Los pedófilos suelen desarrollar un interés sexual por los niños mucho antes de los cuarenta años. Se ha sugerido que este hombre podría haber sido pedófilo desde el principio y que el tumor interfirió en su capacidad para controlar estos impulsos sexuales. Si esto es cierto o no, es objeto de debate. Desde luego, no solo se sentía atraído por los niños, ya que durante su rehabilitación también hizo insinuaciones sexuales a adultos, por lo que el tumor puede haber aumentado de algún modo su apetito sexual en general. En cualquier caso, la posibilidad de que siempre fuera un pedófilo, aunque pudiera inhibir con éxito sus impulsos hasta que el tumor interfirió en su capacidad, plantea una cuestión importante.

Muchas personas en el mundo albergan deseos sexuales prohibidos por normas culturales, leyes específicas o enseñanzas religiosas. Sabiendo que esos impulsos son malos, son capaces de reprimirlos activamente. Suelen comprender perfectamente lo que la sociedad piensa de las personas que actúan según esos impulsos. Incluso en las prisiones, un entorno que no suele asociarse con un fuerte sentido de la moralidad, los pedófilos suelen estar separados del resto de la población reclusa para protegerlos de los ataques. Cuando los pedófilos son identificados en las comunidades locales, a menudo son objeto de abusos verbales, agresiones físicas y vandalismo. Los hombres y mujeres que se aprovechan de menores vulnerables son vilipendiados tanto dentro como fuera de la cárcel.

Estadísticamente sabemos que, por una razón u otra, una parte de la población de una comunidad determinada se siente más atraída sexualmente por los niños que por los adultos. Por desagradable que resulte pensar en ello, ¿qué debemos hacer? A la mayoría de nosotros nos repugnan tanto estas personas que escondemos la cabeza bajo el ala e intentamos hacer como si no pasara nada. Pero ignorar el problema no hará que desaparezca. Puede ser útil verlo desde su perspectiva. Si una persona siente la aparición de impulsos pedófilos y quiere buscar ayuda para resistirse a esos deseos desviados, sabiendo que la sociedad, la ley y las religiones consideran esos impulsos una abominación, ¿qué opciones tiene? Dado que la opinión pública en general desea que los pedófilos sean castigados de la forma más severa posible, es fácil entender por qué no buscan ayuda. Teniendo en cuenta que los agresores sexuales de menores, es decir, los que realmente son detenidos, son la punta del iceberg, habrá muchos otros por ahí sintiendo esos impulsos, pero sin acceso a ayuda para controlarlos. Es una perspectiva preocupante.

Si la sociedad quiere abordar este problema de frente, en lugar de dejar que los pedófilos encuentren a otros afines en Internet que solo empeorarán las cosas, ¿no debería ofrecerse a estas personas algún tipo de ayuda? Si no en su propio beneficio, al menos para proteger a sus posibles futuras víctimas. En 1992 se creó en Vermont (EE. UU.) un servicio telefónico de asistencia. Desde entonces se han fundado organizaciones benéficas similares en Alemania (una comunidad conocida como Dunkelfeld, o «campo oscuro») y otros países. En el Reino Unido, la oficina de Stop It Now atiende entre 700 y 800 llamadas al mes, y se calcula que se pierde el doble, debido a la escasez de personal.

Además del asesoramiento psicológico para los que todavía no han delinquido, existen fármacos que se utilizan habitualmente para ayudar a suprimir los impulsos desviados de los delincuentes sexuales. Ambas formas de terapia distan mucho de ser perfectas (véase el capítulo IX, p. 255), pero son mucho mejores que abandonar a estas personas a su suerte. Si comprendiéramos mejor lo que realmente funciona mal en el cerebro de un pedófilo, seguramente podríamos encontrar mejores formas de reducir la amenaza de daños graves a niños inocentes.

Para entender exactamente a qué nos enfrentamos, no podemos basarnos en un estudio de caso único de nuestro hombre con extrañas tendencias pedófilas relacionadas con el tumor. Lo que necesitaríamos es un gran grupo de pedófilos cuyo interés sexual por los niños haya sido constante a lo largo de la edad adulta, con el fin de comparar las respuestas sexuales de sus cerebros con las de un grupo de control de cerebros no pedófilos. Sorprendentemente, gracias a más de una década de investigación del doctor James Cantor y sus colegas, que trabajan en diversas instituciones científicas y médicas de Toronto (Canadá), ahora conocemos mucho mejor el cerebro del pedófilo medio.

En 2008, Cantor y sus colegas publicaron un descubrimiento fascinante por el que observaron diferencias significativas en los tractos de materia blanca de los cerebros pedófilos en comparación con los controles no pedófilos. La sustancia blanca del cerebro está formada por cables neuronales que conectan zonas distantes entre la parte anterior y posterior del cerebro, entre el hemisferio izquierdo y el derecho, y entre la superficie cortical externa y las redes densamente empaquetadas de su núcleo. Estas «superautopistas de la información» permiten transmitir mensajes eléctricos a gran velocidad gracias a un envoltorio graso aislante llamado mielina, que ayuda a la señal a saltar por el cable cerebral a 150 metros por segundo, en lugar de los 10 metros por segundo que permiten las neuronas sin este envoltorio de mielina. Son estas envolturas de mielina las que dan a la materia «blanca» un aspecto más pálido que el de la materia «gris» de la superficie externa del cerebro.

En los pedófilos, dos de estos tractos de materia blanca en particular eran menos compactos de lo habitual, lo que sugiere una menor capacidad para transportar información entre áreas cerebrales específicas. Se podría pensar en estas rutas a través del cerebro como si una autopista pasara a ser una carretera nacional, o como si una banda ancha hiperóptica se degradara en una conexión a Internet por marcación. Una de las dos supercarreteras en las que observó un déficit pasa por una parte del cerebro que casi con toda seguridad habría sido comprimida por el tumor del tamaño de un huevo en el profesor de cuarenta años que conocimos antes. Podría tratarse de una mera coincidencia. Por otro lado, podría sugerir que esta vía en particular estuvo implicada en la supresión de los impulsos sexuales desviados durante la mayor parte de su vida, pero que a medida que el tumor crecía se volvió ineficaz. Nunca lo sabremos con certeza, pero es una posibilidad clara que apunta a un objetivo potencial para futuras intervenciones.

En 2016, Cantor y sus colegas publicaron otro estudio de resonancia magnética a gran escala. Esta vez se centraron en la conectividad funcional en lugar de la estructural entre diferentes áreas cerebrales mientras los sujetos estaban en reposo en el escáner. Una vez más, buscaban diferencias consistentes entre los cerebros de los pedófilos en comparación con los controles no pedófilos que pudieran explicar sus comportamientos sexuales aberrantes. Estos estudios suelen utilizar medidas subjetivas para determinar las preferencias sexuales de los participantes. Para ello se les pide que rellenen cuestionarios, un método que es vulnerable a que las personas den intencionadamente información errónea, lo que puede sesgar los resultados. Este estudio evitó ese problema tomando medidas objetivas —es decir, monitorizando el flujo sanguíneo al pene mientras el individuo veía imágenes eróticas— para confirmar que el grupo de pedófilos se excitaba realmente más con imágenes explícitas de niños que con imágenes de adultos y que el grupo de no pedófilos solo se excitaba sexualmente con material para adultos. Con ello se pretendía garantizar que el grupo de pedófilos estaba compuesto exclusivamente por pedófilos reales y que el grupo de no pedófilos estaba realmente desinteresado sexualmente por los menores. Una vez establecidos los grupos, no se les mostró ningún material erótico mientras estaban dentro del escáner. Sin embargo, de las 23 áreas cerebrales diferentes que mostraban una mayor conectividad funcional en reposo en los pedófilos en comparación con los no pedófilos, 20 se encontraban dentro de las regiones del cerebro que comprenden la «red de respuesta sexual». Se trata de una red de regiones que interactúan y que, según un gran número de estudios de exploración cerebral totalmente independientes, participan en la organización de las respuestas sexuales en cerebros sanos. Pocas veces la investigación sobre imágenes cerebrales es tan clara. Sugiere que los cerebros de los pedófilos son fundamentalmente diferentes de los de otras personas en el sentido de que, incluso en reposo, su red de respuesta sexual está más estrechamente integrada.

Al tratar de abordar el problema de los pedófilos en la sociedad, es importante darse cuenta de que la estructura y la conectividad funcional de sus cerebros es diferente de la de los demás. Las áreas cerebrales de la «red de respuesta sexual» que gobiernan las respuestas sexuales sanas en el resto de nosotros parecen ser hiperactivas en los pedófilos, incluso en reposo, cuando están tumbados en el escáner de resonancia magnética, sin necesidad de hacer o pensar nada en absoluto. En el resto de nosotros, estas áreas cerebrales solo tienden a iluminarse cuando vemos imágenes eróticas o nos estimulan físicamente en el escáner.

Como todo el mundo, los pedófilos no pueden controlar lo que produce una respuesta sexual en su cerebro. A diferencia de todos los demás, si actúan de acuerdo con esos impulsos, los niños resultan heridos. Aunque los impulsos en sí mismos son automáticos, el hecho de que actúen o no es responsabilidad suya. Es importante entender la diferencia. Es absolutamente necesario hacerles totalmente responsables de sus actos, pero, al mismo tiempo, no se les puede culpar de la excitación sexual que sienten. No solo es injusto odiar a las personas por algo que no pueden evitar, sino que, lo que es más importante, es inútil para intentar reducir la amenaza que supone el problema de la pedofilia. Con casi total seguridad hay un gran número de personas que nunca han cometido un delito en su vida, pero que secretamente albergan impulsos pedófilos. Esos impulsos surgen porque sus cerebros son diferentes de los de otras personas. En lugar de permitir que nuestra repugnancia por el hecho de que estas personas tengan tales impulsos las lleve a los oscuros recovecos de Internet, donde probablemente encontrarán a otras personas con ideas afines que harán que la lucha para resistir estos impulsos sea más dura, no más fácil, deberíamos hacer todo lo que esté en nuestra mano para ayudarlas a gestionar sus impulsos con más éxito. Con tasas tan altas como el 3 % de las mujeres y el 1 % de los hombres en el Reino Unido que han sido víctimas de violación o intento de violación por parte de un adulto durante la infancia, es importante que empecemos a considerar la intervención temprana con los pedófilos como una forma de protección de la infancia, en lugar de un acto de mostrar simpatía por el diablo encarnado.

Bien, puedes relajarte. El tema más desagradable ha quedado atrás. Antes de continuar, quizá quieras ir a lavarte las manos. Varios estudios han demostrado que las respuestas cerebrales al asco físico y al asco psicológico son muy similares. Como es muy posible que el lector se sienta un poco asqueado por el tema que acabamos de tratar, el acto de lavarse las manos —algo que normalmente nos hace sentir más cómodos cuando estamos cubiertos de porquería— puede ayudarle a deshacerse de cualquier malestar psicológico residual. Puede sonar extraño, pero hay pruebas fehacientes que respaldan esta idea. Entonces, cuando vuelvas, estarás listo para considerar el placer del sexo, ya que el siguiente tema que vamos a explorar es la biología de la excitación sexual cotidiana y saludable y un curioso conjunto de pruebas que sugieren que no es tan similar al deseo sexual como podrías pensar.

EXCITACIÓN SEXUAL

En el cerebro humano, la excitación sexual puede desencadenarse de múltiples maneras. El núcleo principal de la excitación sexual, en el que se canalizan en última instancia todos estos desencadenantes, se encuentra en el hipotálamo y, en concreto, en un compartimento conocido como núcleo paraventricular. Se encarga de fabricar varias hormonas que la glándula pituitaria libera en el torrente sanguíneo para que circulen por todo el cuerpo y el cerebro. Las hormonas liberadas por la hipófisis en respuesta a estímulos eróticos estimulan la liberación de hormonas sexuales de los ovarios en las mujeres y de los testículos en los hombres. El circuito sexual del cerebro —la red de respuesta sexual mencionada anteriormente— puede activarse mediante toda una serie de estímulos sensoriales diferentes. Puede ser la estimulación táctil de los genitales, los pezones o los pechos; un estímulo visual, como vislumbrar un contorno corporal atractivo; olfativo: el aroma de una fragancia deliciosa al pasar; acústico: las características específicas de la voz de una persona; incluso la actividad puramente psicógena (la imaginación por sí sola) es perfectamente adecuada para hacer el trabajo. Hablando de orgasmos, si bien se sabe desde hace tiempo que el orgasmo masculino es una parte necesaria de la reproducción, ya que cumple la función vital de depositar con éxito el esperma en el interior de la vagina, la función biológica del orgasmo femenino siempre ha sido un misterio para la ciencia, hasta ahora. Resulta que el orgasmo femenino provoca una pulsación rítmica de los cilios —pequeños pelos que recubren las trompas de Falopio que conectan el útero con cada uno de los ovarios— de forma que los espermatozoides llegan selectivamente a la trompa de Falopio que contiene el óvulo. Así pues, el orgasmo femenino puede servir para mejorar las probabilidades de concepción, en parte mediante contracciones de la pared vaginal que ayudan a introducir los espermatozoides en el útero en primer lugar, y en parte mediante una onda sísmica de los cilios que succiona los espermatozoides hacia la trompa de Falopio adecuada.

Tanto en el hombre como en la mujer, el estado de excitación sexual que precede al orgasmo implica esencialmente una vasocongestión genital. El objetivo es aumentar la presión sanguínea, lo que se consigue dilatando los vasos sanguíneos que llevan sangre al pene o a la vagina y contrayendo los que la extraen. Es tan sencillo como dejar que entre más sangre en los genitales de la que sale. El aumento de la presión sanguínea induce una erección en el aparato sexual masculino, haciendo que el tejido esponjoso especial del interior del pene se llene de sangre, lo que aumenta su longitud, anchura y rigidez. El aumento de la presión sanguínea en el aparato sexual femenino hace que la vagina aumente en longitud y anchura e induce la liberación de un fluido lubricante en el canal vaginal. Además, el clítoris[23] se llena de sangre para aumentar su superficie. Todos estos procesos utilizan exactamente el mismo truco biológico para preparar los genitales masculinos y femeninos para el coito. Muchos tipos diferentes de señales sensoriales pueden desencadenar este proceso y, digan lo que digan, este reflejo no se controla conscientemente, sino que es totalmente automático.

Aunque muchos fenómenos pueden desencadenar la excitación sexual, cuando se trata de lo que funciona para un individuo determinado, no hay dos personas exactamente iguales. Como ocurre con la mayoría de las cosas, se trata de una mezcla de naturaleza y crianza. Biológicamente, la dotación genética de cada persona es ligeramente distinta de la de los demás, a no ser que se trate de un gemelo idéntico. Del mismo modo, la acumulación de experiencias vitales de cada persona también será diferente, incluso si se compara con la de un gemelo idéntico. Según la combinación única de naturaleza (genes) y educación (experiencias vitales) de cada persona, lo que excita a una puede no excitar a otra. Cada persona es diferente. Para algunas mujeres, la manipulación del clítoris es el camino más fiable hacia el orgasmo. Para otras, la estimulación vaginal es el único camino seguro hacia la satisfacción sexual. Para otras, el cuello del útero es la parte fundamental del cuerpo que hay que explorar para alcanzar el clímax.[24] Y para otras es una combi-

---

[23] Lo que la mayoría de la gente piensa que es el clítoris es solo la cabeza de la estructura; también tiene una extensa estructura bajo la superficie a lo largo de la longitud de los labios internos.

[24] Esto se descubrió por primera vez en estudios sexuales pioneros con mujeres que sufrían lesiones medulares que impedían que la información táctil del

nación de las tres. En cuanto a los hombres, algunos alcanzan el orgasmo más fácilmente a través de la estimulación manual, otros a través de la oral y, aunque la mayoría de los hombres tienen preferencia por el sexo vaginal, muchos se vuelven locos por el sexo anal, independientemente de si son heterosexuales u homosexuales. Lo que desencadena exactamente esa inconfundible sensación de vasocongestión entre las piernas varía enormemente de un individuo a otro. Y, como vamos a ver, los estudios que investigan qué tipo de estímulos eróticos provocan la excitación en personas de distintas preferencias sexuales no son tan sencillos como podría parecer...

Una investigación especialmente fascinante estudió la reacción de personas de distintas orientaciones sexuales ante una serie de películas eróticas. Se mostraron a todos los sujetos tres tipos distintos de pornografía con escenas de sexo heterosexual u homosexual, y los participantes en el estudio eran representantes de cuatro grupos distintos: hombres heterosexuales, mujeres heterosexuales, hombres gais y lesbianas. La excitación sexual se midió mediante pletismografía, posiblemente la palabra más difícil de pronunciar de la ciencia. En los hombres, la pletismografía peneana consiste en colocar un collar extensible alrededor de la base del pene para medir los cambios en la circunferencia. En las mujeres se utiliza la fotopletismografía. Se introduce en la vagina una sonda luminosa del tamaño de un tampón para medir la intensidad de la luz reflejada por la pared vaginal. Este valor varía en función de la dilatación de los vasos sanguíneos: cuanta más sangre, más luz se refleja. En ambos casos, la pletismografía mide los cambios en el flujo sanguíneo a los genitales como indicador de la excitación sexual.

Los resultados fueron tan alucinantes como inesperados. La excitación sexual masculina estaba muy centrada en el

---

clítoris y la vagina llegara al cerebro, mientras que los mecanismos que transmitían información del cuello del útero estaban intactos.

objetivo de su orientación sexual específica, es decir, las mujeres para los hombres heterosexuales, los hombres para los homosexuales. A los hombres heterosexuales les excitaban las mujeres practicando sexo. No importaba lo que estuvieran haciendo: sexo heterosexual, sexo lésbico o cualquier otra cosa, siempre que hubiera una mujer desnuda en la escena se producía una excitación sexual fiable y medida objetivamente. No es de extrañar. A los homosexuales les excita que los hombres tengan sexo juntos, pero no si hay mujeres. En este caso, tanto si las mujeres que aparecían en los vídeos eróticos practicaban sexo con un hombre como con otra mujer, la pletismografía no mostró ningún aumento de la circunferencia del pene. Esto es exactamente lo que los investigadores esperaban encontrar. Las sorpresas empezaron cuando analizaron los datos de las participantes femeninas.

Independientemente de que el material erótico coincidiera o no con sus preferencias sexuales declaradas, todas las mujeres mostraron cierto grado de respuesta sexual medida objetivamente ante cada tipo de porno. Tanto las mujeres heterosexuales como las lesbianas se excitaron fisiológicamente con el sexo heterosexual, el sexo entre mujeres y el sexo entre hombres. Esto podría interpretarse como que la vasocongestión genital no tiene nada que ver con la excitación sexual, pero parece poco probable. La otra interpretación es que la lubricación vaginal, que es una de las consecuencias de la vasocongestión, simplemente se produce siempre que hay sexo en el entorno inmediato, independientemente de si se ajusta a los gustos e intereses sexuales de la mujer en cuestión. En apoyo de esta interpretación, estos estudios también incluyeron una cuarta categoría de material: monos practicando sexo. Ninguno de los hombres, homosexuales o heterosexuales, se excitó sexualmente con el sexo entre monos. Todas las mujeres, en cambio, mostraron un aumento de las respuestas en las medidas objetivas de excitación sexual, de nuevo con independencia de sus preferencias sexuales. Esta condición de control ayudó a confirmar la noción de que las respuestas fisiológicas a los estímulos eróticos son una cuestión independiente del deseo psicológico de mantener relaciones sexuales. Es claramente ridículo sugerir que todas estas mujeres deseaban tener sexo con monos. La atracción sexual entre especies existe, por supuesto, pero es demasiado rara para explicar estos resultados.

Estos datos podrían sugerir que el componente fisiológico de la excitación sexual femenina puede ser un reflejo diseñado para proteger el canal vaginal de posibles daños. Estas respuestas automáticas podrían servir simplemente para minimizar la posibilidad de contraer una infección potencialmente mortal, protegiendo la pared vaginal de posibles desgarros. Como bien saben los terapeutas que asesoran a las víctimas de violación, la lubricación vaginal, y a veces incluso el orgasmo, durante la violación no es infrecuente. Cuando esto ocurre, a menudo es una fuente de tremenda culpa y confusión psicológica. Puede confundirse con una indicación de que la víctima podría haber disfrutado de alguna manera de la experiencia, o peor aún, que constituye alguna forma de consentimiento tácito. Visto desde una perspectiva puramente evolutiva, parece mucho más probable que se trate de un reflejo de preservación de la salud diseñado para proteger el canal vaginal de posibles daños; una respuesta involuntaria para proteger una parte especialmente vulnerable de la anatomía.

Otro aspecto de la respuesta sexual sobre el que las mujeres heterosexuales tienen poco o ningún control es cómo influye la fase de su ciclo menstrual en lo atractivos que les resultan los hombres estereotípicamente masculinos. Cuanta más testosterona tenga un hombre circulando por su cuerpo, más se masculinizará su biología de una forma que puede verse y oírse incluso a distancia. Esto se debe a que un nivel elevado de testosterona influye en el desarrollo de distintas partes del cuerpo masculino. Hace que un hombre tenga una mandíbula más ancha que otro que produzca menos testosterona. El impacto en la laringe se traduce en una voz más grave y resonante. Los hombros serán normalmente más anchos y el cuerpo en general más musculoso. Normalmente tendrá el pelo más grueso y una barba más áspera y densa. Las investigaciones que exponen a las mujeres heterosexuales a una variedad de rostros, cuerpos y tipos de voz masculinos en distintas fases de sus ciclos menstruales revelan un ritmo en las fluctuaciones observadas en las reglas de atracción. Durante la fase fértil del ciclo, aumentan ligeramente las puntuaciones de atractivo que las mujeres otorgan a los rostros y cuerpos más masculinos y a las voces más graves. Por otro lado, durante las semanas no fértiles del ciclo menstrual, aumentaron ligeramente las valoraciones de atractivo de los rostros, cuerpos y voces masculinos más femeninos. El conjunto de estas observaciones ofrece una explicación lógica de por qué una pequeña pero significativa proporción de hombres crían al hijo de otro hombre sin ni siquiera darse cuenta. La explicación no es sencilla, así que respire hondo y entremos en materia.

La primera idea que hay que captar para seguir la lógica de esta teoría es que se cree que un nivel alto de testosterona es indicativo de un sistema inmunitario fuerte y, por tanto, de genes de alta calidad. La razón de equiparar testosterona alta con genes fuertes es que la testosterona suprime el sistema inmunitario. La idea es que si un hombre con toda esa testosterona en su sistema —como indica su estatura alta y ancha de hombros, su voz grave y su barbilla ancha y barbuda— sigue estando en forma, fuerte y sano a pesar de la supresión crónica de su sistema inmunitario, entonces debe tener un sistema inmunitario muy potente en primer lugar. Sin embargo, al mismo tiempo que esos signos externos de alta testosterona pueden predecir beneficios genéticos para cualquier futura descendencia potencial —en términos de ser fuerte, atractivo y tener un sistema inmunitario fuerte— también predicen ciertas desventajas. Los hombres con un alto nivel de testosterona suelen ser más viriles, impulsivos y oportunistas que los hombres con un nivel más bajo de testosterona circulante, lo que los convierte en una mala elección para una relación de pareja a largo plazo.

Durante miles de años, esta consideración fue de vital importancia para nuestros antepasados en cuanto a las perspectivas de supervivencia de cualquier niño concebido en una aventura de una noche. Dado que la elección de la pareja sexual tiene graves implicaciones para la probabilidad de que los genes de una persona se transmitan a través de generaciones sucesivas, se cree que las predicciones instintivas sobre la probabilidad de que un posible amante se quede para proporcionar apoyo en la crianza de cualquier descendencia se han tenido en cuenta en la compleja ecuación de la atracción sexual femenina hacia los hombres.

Si juntamos todo esto, se predice la siguiente estrategia de reproducción óptima. La mayor atracción por los hombres cuyos rasgos físicos indican un nivel más bajo de testosterona (por ejemplo, caras más redondeadas y amables) durante la mayor parte del mes sugiere que se buscará una relación duradera con el arquetipo del chico bueno: menos viril y, por tanto, más propenso a la fidelidad. La mayor atracción hacia los rasgos más masculinos (mandíbula ancha y barbuda, físico atlético, etc.) durante los pocos días fértiles de cada mes puede fomentar la relación sexual espontánea ocasional con un semental arquetípico: genes de mayor calidad, pero menor idoneidad como pareja a largo plazo. Desde un punto de vista biológico descarnado y frío, esto daría a la mujer en cuestión lo mejor de ambos mundos: una pareja fiable a largo plazo y algún que otro niño «cuco»[25] con genes especialmente fuertes que se parece mucho al joven jardinero o al manitas del barrio.

---

[25] Los cucos suelen poner huevos en los nidos de otras aves, dejando que una especie completamente distinta se encargue de la cría de los polluelos.

Las estimaciones actuales indican que en Europa Occidental entre el 1 % y el 2 % de los hombres crían a un hijo que no es suyo. Aunque las probabilidades de entre 1 de cada 100 y 1 de cada 50 son mucho menores de lo que *The Jeremy Kyle Show* podría haber hecho creer, no es una cifra desdeñable. Aunque engañar a la pareja suele considerarse una cuestión predominantemente masculina, las estimaciones recientes sobre el porcentaje de mujeres que han cometido adulterio alguna vez varían entre el 15 % y el 50 % (no todos los actos sexuales dan lugar a la concepción, por supuesto). Según Dante, las adúlteras, entre ellas algunas famosas como Cleopatra y Helena de Troya, se verían arrastradas por el viento durante toda la eternidad, un castigo bastante suave para él. Los relatos sobre el adulterio masculino están aún por llegar, pero primero vamos a sumergirnos en una teoría científica que intenta explicar cómo encaja la lujuria con los impulsos íntimamente relacionados, aunque a menudo opuestos, del amor romántico y el compromiso a largo plazo.

TRÍADA

La antropóloga biológica Helen Fisher ha hecho un trabajo fantástico en su empeño por simplificar las perspectivas sobre la confusa intersección entre sexo, amor romántico y vinculación a largo plazo. Su teoría, que desarrolló a partir de sus primeras investigaciones con el profesor Arthur Aron, de la Universidad Estatal de Nueva York, describe cómo estos fenómenos conductuales se rigen por tres sistemas cerebrales distintos pero superpuestos. Cada uno de ellos evolucionó para apoyar un aspecto diferente de los diversos procesos que, en conjunto, ayudan a nuestra especie a proliferar y prosperar.

Señala que la lujuria —impulsada principalmente por las hormonas sexuales— suele ser relativamente indiscriminada y poco previsora en cuanto a quién se selecciona como pareja sexual, y que el impulso a menudo puede resolverse con éxito en apenas unos minutos frenéticos. El propósito fundamental básico que parece servir es asegurar que transmitimos nuestros genes, por las buenas o por las malas. El amor romántico es mucho menos frecuente, pero dura mucho más tiempo. Los estudios sobre el tema concluyen que la duración media oscila entre los ocho y los dieciocho meses. El amor es mucho más selectivo que la lujuria y nos impulsa a sincronizar nuestras vidas con una persona especialmente elegida y considerada superior a todas las demás. Por último, el compromiso a largo plazo, que se va imponiendo gradualmente a medida que retrocede la fase de amor romántico intenso, se cree que está impulsado principalmente por los neuropéptidos oxitocina y vasopresina. Esta fase parece confundir más a los humanos modernos, pero sirve para que las parejas permanezcan juntas el tiempo suficiente para cumplir con sus obligaciones como padres. Como se ha mencionado en la introducción, se trata de un proyecto a mucho más largo plazo para los humanos que para cualquier otro primate. Si consideramos esta fase desde el punto de vista de la supervivencia de nuestros genes, el compromiso a largo plazo proporciona una plataforma de apoyo duradera que da lugar a importantes beneficios. La descendencia tiene más probabilidades de desarrollar su propio potencial y esto, a su vez, mejora sus perspectivas de transmitir sus genes a la siguiente generación. La idea es que el apoyo de dos padres durante muchas décadas mejora las perspectivas de los hijos de convertirse en adultos capaces de conseguir parejas fuertes, sanas y solidarias. Esta lógica puede ampliarse aún más en nuestra era moderna si los abuelos optan por prestar apoyo en el cuidado de los hijos (otro proyecto más fácil de realizar en pareja) para ayudar a la tercera generación a desarrollar su potencial,[26] car-

---

[26] Que yo sepa, Helen Fisher nunca mencionó esta parte. Es solo la extensión lógica de su teoría.

gando los dados para obtener un resultado favorable a la hora de ver pasar los genes propios a los bisnietos.

A pesar de estar estrechamente entrelazados, estos tres sistemas de lujuria, amor romántico y compromiso a largo plazo pueden funcionar de forma relativamente independiente. Esto puede explicar algunas de las extrañas situaciones en las que se encuentran las personas cuando se trata de episodios de sexo, amor y compromiso a lo largo de la vida. Una persona puede desear tener relaciones sexuales con alguien de quien no está enamorada y tampoco tiene interés a largo plazo. Puede enamorarse de alguien que no le atrae sexualmente y con quien no tiene ningún tipo de relación duradera. Y pueden establecer vínculos sociales profundos y duraderos con personas que no les atraen sexualmente y hacia las que no tienen sentimientos románticos. De ahí que puedan formarse combinaciones extrañas de libido, amor y compromiso a largo plazo. Una persona puede sentir una intensa lujuria hacia un compañero de trabajo y enamorarse perdidamente de su estrella de cine favorita, mientras mantiene una relación duradera y plenamente comprometida con otra persona.

FUERA DE CONTROL

Cuando se trata de la naturaleza independiente de la lujuria, el amor y los vínculos a largo plazo que empujan a las personas en diferentes direcciones, en lugar de establecerse claramente con un individuo único, los hombres son conocidos por ser los peores infractores cuando se trata de adulterio. Recientes investigaciones genéticas sugieren que Gengis Kan, soberano supremo del Imperio mongol —que en 1225 se extendía por toda Asia, desde el mar Caspio hasta el mar de Japón—, tiene en la actualidad unos doce millones de descendientes directos vivos. Parece justo suponer que tenía el sexo en el cerebro. Un ejemplo relativamente moderno de apetito sexual prolífico es

Cuba. En una entrevista para un documental, un ayudante de Fidel Castro calculó que el antiguo líder revolucionario había mantenido relaciones sexuales con 35 000 mujeres diferentes: «Se acostó con al menos dos mujeres al día durante más de cuatro décadas, una para comer y otra para cenar». Eso es muchísimo adulterio.

A las columnas de cotilleos de los medios sensacionalistas les encanta documentar las supuestas «adicciones sexuales» de los famosos de hoy en día. Las historias de conquista sexual del actor Michael Douglas llevaron al foro público el concepto de la adicción a las aventuras sexuales, en lugar de la simple inclinación. Poco después, las muy publicitadas aventuras extramatrimoniales de Tiger Woods reforzaron el concepto de que la «adicción al sexo» podía ser una afección médica y no una mera debilidad moral. Cuando Harvey Weinstein empezó a culpar de su conducta a la adicción al sexo, el término se había hecho tan familiar que parecía una auténtica afección psiquiátrica. A lo largo de los años se ha considerado la posibilidad de incluir en el *DSM* la adicción al sexo, la pornografía y sus combinaciones, pero, en el momento de escribir estas líneas, la «adicción al sexo» todavía no se ha reconocido como una auténtica afección psiquiátrica. Así que, al menos de momento, los hombres mujeriegos no pueden utilizarla como excusa de buena fe para sus malas decisiones. La excitación sexual que sienten puede ser involuntaria y estar fuera de su control. Otra cosa es que decidan actuar en consecuencia.

La mejor investigación científica disponible en la actualidad sobre una afección que se aproxima a lo que la gente suele considerar adicción al sexo —una obsesión por el sexo que perjudica su bienestar psicológico y su capacidad para llevar una vida productiva normal— es la conducta sexual compulsiva (CSB, por sus siglas en inglés). Cada vez son más las investigaciones que intentan determinar en qué se diferencian, si es que se diferencian, los cerebros de quienes parecen incapaces de controlar sus impulsos sexuales.

La dopamina es un neurotransmisor que ya hemos visto en el capítulo anterior y del que se sabe desde hace tiempo que desempeña un papel importante en la excitación sexual de una gran variedad de especies de mamíferos. Durante la adolescencia se produce un aumento bien documentado de la sensibilidad a la dopamina que suele citarse en las explicaciones científicas del mayor apetito de los adolescentes por los comportamientos de alto riesgo. Se trata de una parte vital del proceso que dispara el apetito sexual de los adolescentes. El problema es que la dopamina interviene en tantos procesos cerebrales diferentes que, para estar seguros de que desempeña un papel en los comportamientos sexuales descontrolados, se requieren algunas astutas manipulaciones experimentales.

En la búsqueda de la ciencia relevante para comprender qué hace que la lujuria pase de la impulsividad a la compulsividad,[27] se pueden seguir varias vías interesantes. Una fuente sorprendente de información procede de las personas que reciben tratamiento para la enfermedad de Parkinson. Se trata de una enfermedad en la que el daño a las neuronas dopaminérgicas en el interior del cerebro provoca dificultades de movimiento. El temblor rítmico característico de las manos, por ejemplo, dificulta la realización de actividades cotidianas sencillas, como beber una taza de té sin derramarla. La dificultad para iniciar movimientos voluntarios conduce finalmente a una manera de caminar arrastrando los pies en lugar de dar las habituales zancadas decididas. Los enfermos de párkinson que reciben terapias con fármacos que potencian la dopamina recuperan parte del control de sus movimientos voluntarios, pero, en el 3,5 % al 7 % de los casos, esto va acompañado de un efecto secundario indeseable: la hipersexualidad.

---

[27] La impulsividad describe la tentación de hacer algo porque nos hace sentir bien; la compulsividad describe el impulso de hacer algo sin importar si nos hace sentir bien, mal o indiferentes.

La pequeña proporción de pacientes afectados de este modo suele acosar incesantemente a su pareja para mantener relaciones sexuales. Comienzan a mostrar un mayor interés por la pornografía y se masturban con frecuencia. En muchos casos, esta oleada libidinosa los lleva a contratar prostitutas, incluso en casos en los que antes hubiera sido impensable. Estos comportamientos desagradables a menudo conducen al divorcio, a una reputación dañada e incluso a algún que otro roce con la ley. Este fenómeno ha llevado a considerar un exceso de dopamina como una causa probable de expresiones hiperactivas de la sexualidad también en otras afecciones.

En la población general, las tasas de CSB oscilan entre el 3 % y el 6 %. La causa de este interés perpetuamente elevado por el sexo podría explicarse por una libido más fuerte de lo habitual, una capacidad de autorregulación más débil de lo normal, o ambas cosas. Los estudios de resonancia magnética funcional que comparan las activaciones cerebrales de personas, generalmente hombres, que presentan los rasgos característicos de la CSB con las de voluntarios sanos no obsesionados por el sexo revelan respuestas significativamente elevadas a los estímulos pornográficos en tres estructuras clave: el cuerpo estriado ventral, la amígdala y el córtex cingulado anterior dorsal (CCAd).

El cuerpo estriado ventral contiene el núcleo accumbens (que conocimos por primera vez en el capítulo III, p. 67), un eje clave en la vía de la recompensa, implicado por innumerables estudios de imagen cerebral en la generación de sensaciones de placer y en el gobierno de procesos vitales implicados en la toma de decisiones. Esto encaja perfectamente con la observación de que los fármacos que potencian la dopamina pueden desencadenar hipersexualidad en los pacientes, ya que es bien sabido que la dopamina es el principal neurotransmisor utilizado en las sinapsis de esta vía concreta.

La amígdala está implicada en la amplificación de todo tipo de respuestas emocionales diferentes, no solo de las negativas asociadas a la detección de amenazas, por las que es famosa. Tiene muchos subcompartimentos, cada uno de ellos implicado en muchas experiencias emocionales diferentes, incluidas las positivas. El aumento de la respuesta a las imágenes sexuales en la amígdala de los pacientes con CSB se ha interpretado como un reflejo de una respuesta emocional positiva exagerada a las imágenes eróticas.

También nos hemos referido anteriormente al CCAd (véase el capítulo II, p. 54) por su implicación en experiencias dolorosas —ya sean de naturaleza física o social— y en el contexto de los conflictos. También fue el área de la red de respuesta sexual que se activó de forma más consistente en un metaanálisis de 58 estudios de resonancia magnética independientes que investigaban las respuestas del cerebro a la estimulación erótica. Una posible explicación de su implicación gira en torno al conflicto que surge cuando una persona se excita sexualmente en el escáner de resonancia magnética por las imágenes que está viendo mientras recibe instrucciones estrictas de no moverse. Cualquier movimiento durante una resonancia magnética corrompe los datos cerebrales, por lo que una de las instrucciones más insistentes que se dan a los voluntarios que participan en todos los estudios es que se mantengan quietos. En circunstancias normales, cuando alguien con CSB mira pornografía, suele masturbarse. La actividad del CCAd en este estudio, al menos en mi opinión, refleja casi con toda seguridad la batalla para resistir esta tentación, que probablemente sea más dura para los que padecen CSB que para los que no la padecen.

En este estudio se analizó más detenidamente la dinámica de las activaciones del CCAd y se descubrió que disminuían más rápidamente en las personas CSB que en las demás cuando se exponían repetidamente a las mismas imágenes eróticas. Esto puede indicar que los CSB se aburren con cada clip erótico más rápidamente que los controles, lo que quizá explique su compulsión a buscar material pornográfico novedoso.

En conjunto, estas observaciones sostienen que las personas con CSB tienen claramente un impulso positivo exagerado hacia los estímulos eróticos, lo que ayuda a explicar la tendencia a que los pensamientos sexuales se inmiscuyan con gran frecuencia en sus vidas cotidianas. ¿Qué más podemos aprender sobre las dificultades que tienen las personas con CSB para ejercer autocontrol sobre sus impulsos sexuales?

Los estudios de resonancia magnética estructural han intentado comprender si los cerebros de las personas con trastornos del apetito sexual son física y funcionalmente diferentes de los de las personas con apetito sexual normal. Cuando se compararon 23 cerebros con trastornos del apetito sexual con los de 69 voluntarios sanos, se observó que la amígdala izquierda era significativamente mayor en los cerebros con trastornos del apetito sexual. En otro estudio en el que se investigó la conectividad funcional de distintas áreas cerebrales en reposo, se observó que la amígdala izquierda y el córtex prefrontal dorsolateral (CPFdl) tenían una menor capacidad para influirse mutuamente en los cerebros con CSB en comparación con los cerebros sin CSB. El área CPFdl en cuestión se asocia a menudo con el control consciente de todo tipo de comportamientos impulsivos, lo que quizá explique las dificultades de las personas con CSB en este sentido. Además de expresar una respuesta emocional más potente a las imágenes sexualmente estimulantes, los cerebros CSB también muestran las características de una menor capacidad para reprimir los sentimientos libidinosos.

Un estudio reciente con pacientes de párkinson susceptibles al efecto secundario de la hipersexualidad presentó una oportunidad única para probar la hipótesis de que la dopamina elevada podría estar implicada en el desencadenamiento de activaciones cerebrales similares a la CSB. Este estudio de resonancia magnética comparó las activaciones cerebrales de los mismos pacientes de párkinson cuando tomaban o no su medicación, permitiendo las respuestas de sus cerebros al material erótico cuando experimentaban y cuando no experimentaban los efectos secundarios de la hipersexualidad. Este estudio descubrió que el estriado ventral y el CCAd estaban más activos en los pacientes de párkinson propensos a la hipersexualidad cuando tomaban o dejaban la medicación; las mismas áreas identificadas en los pacientes con CSB. Esto implica fuertemente a la dopamina elevada en el estriado ventral como una causa probable del comportamiento hipersexual.

La irresistible compulsión a entregarse a comportamientos sexualmente estimulantes no se limita a los adultos. La omnipresente disponibilidad de pornografía en Internet —de libre acceso, en cualquier momento y en cualquier lugar donde haya un teléfono inteligente, una tableta o un ordenador de sobremesa— está empezando a tener también un gran impacto en los adolescentes.

ADICCIÓN AL PORNO EN INTERNET

En este apartado exploraremos el potencial de la pornografía para causar daño y, por tanto, calificar el consumo de pornografía como pecado de lujuria desde dos perspectivas: el impacto del consumo excesivo en la función cerebral y su efecto en las normas culturales.

Lo que ocurre cuando los adolescentes consumen pornografía en exceso quizá lo haya resumido mejor el director de la Sociedad Italiana de Andrología y Medicina Sexual, el doctor Carlo Foresta. Comentando los resultados de una amplia encuesta sobre el consumo de pornografía y las experiencias sexuales reales de los adolescentes, esbozó la progresión hacia la disfunción sexual que se observa cada vez con más frecuencia. Para empezar, los sitios porno empiezan a provocar gradualmente una excitación sexual menor de lo habitual; después, se produce una reducción general de la libido y, finalmente, la incapacidad para lograr una erección.

Los atracones de pornografía inducen estos cambios de comportamiento al alterar la capacidad de respuesta del estriado ventral no solo a los materiales sexualmente explícitos, sino a cualquier estímulo gratificante. Para entender correctamente cómo se ve comprometida la capacidad de respuesta del estriado ventral, primero tenemos que dar un paso atrás y observar cómo suele responder.

Los estudios de imagen cerebral han demostrado que las respuestas del estriado ventral son más matizadas en los seres humanos que en otros mamíferos. Si una persona observa en el escáner una cara atractiva, se induce una activación más intensa en el estriado ventral que la provocada por una cara menos atractiva, lo que refleja el mayor atractivo de la primera sobre la segunda. Una expresión facial sonriente induce una mayor activación de «recompensa prevista» en el estriado ventral que la misma cara presentada con una expresión facial neutra.[28] Si la cara sonriente estuviera unida a un cuerpo desnudo atractivo (del sexo preferido), el estriado ventral generaría una respuesta aún más fuerte, reflejando un aumento adicional de su valor de recompensa previsto. Estas diferencias en la intensidad de la activación dentro del estriado ventral subyacen a la preferencia general por una versión desnuda atractiva sonriente frente a la versión atractiva sonriente, y por ambas frente a la versión no sonriente. Son estas preferencias, que se manifiestan en el tamaño de las respuestas en el estriado ventral, las que dirigen nuestras decisiones.

---

[28] La vía de la recompensa es un sistema cerebral que nos da una intuición sobre la mejor decisión en cualquier situación que nos obligue a elegir un curso de acción en lugar de otro. Para ello, genera predicciones sobre cómo podría resultar cada elección más adelante basándose en cómo han resultado decisiones similares en el pasado. Por lo general, las decisiones que tomamos, en igualdad de condiciones, se rigen por la opción que induce la mayor activación en el estriado ventral, una señal cerebral tradicionalmente denominada en la literatura neurocientífica «valor de recompensa predicho».

Las neuronas que se originan en el estriado ventral envían proyecciones al córtex orbitofrontal medial (COFm). En un principio se sospechó que el córtex orbitofrontal medial estaba implicado en la toma de decisiones porque las personas con lesiones cerebrales en esta zona suelen tener grandes dificultades para elegir. Suelen dar vueltas y vueltas sin poder tomar una decisión definitiva, porque el COFm permite que todos los valores de recompensa previstos que salen del estriado ventral se tengan en cuenta a la luz de otros factores relevantes (más sobre esto en el capítulo siguiente, p. 135). Entre ellos se incluyen las prioridades actuales, los acontecimientos recientes, el tiempo disponible, el estado de ánimo, los planes para más tarde, lo que ocurre en el entorno inmediato, etc. El estriado ventral y el COFm nos ayudan a calcular el valor relativo de cada elección de comida, película erótica, etc., a la luz de las circunstancias imperantes, y a tomar una decisión final sobre qué opción tiene más probabilidades de proporcionar la mayor recompensa y sensación de placer (véase la figura 5).

Los últimos artículos científicos que exponen las pruebas de la adicción a la pornografía explican los cambios de comportamiento que se observan en quienes la consumen en exceso basándose en la literatura sobre drogadicción y adicción a Internet. Se cree que las grandes oleadas de dopamina que se desencadenan a diario en respuesta a la exposición regular a escenas explícitas de sexo duro inducen mecanismos reguladores que intentan reequilibrar el sistema. Se libera un péptido opiáceo llamado dinorfina para suprimir la liberación de dopamina en la vía de recompensa sobreestimulada. Esto reduce el impacto de la dopamina en el sistema de recompensa, disminuyendo la potencia de las respuestas a estímulos previamente gratificantes, lo que resulta en una experiencia de placer embotada en general. Además de reducir el placer derivado de estímulos no eróticos, también provoca que la vía de recompensa desarrolle una tolerancia a las imágenes eróticas o, en palabras del doctor Carlo Foresta: «Empieza con reacciones más bajas a las páginas porno». La pornografía que antes proporcionaba las sensaciones de satisfacción deseadas se vuelve ineficaz a la hora de generar y mantener la excitación sexual, por lo que la persona que ve porno suele empezar a hacer clic en las distintas categorías disponibles hasta que encuentra algo que «funciona». En la mayoría de los casos, se trata de algo más inusual o chocante para compensar el embotamiento de su respuesta de placer. Los géneros pornográficos que se consideran desagradables al principio pueden acabar convirtiéndose en el único material que las excita.

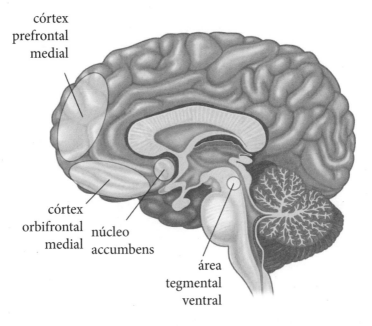

córtex prefrontal medial

córtex orbifrontal medial

núcleo accumbens

área tegmental ventral

Figura 5. Una parte de la vía de recompensa denominada núcleo accumbens, que reside en el estriado ventral, asigna un valor de recompensa previsto a cualquier estímulo potencialmente gratificante. La parte del córtex prefrontal medial situada sobre las órbitas oculares, conocida como córtex orbitofrontal medial, nos ayuda a tomar decisiones evaluando estas predicciones a la luz de otra información contextual relevante.

A lo largo de muchos meses de exposición diaria al porno, adolescentes y adultos por igual están entrenando inadvertidamente sus cerebros para producir exclusivamente respuestas sexuales solo ante estímulos supernormales. *Supernormal* significa más grande, más brillante y más impactante que los que se encuentran normalmente en la vida real. Puede tratarse de imágenes de hombres con penes enormes, mujeres con culos y pechos enormes realizando prácticas eróticas que, aunque son habituales en la pornografía, es poco probable que se den en la vida cotidiana de la mayoría de la gente. Aunque, como veremos en breve, los primeros indicios sugieren que las actitudes parecen estar cambiando en este sentido.

Este fenómeno se ha comparado con los trabajos de Nikolaas Tinbergen, Premio Nobel por su trabajo con gaviotas argénteas. Sus aves también aprendieron a preferir estímulos artificiales supernormales por encima de los reales. Sus investigaciones consistieron en crear huevos artificiales más grandes o mucho más coloridos que los propios huevos de las aves. A menudo, las gaviotas preferían sentarse en los huevos supergrandes o de vivos colores en lugar de en los reales que contenían a sus crías. Esta fue la primera demostración del desarrollo de una preferencia por las opciones artificiales supernormales frente a las versiones biológicas naturales.

La principal preocupación es que tanto los adictos al porno en Internet como los pájaros del profesor Tinbergen acaben desarrollando una preferencia por lo falso frente a lo real. El intento de los pájaros de incubar huevos hechos de yeso de París hizo que sus huevos abandonados acabaran por no eclosionar. El problema que se le plantea al adicto al porno en Internet es que desplaza el tiempo, el esfuerzo y la inclinación que podría estar invirtiendo en su vida sexual real e, incluso cuando participa, su hábito pornográfico puede causar estragos en su capacidad para rendir entre las sábanas. Este resultado a largo plazo, de lo que podría parecer una diversión inofensiva, tiene un claro potencial para tener un impacto negativo en su capacidad para formar una pareja significativa, separando a las personas en lugar de unirlas. El sexo desempeña un papel fundamental en el desarrollo de la intimidad en la pareja, y las relaciones de pareja duraderas ofrecen mucho más que sexo. Por el bien de todos, hay que vigilar la cantidad de pornografía que se consume y tener cuidado de no dejar que la afición a lo erótico se nos vaya de las manos.

Nada de sexo, por favor, somos británicos

Durante gran parte del siglo XX, los británicos fuimos famosos por nuestras actitudes ultraconservadoras hacia el sexo. Esto parece haber pasado a la historia. Los británicos disfrutan actualmente del dudoso honor de tener las actitudes más liberales sobre el sexo de todos los países de la Organización para la Cooperación y el Desarrollo Económico (OCDE). Según las respuestas al inventario de orientación sociosexual sobre actitudes sexuales de 14 000 personas de 48 países diferentes, desde Argentina hasta Zimbabue, el Reino Unido ocupa el primer puesto de los 35 países de la OCDE. Le siguen Alemania, Países Bajos, República Checa y Australia. (Incluyendo los países no pertenecientes a la OCDE, Finlandia encabezó la lista en general).

No es fácil explicar este cambio de actitud ante el sexo, pero la invención del preservativo y otros métodos anticonceptivos ha desempeñado sin duda un papel importante. En cuanto a los daños potenciales causados por las relaciones sexuales ocasionales, los métodos anticonceptivos de barrera tienen la doble ventaja de reducir enormemente la probabilidad de embarazos no deseados y de contraer infecciones de transmisión sexual. Al mismo tiempo, la reducción del riesgo de infección y la inconveniencia de la concepción consiguen que los encuentros sexuales ocasionales parezcan más atractivos. Otra parte de la ecuación es el aumento de la pornografía de libre acceso.

Antes de la llegada de Internet, la disponibilidad de pornografía estaba relativamente restringida. Los adolescentes cachondos tenían que armarse de valor para coger una revista del estante superior del quiosco local o cruzar las puertas de un *sex shop*. Ahora pueden sacar sus teléfonos inteligentes y acceder instantáneamente a una completa lista de películas porno de la A a la Z, desde la relativa inocencia de la pornografía *softcore* de los años setenta hasta las últimas escenas sadomasoquistas y de pseudoviolación, todo ello sin restricciones y de forma gratuita. La exploración sistemática de cada «categoría» proporciona rápidamente una buena idea de la profundidad y amplitud de la oferta de cada género. Quienes deciden informarse al respecto a menudo se sorprenden al darse cuenta de la cantidad de películas de libre acceso que presentan escenas de agresión, victimización y, a veces, violencia, sin ningún tipo de restricción para evitar el acceso de menores.

El impacto sobre los niños prepúberes que, por pura curiosidad, acaban navegando por Internet por toda la gama de prácticas sexuales humanas, a menudo antes de haber tenido la oportunidad de experimentar por sí mismos, es preocupante. En ausencia de una experiencia personal de lo que es realmente el sexo para ayudarlos a contextualizar lo que ven, sus incipientes conceptos de lo que es el sexo podrían ser alterados fundamentalmente. En comparación con la introducción más moderada al mundo prohibido del comportamiento sexual adulto de las generaciones anteriores, es inevitable que acepten como normales las prácticas eróticas extremas que encuentran habitualmente en Internet. De hecho, cada vez hay más pruebas que sugieren que las actitudes hacia el sexo entre los jóvenes del Reino Unido y de otros países han cambiado drásticamente en los últimos cincuenta años. Mientras que algunos de estos cambios han sido liberadores, despojándonos de actitudes sexuales tradicionalmente conservadoras, otros aspectos están demostrando ser claramente inquietantes.

Un amplio estudio sobre el comportamiento sexual de los adolescentes de entre catorce y diecisiete años de cinco países europeos llegó a la conclusión de que el consumo habitual de pornografía está asociado a una mayor incidencia de coacción y victimización sexual, a una mayor aceptación de las actividades sexuales de temática agresiva como normales y a un menor uso del preservativo. El ser humano es un imitador consumado. Aprendemos mejor del ejemplo de otras personas. Como se menciona en el capítulo I (p. 15), para aprender una nueva habilidad, los primates como nosotros observamos las acciones de los demás e intentamos reproducir los mismos movimientos con nuestro propio cuerpo. De hecho, tenemos un conjunto especializado de células cerebrales, conocidas como neuronas espejo, que se cree que facilitan estos procesos fundamentales de imitación. No es de extrañar que la exposición intensiva a la pornografía lleve a fantasear con recrear esos mismos comportamientos sexuales a través del impulso instintivo de copiar a otras personas: nuestros cerebros están hechos para ello. Nos fijamos metas en función de lo que vemos hacer a los demás.

Las pruebas que apoyan este concepto proceden de otra encuesta reciente sobre prácticas sexuales. En esta ocasión participaron 393 colegialas suecas de dieciséis años. Una de las principales conclusiones fue que, mientras que el 30 % de las que veían porno con regularidad habían probado el sexo anal, la cifra era del 15 % en el caso de las chicas que no lo hacían. Es demasiado fácil distraerse con la implicación de que ver pornografía duplica la probabilidad de que una chica sueca media haya experimentado el sexo anal a los dieciséis años. Otra forma de analizar estos resultados es centrarse en el 15 % que no ve pornografía con regularidad. Que 3 de cada 20 chicas que no ven porno hayan probado el sexo anal a una edad tan temprana parece sorprendentemente alto. ¿Podría esto sugerir que la pornografía tiene un impacto en las actitudes hacia el sexo, con independencia de si un individuo la consume personalmente o no? En otras palabras, aunque una persona no vea porno, si todos los demás miembros de su grupo social lo hacen, sus actitudes sobre qué prácticas sexuales son y no son aceptables pueden estar influidas por el consenso general.

El impacto del consumo masivo de pornografía en el consenso general de una cultura se denomina a veces *pornificación*. En algunas partes del mundo hay pruebas de que esto puede estar causando problemas de relación incluso entre adultos. Se acumulan las pruebas que sugieren que el consumo excesivo de porno en línea está generando una cultura de aceptación de la dominación masculina estereotipada y las prácticas sexuales agresivas. Un estudio de más de cincuenta mujeres que intentaban salir de relaciones insanas en la zona rural de Ohio, en circunstancias en las que se sentían víctimas de la violencia íntima de su pareja, citaba la pornificación de la cultura como uno de los principales factores contribuyentes. Con tantos hombres inmersos a diario en películas sexuales gratuitas en línea, lo que constituye un trato «normal» y aceptable de las mujeres se está deformando hasta el punto de que cada vez más son consideradas objetos sexuales.

LAS ÚLTIMAS PALABRAS DE JERRY SPRINGER...

En términos de potencial dañino, la pornografía no es ni completamente buena ni completamente mala. Como ocurre con muchos fenómenos, la pornografía tiene aspectos relativamente inofensivos y otros muy perjudiciales. El acceso instantáneo y totalmente ilimitado a la pornografía en línea gratuita, y en particular al material duro, está empezando a resultar problemático. El consumo excesivo de pornografía está afectando a los comportamientos sexuales saludables. El encuentro habitual con imágenes que muestran temas de dominación masculina y victimización femenina parece estar deformando las actitudes hacia lo que constituyen prácticas aceptables de una manera que está causando graves daños. Otra influencia desafortunada de la pornificación es la omisión de comportamientos que están estrechamente relacionados con una vida sexual sana, pero que rara vez aparecen en la pornografía.

Las sensaciones táctiles generadas a través de la panoplia de comportamientos íntimos que implica el acto sexual son extremadamente poderosas para cimentar y reforzar los vínculos sociales más íntimos entre los seres humanos. Tocar, acariciar, abrazar y besar: todas estas actividades inducen la liberación de potentes neuropéptidos que son fundamentales para crear sentimientos de confianza, comodidad, seguridad y satisfacción entre dos seres humanos. Uno de estos neuropéptidos, la oxitocina, es fundamental en todo tipo de vínculos sociales. Es esencial para el vínculo entre madre e hijo.[29] También estrecha los lazos entre personas no emparentadas que mantienen una relación íntima. De hecho, la glándula pituitaria libera oxitocina en el torrente sanguíneo y las neuronas que salen del hipotálamo la liberan en la vía de recompensa cada vez que se comparte afecto físico entre dos personas de confianza, ya sean amigos, compañeros o familiares. Incluso el apoyo psicológico que recibimos de los demás influye en nuestros niveles de oxitocina. La fuente más poderosa de consuelo físico y psicológico proviene de nuestros amantes. La mayor parte de la pornografía que un gran número de personas ve a diario, y que por tanto influye de manera fundamental en la percepción colectiva de lo que es «normal», hace especial hincapié en la estimulación de las zonas erógenas. Al centrarse tanto en el subidón de dopamina del sexo con penetración y el orgasmo, los espectadores de porno tienden a pasar por alto la importancia de comportamientos más afectuosos que dan lugar a la

---

[29] Desencadena el proceso de parto e interviene en la liberación de la leche del pecho en respuesta a la succión. También es fundamental para producir sentimientos de seguridad y protección, y desempeña un papel fundamental en el vínculo social a lo largo de toda la vida.

liberación de neuropéptidos y al fortalecimiento de los vínculos sociales. En la pornografía se omiten o se pasan por alto las tiernas caricias del acto sexual, la parte que suele denominarse preliminares. Sin embargo, esta parte es fundamental para los beneficios psicológicos de una vida sexual sana. Cuando se trata de la influencia virtuosa de la libido —una fuerza que acerca a las personas en lugar de separarlas—, la oxitocina solo es superada por su prima molecular, la vasopresina. Este neuropéptido se suele considerar en el contexto de la monogamia gracias a un gran número de investigaciones sobre la vida amorosa de los topillos. Mientras que el topillo de las praderas es monógamo y se aparea de por vida con la primera pareja con la que mantiene relaciones sexuales, una especie estrechamente emparentada es polígama y se aparea con una pareja distinta en cada temporada de cría. Si se inyecta vasopresina en el cerebro de la especie polígama, esta entra en una relación monógama con el primer animal con el que se aparea. Esta investigación suele discutirse en el marco del debate sobre si los humanos son fundamentalmente monógamos o polígamos. Teniendo en cuenta el papel que la vasopresina podría desempeñar en la lealtad, este podría ser un aspecto interesante por considerar. La razón por la que tantas religiones prohíben el adulterio es, sin duda, que, una vez que se traiciona la lealtad y se rompe la confianza, nunca se puede recuperar del todo. Mi corazonada es que los neuropéptidos son fundamentales para la lealtad. Nacemos solos en el mundo y, en última instancia, nos vamos solos de este mundo. Entre estos dos inevitables acontecimientos vitales, nuestra calidad de vida puede mejorar enormemente si conseguimos conectarnos con un *InGroup* que nos haga sentir aceptados y valorados. Lo mejor de todo es que, si encontramos a una persona especialmente elegida con la que cooperar a un nivel más íntimo, podemos enfrentarnos al mundo como una asociación dedicada; un enfoque mucho menos desalentador que enfrentarnos al mundo en solitario.

Las parejas de por vida pueden parecer raras hoy en día, pero yo diría que esto no tiene tanto que ver con si está en nuestra naturaleza ser monógamos o polígamos[30] como con la deformación de las expectativas. Hemos visto cómo la pornografía puede haber contribuido a ello en las últimas décadas, pero las películas, las novelas y las canciones de amor llevan siglos llenándonos la cabeza de tonterías. Si a esto le añadimos la tecnología moderna, no es de extrañar que el sexo, el amor y las relaciones duraderas parezcan tan efímeras y desechables hoy en día. La gente puede divorciarse una semana y empezar a tener citas a la siguiente, simplemente registrándose en una aplicación de *smartphone* diseñada específicamente para que encontrar posibles citas sea tan fácil como deslizar el dedo hacia la derecha. Las personas que buscan la «pareja perfecta» y un «amor que dure para siempre» han desarrollado unas expectativas culturales que las sitúan en una trayectoria de colisión con la realidad. Un objetivo más alcanzable es utilizar el conocimiento de que las palabras amables y las acciones afectuosas pueden inducir la liberación de oxitocina y vasopresina en el cerebro del receptor. Estas sustancias promueven activamente la confianza, e incluso la lealtad, que juntas son las características duraderas de toda relación exitosa a largo plazo. Este conocimiento pone el refuerzo de los vínculos sociales bajo nuestro control. La gente siempre se sentirá sexualmente excitada por extraños atractivos. Al fin y al cabo, la excitación sexual no se controla conscientemente, sea cual sea la orientación sexual. Rara vez los placeres pasajeros de los escarceos sexuales ilícitos merecen la pena de la traición cuando la infidelidad se revela en última instancia. Renunciar a la efímera excitación de las descargas de dopamina asociadas a las aventuras adúlteras y,

---

[30] El punto de vista biológico es que, comparados con otros primates monógamos y polígamos, nuestros rasgos son intermedios entre los dos: somos ambos y ninguno. Para más información, consulte *Behave: The Biology of Humans at our Best and Worst*, de Robert Sapolsky.

en su lugar, hacer las cosas sencillas que refuerzan la confianza mutua y los sentimientos de seguridad fortalece continuamente en lugar de erosionar el vínculo entre una pareja y conduce a beneficios mucho mayores a largo plazo. Sí, es un trabajo duro, como suelen serlo todas las cosas que merecen la pena en la vida, pero, cuando obtienes los efectos positivos de tener a una persona en la que puedes confiar plenamente, el esfuerzo merece la pena.

Si la soberbia es la madre de los pecados capitales, la gula y la lujuria son las gemelas impulsivas de esta despreciable familia de siete. Como hemos visto, desde la perspectiva de la neurociencia, estos gemelos tienen serios problemas para controlar sus impulsos. Mientras que pueden ser voraces en sus apetitos por la comida y el sexo, respectivamente, el siguiente pecado capital tiene el problema opuesto. La pereza ni siquiera se molesta en levantarse de la cama por la mañana.

CAPÍTULO V
PEREZA

«La ociosidad y la falta de ocupación tienden
—o más bien son arrastradas— hacia el mal».

Hipócrates

Los perezosos de tres dedos pasan la mayor parte de su vida cabeza abajo. Se les puede encontrar en toda América Central y del Sur, colgados de las ramas de los árboles por sus alargadas garras especialmente adaptadas, donde pasan entre quince y veinte horas al día profundamente dormidos. Incluso su digestión es perezosa: tardan quince días en digerir una sola comida. En su defensa, además de brotes y frutos, su dieta consiste en hojas tóxicas que requieren múltiples estómagos para descomponerlas con seguridad. Los perezosos no solo tienen la digestión más lenta de todos los mamíferos, sino que, cuando se mueven, lo hacen a paso de tortuga. Descienden de los árboles una vez a la semana para defecar, y pasan la mayor parte del resto del tiempo en las copas de los árboles completamente inmóviles, hasta el punto de que su pelaje alberga una colección de otras criaturas, como polillas, escarabajos, hongos y algas. Estas últimas dan a su pelaje un tinte verdoso que los ayuda a mimetizarse con el follaje. La combinación de inmovilidad y camuflaje simbiótico los ayuda a esconderse de los depredadores.

¿Son perezosos los perezosos? Bueno, en realidad depende de su marco de referencia. El comportamiento de los perezosos encaja perfectamente con el repertorio de habilidades necesarias para su supervivencia. Toda su biología ha evolucionado para soportar un ritmo de vida pausado. Sus extremidades están diseñadas para ello. Su digestión está diseñada para ello. Es un requisito previo para el éxito en el nicho ecológico en el que evolucionaron.

No puede decirse lo mismo de los humanos. Nuestra biología evolucionó bajo presiones ambientales muy diferentes. Nuestros cuerpos están adaptados al movimiento. Nuestros corazones, músculos, huesos y cerebros necesitan ejercitarse con regularidad para mantenerse en buen estado. Se nos podría perdonar que no tuviéramos ni idea de este hecho incuestionable, dada nuestra creciente dependencia de dispositivos que ahorran trabajo. Muchos de nosotros no podemos resistir la tentación de tomar un atajo para ahorrar tiempo, ya sea utilizando los servicios de reparto para ahorrarnos diez minutos a pie hasta la tienda de comida para llevar, conduciendo hasta un lugar situado unos cientos de metros más adelante o cogiendo un ascensor para llegar al primer piso de un edificio. Dicho esto, ni el más perezoso de los humanos puede competir con un verdadero perezoso, pero muchos lo intentan con todas sus fuerzas.

Paul Railton, por ejemplo. Paul, del condado de Durham, en el norte de Inglaterra, decidió sacar a pasear a su perro por el campo un buen día de 2010. Como le daba una pereza atroz, pensó en cómo conseguirlo con el mínimo gasto de energía posible. Su dudosa genialidad consistió en sujetar la correa de su mascota a través de la ventanilla abierta de su Nissan

Navara para poder pasear al perro por una estrecha carretera rural sin ni siquiera tener que poner un pie fuera. Un atónito ciclista que pasaba por allí vio cómo arrastraba al perro junto al coche y denunció el incidente a la policía. El señor Railton fue a parar a los tribunales, donde se declaró culpable de no controlar debidamente su vehículo. El testimonio del testigo describió que iba «agarrado a la correa del perro a través de la ventanilla del conductor, acercándose a una cima ciega». Se le impuso una multa de 65 libras, más las costas judiciales, y se le prohibió conducir durante seis meses. Al parecer, al señor Railton, desempleado en aquel momento, «no le molestó» la prohibición de conducir, y afirmó: «Puede que me ahorre algo de dinero al no tener coche». No hay mal que por bien no venga.

Las pruebas disponibles sugieren que todo tipo de criaturas suelen optar por el curso de acción que les exija el menor esfuerzo posible. No somos la única especie a la que le gustan los atajos. Dicho esto, en determinadas circunstancias, podemos sentirnos perfectamente satisfechos de trabajar incluso en ausencia de cualquier recompensa material por nuestros esfuerzos. Lo que marca la diferencia es si hacemos el trabajo en el contexto de un «contrato social», en el que todo lo que podemos ganar es gratitud, o de un «contrato financiero», en el que las recompensas son más tangibles. Realizar una tarea servil, como recoger basura en un parque local, por ejemplo, tiende a resultarnos mucho más satisfactorio si lo hacemos de corazón, en lugar de hacer exactamente el mismo trabajo por un salario mínimo. Cuando se trabaja a cambio de una remuneración, la motivación para esforzarse es extrínseca: inspirada por el objetivo de obtener algo que queremos del mundo exterior, es decir, dinero en efectivo. La motivación intrínseca, por el contrario, describe la voluntad de trabajar que se deriva de la satisfacción de llevar a término un trabajo que merece la pena y de ayudar a los demás. Cuando la motivación para trabajar es puramente extrínseca, suele tener un impacto negativo en la voluntad de la persona para realizar un esfuerzo adicional en ausencia de un incentivo adicional; esto no ocurre con la motivación intrínseca. La motivación intrínseca puede observarse en personas que dedican su tiempo gratuitamente a obras de caridad o voluntariado y en quienes invierten una enorme energía en sus aficiones. A veces, el viaje es el destino.

Ante la disyuntiva de recibir una pequeña cantidad de dinero a cambio de unas horas dedicadas a realizar una tarea relativamente sencilla, o recibir la misma cantidad de dinero sin ningún esfuerzo, la opción pragmática parece clara. No tiene sentido gastar energía sin motivo. Desde el punto de vista de la eficiencia biológica, deberíamos intentar realizar las tareas con el mínimo esfuerzo, siempre que el resultado sea aceptable, ¿no?

Error. Puede parecer extraño, pero incluso hay estudios que sugieren que obtenemos más placer cuando hemos tenido que esforzarnos más para ganar una recompensa determinada. Por muy contraintuitivo que pueda parecer, el enfoque aparentemente pragmático de ahorrar energía siempre que sea posible no solo es menos satisfactorio, sino que, como veremos a continuación, puede incluso ser nefasto para nuestra salud. Evitar el esfuerzo a toda costa reduce nuestro bienestar general. Por desgracia, muchas personas pasan por la vida sin aprender que la satisfacción del trabajo bien hecho mejora la calidad de vida de forma más eficaz que el planteamiento aparentemente lógico de reducir el esfuerzo siempre que sea posible.

Va incluso más allá. Los humanos, a diferencia de los perezosos, simplemente no evolucionaron para pasar el día. Para corroborar este punto de vista basta con mirar nuestro propio pie.[31] En comparación con nuestros primos primates no humanos, nuestros pies están claramente especializados para recorrer largas distancias. Durante miles de años, nuestros antepasados complementaron su dieta persiguiendo enormes animales car-

---

[31] Hay un *podcast* estupendo sobre este tema, muy recomendable: www.freakonomics.com/podcast/shoes/

nosos hasta que más o menos se desplomaban de agotamiento. Si la propia morfología de nuestro cuerpo evolucionó para que fuéramos buenos corriendo, y trabajar para conseguir nuestras recompensas es más satisfactorio que quedarnos sentados esperando a que nos caigan encima, ¿por qué a algunas personas les encanta mantenerse activas mientras que otras hacen todo lo posible para evitar esforzarse? ¿Por qué los conejitos de gimnasio se sienten motivados para hacer ejercicio cada vez que tienen ocasión, mientras que los adictos al sofá pasan el mayor tiempo posible holgazaneando en casa en zapatillas?

En este capítulo exploraremos el papel que desempeñan los hábitos y las oportunidades a la hora de influir en el grado en que las distintas personas se mantienen activas. Examinaremos qué significaba el pecado de la pereza en la antigüedad y cómo se manifiesta hoy en día. Y, por supuesto, conoceremos las áreas cerebrales que rigen fundamentalmente nuestros niveles de motivación.

PERSPECTIVAS HISTÓRICAS

Cuando se ven atrapados en las garras de la mayoría de los pecados capitales, las personas suelen verse incapaces de resistir la tentación de hacer algo que saben que no deberían hacer. La pereza se diferencia inmediatamente de todos los demás vicios capitales por situarse justo en el extremo opuesto del espectro. Comprende el deseo de holgazanear cuando sabemos que deberíamos estar haciendo algo útil. Se trata de eludir nuestras responsabilidades. La tentación de no hacer absolutamente nada es a veces el vicio al que intentamos resistirnos, y no lo conseguimos.

El *Diccionario infernal*, de Jacques Collin de Plancy, publicado por primera vez en 1818, describía a Belphegor como el demonio responsable de aquellos que caen en el pecado de la pereza. En el arte, Belphegor suele aparecer sentado en un trono de porcelana. Al parecer, sentarse en el retrete es la postura perfecta para cualquiera que quiera ganarse su favor, según la antigua tradición. Belphegor empezó tentando a los perezosos para que se desprendieran del dinero que tanto les había costado ganar a cambio de inventos locos, emocionantes e innovadores.

Muchas de las religiones más populares del mundo critican duramente a quienes intentan mantener su gasto de energía al mínimo absoluto en todo momento. Si lo pensamos bien, ninguna religión que tolere la pereza excesiva podría prosperar. Desterrar la apatía de sus seguidores es una parte vital para asegurar la supervivencia de cualquier religión. Las religiones suelen requerir algún tipo de ritual diario, o al menos semanal. Si quieren tener una fuerte influencia en las vidas de sus seguidores, deben tener la oportunidad de recordar regularmente los mensajes centrales de la religión y de inculcar ciertos hábitos, todo lo cual puede parecer demasiado esfuerzo para quienes prefieren el camino de la pereza perpetua. Si los fieles no se molestaran en acudir al templo, la sinagoga, la iglesia o la mezquita cada semana, ¿de qué otra forma podría la religión en cuestión influir de manera significativa en el destino de sus almas?

Incluso el budismo, posiblemente uno de los sistemas de creencias más tolerantes, condena la pereza. El diccionario sánscrito traduce *kausīdya* como «pereza» o «indolencia» y es uno de los cinco obstáculos para la meditación, por lo que se considera un serio impedimento para alcanzar la trascendencia. El budismo advierte contra la tentación de tumbarse, estirarse y entregarse a largos períodos de inercia improductiva. El equivalente islámico es el *kasal.* La obligación de los musulmanes de rezar cinco veces al día y de ayunar durante el Ramadán son dos poderosas influencias para promover la erradicación de la tendencia humana universal a la pereza mediante la adopción de hábitos virtuosos.

Desde la perspectiva cristiana, Evagrio de Ponto llegó a describir la pereza[32] como «el más pesado de todos» los ocho ma-

---

[32] O *acedia*, como se conocía a finales del siglo IV.

los pensamientos o *logismoi* que reunió para guiar a los piadosos. Cuando se trataba de tentaciones capaces de apartar a la gente de sus deberes espirituales diarios, la pereza era presumiblemente una fuente de distracción particularmente problemática para los monjes solitarios encerrados en el calor sofocante del desierto.

Curiosamente, cuando san Gregorio Magno reunió por primera vez sus siete pecados capitales, optó por el término *tristitia* en lugar de pereza. Este describe una forma más melancólica de desgana habitual para cumplir con los deberes, evocada más por la tristeza o la desesperación que por la ausencia de emoción que implica la pereza. Dado el impacto negativo de la depresión clínica en los niveles de motivación de una persona, esto podría constituir la identificación de la apatía como un síntoma de la depresión siglos antes de que la psicología apareciera en escena. En la época de santo Tomás de Aquino, el término *pereza* sustituyó a *tristitia*, pero seguía describiéndose en términos de «tristeza por el bien espiritual».

Con el paso de los siglos, la definición de pereza fue perdiendo sus connotaciones eclesiásticas. Más que la pereza espiritual, la tentación antisocial que la sociedad moderna tiende a desaprobar es la de eludir los deberes laborales, familiares o comunitarios. Y como la vida del siglo XXI nos tiene acorralados por todas partes con dispositivos y servicios que ahorran trabajo, las oportunidades para la pereza abundan como nunca antes. Atrás quedaron los días en que teníamos que rozarnos los nudillos con la tabla de lavar, tender la colada y volver a meterla en la lavadora unas horas más tarde. La lavadora/secadora moderna está ahora al alcance de cualquiera que quiera eliminar todas esas molestias y a precios que la mayoría de la gente puede permitirse. Los viajes largos pueden hacerse ahora en pocas horas en avión, en lugar de las semanas o meses que se tardaba antes a pie o en barco. Los vehículos automatizados recorren ahora con elegancia fábricas y almacenes, desplazando al gimnasio gran parte de la musculatura moderna, degradada de cumplir una función vital a mera estética. Los robots de una u otra forma son cada vez más visibles no solo fuera de casa, sino también dentro. La gente ha pasado de sentirse incapaz de reunir la energía necesaria para lavar y secar los platos a ser reacia a levantarse de su perezoso trasero para apilar el lavavajillas. Antes de que nos demos cuenta, robots aspiradores como Roomba de iRobot y 360 Eye de Dyson se habrán hecho cargo de las tareas de limpieza en la mayoría de los hogares. Para algunos, todas estas comodidades liberan más tiempo para navegar ociosamente por Internet o mirar la televisión, mientras que para otros son un auténtico salvavidas, ya que permiten a las personas con poco tiempo cumplir con una lista de tareas abrumadoramente apretada. Ahora que estas maravillas de la conservación de energía han progresado desde el restaurante de comida rápida *drive-thru* hasta la entrega de comida a domicilio con solo pulsar una aplicación de *smartphone*, solo queda un pequeño paso para pasear a un perro por la ventanilla abierta de un coche en marcha. Peor aún, hemos llegado a un punto en el que nuestra obsesión por todos y cada uno de los dispositivos y servicios que ahorran trabajo nos está matando.

«La falta de ejercicio es tan mortal como fumar», gritaban los titulares en el verano de 2012. Un influyente estudio acababa de publicarse en *The Lancet* —una de las revistas médicas más antiguas y conocidas del mundo— indicando que la pereza está causando millones de muertes evitables en todo el mundo cada año. En pocas palabras, si no hacemos ejercicio con regularidad, nuestra salud se deteriora rápidamente. Según este estudio, el Reino Unido ostenta el ignominioso título de tercer país más perezoso de Europa, según la proporción de población que no hace suficiente ejercicio. Con un vergonzoso 63,3 % de adultos británicos que no realizan los veinte minutos diarios de ejercicio moderado recomendados, solo Malta y Serbia tienen una proporción mayor de adultos que simplemente no se molestan en dar un paseo diario a paso ligero.

En el fondo, todos sabemos que debemos hacer ejercicio. Por supuesto que sí. Se sabe que mejora la salud y la esperanza de vida desde el 4000 a. C. en Asia Oriental y desde al menos el 300 a. C. en Europa Occidental. Sin embargo, seguimos sin reunir la energía necesaria. Un estudio publicado en 2015 realizó un seguimiento de más de 300 000 europeos durante un período medio de doce años, midiendo diversas opciones de estilo de vida. Llegó a la conclusión de que la principal causa de muerte era la inactividad. Para ponerlo en perspectiva, esta cifra duplica el número de personas que mueren cada año a causa de la obesidad, por lo que, en términos de la amenaza que los siete pecados capitales suponen para la humanidad, la pereza es oficialmente más letal que la gula. Las principales enfermedades no transmisibles que provocan una muerte prematura como consecuencia de la pereza son las cardiopatías coronarias (obstrucción de los vasos sanguíneos que irrigan el músculo cardíaco, hambriento de energía), la diabetes de tipo 2 y el cáncer de colon y de mama. El mensaje que debemos llevarnos a casa es que todas estas enfermedades aumentan considerablemente con un estilo de vida inactivo tanto si se es obeso como si no.

Bases cerebrales de la apatía

Recordará del capítulo anterior (capítulo IV, p. 119) que cuando se administraron fármacos dopaminérgicos a enfermos de párkinson para mejorar su capacidad de realizar movimientos fluidos y suaves, algunos de ellos desarrollaron efectos secundarios. Como los niveles de dopamina aumentaban en todo el cerebro, no solo afectaban a las vías que desencadenan el movimiento, sino también a otras vías no diana, aumentando accidentalmente la motivación de los pacientes para mantener relaciones sexuales y convirtiendo a una minoría en parásitos sexuales. Estos tratamientos para el párkinson que potencian la dopamina también pueden inducir otros efectos secundarios. En algunas personas, en lugar de repercutir en sus impulsos sexuales, producen otras poderosas compulsiones. Algunos apuestan todos los días; otros se van de compras, a menudo acumulando enormes deudas en el proceso. En conjunto, estos efectos secundarios sugieren claramente que el aumento de los niveles de dopamina en todo el cerebro tiene el potencial de aumentar drásticamente los niveles de motivación de las personas.

Por otra parte, los daños en el cuerpo estriado —el principal objetivo de la dopamina en el cerebro— suelen traducirse en una enorme reducción de los niveles de motivación. La palabra estriado deriva del latín, y es que este importantísimo trozo de carne del cerebro se ve estriado a simple vista en la autopsia. Si cortamos el cerebro en un plano horizontal, más o menos a la altura del puente de la nariz, justo antes de que el cuchillo llegue al centro del cerebro, atravesará el cuerpo estriado, situado justo debajo del cuerpo calloso y a ambos lados del tálamo (véase la figura 6).[33]

Ya se ha descrito la implicación del cuerpo estriado en el refuerzo de conductas importantes, como las relacionadas con la búsqueda y el consumo de alimentos (véase el capítulo III, p. 80) o la búsqueda y participación en las relaciones sexuales (véase el capítulo IV, p. 119). El cuerpo estriado también es vital para iniciar movimientos y otros muchos comportamientos. Cuando se interrumpe el riego sanguíneo a determinadas partes del cuerpo estriado, es decir, cuando la persona sufre un ictus, el daño causado puede provocar apatía, es decir, falta de motivación. Formalmente, la apatía se describe como una «reducción cuantitativa de la conducta voluntaria y orientada a objetivos» y puede ser inducida por accidentes cerebrovasculares por diferentes razones, según la parte exacta del cuerpo estriado que haya resultado dañada.

---

[33] El tálamo es la caja de conexiones situada en el centro a través de la cual los muchos millones de neuronas que residen en la arrugada superficie externa del cerebro —la corteza— comparten información entre sí y se coordinan con el cuerpo a través de la médula espinal.

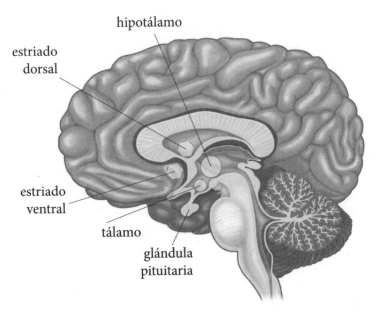

hipotálamo

estriado
dorsal

estriado
ventral

tálamo

glándula
pituitaria

Figura 6. Esta ilustración muestra la ubicación del tálamo, el hipotálamo y la hipófisis en una vista medial del cerebro humano. Las posiciones relativas del estriado ventral y dorsal se indican con círculos discontinuos. Los lados izquierdo y derecho del cuerpo estriado se extienden alrededor del tálamo. Esto significa que el cuerpo estriado ventral y dorsal están situados a mayor profundidad que el plano de esta imagen, que se ha utilizado aquí para mantener la coherencia con las demás figuras.

El cuerpo estriado suele dividirse en dos mitades. Como sabemos, el cuerpo estriado ventral (inferior) está densamente interconectado con el córtex orbitofrontal medial (COFm) para formar un conducto primario de la vía de recompensa. Los accidentes cerebrovasculares que dañan esta porción inferior del cuerpo estriado o el córtex orbitofrontal medial interfieren con la motivación al destruir la capacidad de la persona para evaluar cuál es la mejor opción dadas las condiciones imperantes, haciendo casi imposible elegir un curso de acción sobre otro.

La parte dorsal (superior) del cuerpo estriado está estrechamente interconectada con el córtex prefrontal dorsolateral (véase la figura 7). Si alguna de estas zonas resulta dañada por un ictus, también se produce apatía, pero por motivos ligeramente distintos. En este caso, la persona no tiene problemas para decidir cuál es la mejor opción, pero no puede tomar una decisión porque la lesión de estos circuitos cerebrales anula la capacidad de planificar una secuencia adecuada de acciones para alcanzar ese objetivo.

Los daños en el primer conjunto de regiones cerebrales provocan déficits emocionales y afectivos: la persona afectada carece de un fuerte impulso para hacer una cosa en lugar de otra. Cuando se dañan las segundas, los déficits cognitivos resultantes hacen que la persona sea incapaz de averiguar cómo llevar a cabo la acción deseada. En ambos casos, la motivación se detiene. Para ilustrar las diferencias, veremos un ejemplo cotidiano del funcionamiento de estas vías, pero antes debemos profundizar un poco más en los rasgos característicos de los circuitos.

El cuerpo estriado no es más que el titiritero que mueve los hilos de un grupo de estructuras cerebrales profundas interconectadas que forman el resto de los ganglios basales. Las minuciosas investigaciones sobre los complejos diagramas de circuitos de esta red revelan que la clave para entender cómo funciona la motivación gira en torno al concepto de *desinhibición*. La desinhibición es similar a la idea de soltar el freno de mano de un coche aparcado en una colina. La acción de soltar el freno de mano implica quitar (des-) los frenos (-inhibición) que impedían que las ruedas se movieran. Una vez que se suelta el freno de mano, solo entonces el coche puede empezar a rodar.

Las redes cerebrales de los ganglios basales utilizan circuitos de desinhibición entrelazados para poner en marcha procesos neuronales. Cada cadena de neuronas tiene un efecto inhibidor sobre la siguiente. Una vez superado cierto umbral en un punto crítico de la cadena, se elimina la inhibición, creando un efecto dominó a través del resto del circuito para permitir que la orden ejerza su influencia. La dopamina desempeña un papel crucial en el control de las interacciones entre las neuronas de este sistema.

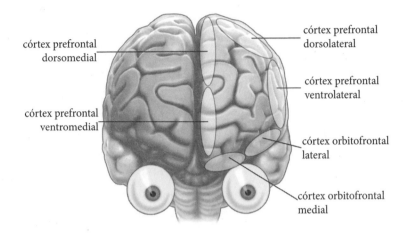

córtex prefrontal dorsomedial

córtex prefrontal ventromedial

córtex prefrontal dorsolateral

córtex prefrontal ventrolateral

córtex orbitofrontal lateral

córtex orbitofrontal medial

Figura 7. Esta ilustración muestra los diferentes segmentos del córtex prefrontal que se sitúan directamente detrás de la frente: el estriado ventral está densamente conectado con el córtex orbitofrontal medial y el estriado dorsal con el córtex prefrontal dorsolateral, respectivamente.

Dado que los ganglios basales son, de hecho, un elaborado sistema de frenos entrelazados, puede ser útil imaginar que están constantemente a punto de desencadenar todo tipo de acciones que podrían ser relevantes para lo que estás haciendo en un momento dado. En una persona muy motivada, las distintas vías de esta red compiten constantemente entre sí para tener la oportunidad de soltar los frenos (desinhibición) en puntos estratégicos del circuito de la red para iniciar una determinada secuencia de acciones. En una persona desmotivada, que carece del impulso necesario para hacer las cosas, este sistema cerebral puede estar crónicamente hipoactivo.

EN DEFENSA DE LA PEREZA

Samuel Johnson, autor del primer diccionario de inglés más famoso del mundo, bromeaba diciendo que «la etapa más feliz de la vida de un hombre es la que pasa despierto en la cama por la mañana». En el contexto de una vida ocupada y productiva, esto puede ser no solo placentero, sino perfectamente saludable. Un poco de pereza aquí y allá es un derecho al que todos deberíamos sentirnos autorizados. Es totalmente pragmático permitirse periódicamente un respiro del vertiginoso ritmo de la vida moderna. Los que no lo hacen tienden a agotarse y su cuerpo no tiene más remedio que desconectarse por completo para hacer las reparaciones necesarias.

Una de las muchas funciones del cortisol es suprimir el sistema inmunitario hasta que se haya eliminado la causa del estrés. La lucha contra los agentes patógenos es una empresa energéticamente costosa. Si nuestro cuerpo desviara energía hacia el sistema inmunitario cada vez que detecta un agente patógeno invasor, nunca conseguiríamos nada. Por otro lado, si vamos de un lado para otro constantemente, posponiendo siempre el descanso, los picos de cortisol desencadenados perpetuamente a lo largo de todos y cada uno de los días conducen a niveles de estrés que nunca disminuyen lo suficiente como para permitir que los patógenos invasores se mantengan a raya. Al final, nuestro sistema inmunitario se verá obligado a tomar cartas en el asunto, desencadenando un comportamiento enfermizo en toda regla para forzar la situación, lo que nos hará sentir débiles, patéticos y totalmente incapaces de trabajar. Algunas personas solo descansan si se sienten completamente agotadas, y el sistema inmunitario es perfectamente capaz de crear activamente estas sensaciones si es absolutamente necesario. Un enfoque mucho más saludable es parar antes de llegar a esta fase.

Cancelar compromisos sociales en el último minuto para no hacer absolutamente nada es a veces lo mejor que podemos hacer cuando estamos agotados. A veces, cuando cometemos este atroz delito social, es porque intuimos que nos estamos enfermando. Instintivamente, sabemos que nuestro cuerpo tendrá más posibilidades de combatir el malestar más rápidamente si nos vamos directamente a la cama. Esto ahorra energía que, de otro modo, se malgastaría en asuntos menos importantes y, en cambio, sería mejor invertirla en combatir al bicho antes de que nos abrume. Los reincidentes pueden tener mala fama por ser antisociales, pero no pasa nada si de vez en cuando se dejan llevar por la pereza. La pereza a veces es sensata.

Este no es el único beneficio que puede ofrecer un poco de ociosidad de vez en cuando. Hay pruebas fehacientes, por ejemplo, que apoyan la tradición —en otro tiempo muy popular en todo el Mediterráneo— de que una breve siesta por la tarde no solo es enormemente reparadora, sino que incluso puede potenciar la resolución creativa de problemas.

Nuestra debilidad por la pereza empieza a explotarse incluso en el mundo laboral moderno. La promesa de futuras oportunidades para hacer el vago a cambio de un esfuerzo extra en el presente puede ser muy motivadora. Cada vez son más populares los «días almohada», en los que una persona llama al trabajo para informar a su jefe de que llegará tarde, normalmente para dormir un poco más. ¿Qué mejor manera de recompensar a los empleados por hacer un esfuerzo extra cuando una empresa con fondos limitados necesita que todos se pongan manos a la obra? Del mismo modo, ofrecer a los empleados un día más de vacaciones anuales puede ser suficiente para animarlos a hacer horas extras cuando la empresa realmente las necesita. En la actualidad, muchas empresas permiten al personal devolver una parte de su salario a cambio de días adicionales de vacaciones anuales, y un número sorprendentemente elevado de empleados está dispuesto a aceptar una reducción de sus ingresos anuales a cambio de más tiempo libre.

Así que, como con todos los pecados capitales, un poco de pereza puede ser bueno. Incluso puede ser virtuoso cuando la promesa de pereza futura nos incentiva a trabajar más duro ahora mismo. En circunstancias en las que nos hemos esforzado en exceso durante largos períodos de tiempo, tomarse un merecido descanso permite a los cuerpos y cerebros cansados recuperarse. Esto puede ayudarnos a evitar la falsa economía de esforzarnos constantemente al máximo, aunque a la larga resulte contraproducente. Y menos mal, porque se calcula que una de sus manifestaciones —la falta de sueño— cuesta a las empresas británicas 40 000 millones de libras al año en pérdida de productividad.

ALGUNAS PERSONAS NO HACEN NADA

No todo el mundo está tan motivado. Hay mucha gente en el mundo que parece perpetuamente inactiva, pero no todos merecen las atenciones de Belphegor en la otra vida. A la hora de buscar practicantes de la pereza, hay que tener en cuenta varios factores.

Por ejemplo, los parados. Sin trabajo, es mucho menos probable que contribuyan de forma significativa a su comunidad, a menos que opten por la loable opción del voluntariado. Sin ingresos, los desempleados disponen de pocos fondos para gastar en actividades que les permitan salir y participar positivamente en la comunidad. El estereotipo de desempleado de larga duración dedica cada vez menos tiempo a buscar trabajo y se centra cada vez más en encontrar formas baratas de matar el tiempo y el aburrimiento. Las formas más rentables de hacerlo en esta época son ver la televisión, jugar a videojuegos, navegar por Internet y quedarse mirando el mundo pasar. Se parece mucho a la pereza y por eso mucha gente ve el desempleo de larga duración como un signo de una mala ética del trabajo, una preferencia por no hacer nada frente al esfuerzo concertado que supone levantarse e ir a trabajar. Rara vez es así.

Un estudio realizado en 2013 midió el impacto del tiempo que una persona lleva en paro en la tasa de llamadas, es decir, si una persona que ha solicitado un empleo es llamada para una entrevista. Parece que, al menos en Estados Unidos, una vez que el currículum de una persona muestra que ha estado sin trabajo durante seis meses o más, muy rara vez se ponen en contacto con ella para entrevistarla, independientemente de su nivel de experiencia y conjunto de habilidades. El tiempo prolongado fuera del lugar de trabajo parece crear la percepción de que los empleados potenciales están de alguna manera fuera del circuito, lo que les impide conseguir el trabajo que les permitiría volver al circuito —un desafortunado círculo vicioso.

Una investigación realizada en la Universidad de Stirling ha demostrado que el desempleo de larga duración puede tener un impacto negativo en un rasgo de la personalidad muy importante para ser un miembro productivo de la sociedad. El modelo de los cinco factores, un cuestionario de personalidad, fue cumplimentado por 6769 adultos alemanes en dos ocasiones, con algunos años de diferencia. Durante este tiempo, la situación laboral de varios de los participantes cambió por casualidad. Cuando se analizó el impacto del desempleo en estas medidas de la personalidad, se descubrió que la «concienciación» entre los hombres de la muestra había disminuido de forma proporcional al número de años pasados sin trabajo. En el caso de las mujeres, los resultados fueron un poco más complicados: se produjo una disminución de la conciencia en los años dos y tres de desempleo, pero por alguna razón se recuperó después de cuatro años.

Las personas que tienen que levantarse e ir a trabajar todos los días tienen más probabilidades de tener el hábito de cumplir concienzudamente con sus obligaciones. Los que no tienen a nadie que les asigne tareas de forma activa probablemente no tengan la rutina de tachar una lista de cosas por hacer cada día. A menos que se autoimpongan una rutina durante los períodos de desempleo para mantener su disciplina, es evidente que los niveles de conciencia pueden disminuir. Cuando las personas se encuentran en paro y, por tanto, son libres de levantarse de la cama a la hora que deseen, la mayoría tenderá a quedarse más tiempo que los que tienen una hora concreta para empezar. Es fácil ver cómo esto podría ir aumentando gradualmente, con personas que se levantan cada vez más tarde durante el día, lo que conduce a hábitos cada vez más perezosos.

Los circuitos cerebrales que se utilizan de forma regular e intensiva durante largos períodos de tiempo se fortalecen y refuerzan; este es el proceso de neuroplasticidad descrito en el capítulo I (véase la p. 9). Los circuitos cerebrales que se utilizan con poca frecuencia, o no de forma especialmente intensa, se deterioran relativamente. ¿Podría ser este el destino del cuerpo estriado en los parados de larga duración? Aplicando los principios de la neuroplasticidad al cuerpo estriado, es posible que estos mismos circuitos cerebrales de la motivación sean menos capaces de generar actividad en personas que no han tenido que utilizarlos de forma regular e intensiva para realizar su trabajo. Nunca se han realizado estudios que comparen la estructura y función del cuerpo estriado en los mismos cerebros tras largos períodos de empleo y desempleo. Pero parece factible.

En Estados Unidos, la Oficina Ejecutiva de la Casa Blanca publicó en 2016 unas cifras desalentadoras sobre el impacto a largo plazo del desempleo. Estas cifras demuestran que el número de hombres en edad de trabajar que no tienen trabajo y que no han trabajado ni un solo día durante todo el año anterior ha aumentado de forma constante desde 1988 hasta la actualidad. Esto puede reflejar una forma de indefensión aprendida conocida como efecto del trabajador desanimado. En esencia, describe un fenómeno por el que, cuanto más tiempo pasa una persona en paro, más probable es que llegue a la conclusión de que los esfuerzos por encontrar trabajo suelen resultar una pérdida de tiempo.

La inactividad de los sintecho también podría confundirse fácilmente con la pereza. Pasas por delante de la misma persona, día tras día, y está sentada en el mismo adoquín, pidiendo limosna. ¿Qué piensas de ellos? ¿Son vagos? ¿O supones que probablemente se lanzarían a trabajar si pudieran salir del círculo de la pobreza? Lo más probable es que no pienses mucho en ello. Esta es la conclusión de un estudio realizado por la psicóloga social Susan Fiske, de la Universidad de Princeton. Resulta que probablemente tu cerebro ni siquiera registra a una persona sin hogar como ser humano. Su trabajo demuestra claramente que una parte específica del córtex prefrontal medial, que normalmente se activa cuando vemos a un ser humano, pero no cuando miramos a otros animales u objetos inanimados, no se activa cuando vemos el aspecto desaliñado de un vagabundo. No se sabe exactamente por qué. Puede que tenga algo que ver con el deseo de no implicarnos de lleno en la naturaleza desgarradora de su situación, es decir, una forma de evitarnos sentir el dolor social del sufrimiento de otra persona. Nadie lo sabe a ciencia cierta. La buena noticia es que, cuando las mismas personas cuyos cerebros no respondían a las fotos de personas sin hogar como si fueran realmente seres humanos pasaron un fin de semana como voluntarios para ayudar a estas personas en un comedor social, sus cerebros cambiaron casi de la noche a la mañana. Cuando se les volvió a examinar a la semana siguiente, los circuitos de empatía volvieron a activarse al ver fotos de personas sin hogar. Esto sugiere que el simple hecho de interactuar con los sintecho, recordándonos nuestra humanidad común, puede invertir la deshumanización inherente a la forma en que la mayoría de la gente considera a estas personas.

La realidad es que las personas sin hogar no eligen libremente vivir en la calle. Invariablemente se ven obligadas a dormir a la intemperie por circunstancias ajenas a su voluntad y por falta de alternativas. Pueden haber huido de malos tratos, problemas familiares o deudas aplastantes; una vida de incertidumbre perpetua es a veces, para muchas almas desafortunadas, una perspectiva mejor que la certeza del sufrimiento. Y entre el 25 % y el 30 % de las personas sin hogar padecen una enfermedad mental grave, en cuyo caso no son simples vagos, sino que no reciben la ayuda que tanto necesitan.

FALSAS ALARMAS

Si una persona está en coma, difícilmente se la puede acusar de pereza; huelga decir que una persona debe estar plenamente consciente para que se la pueda considerar moralmente responsable de su inacción. Del mismo modo, si partes del cuerpo estriado —el epicentro mismo de la capacidad proactiva de una persona— quedan inutilizadas por un derrame cerebral o un golpe en la cabeza, es evidente que su apatía tampoco refleja una pereza inherente. La cuestión es que solo la inactividad libremente elegida puede atribuirse razonablemente a la pereza. Si no se elige libremente, no es pereza.

Según esta lógica, cuando alguien se encuentra sin trabajo o sin un lugar donde vivir durante largos períodos de tiempo, su ociosidad suele reflejar una falta de oportunidades. Esto no puede atribuirse razonablemente a la pereza. Aunque los largos períodos de inactividad y la falta de oportunidades acaben provocando malos hábitos, siempre que el período de inactividad original haya sido forzado en lugar de elegido libremente, las acusaciones de pereza serían bastante injustas.

Desde un punto de vista puramente neurobiológico, la apatía implica problemas con la capacidad del cuerpo estriado para soltar el freno de mano de los circuitos de los ganglios basales que permiten a una persona ponerse en acción. Como hemos visto, diversas circunstancias de la vida pueden hacer que a algunas personas les resulte más difícil que a otras quitar el freno de mano de los ganglios basales y ponerse en movimiento. Estas circunstancias pueden ir desde daños cerebrales hasta trastornos que reducen los niveles de dopamina. Por ejemplo, una persona puede consumir drogas recreativas con tanta frecuencia que el cuerpo estriado se reorganiza estructuralmente para hacer de la adquisición y el consumo de esa droga su principal motivación, por encima de cualquier otra cosa.

Las personas luchan por motivarse para realizar un trabajo útil y significativo por muchas razones, pero el área cerebral que siempre parece estar implicada es el cuerpo estriado, por lo que puede resultar el mejor objetivo para las intervenciones terapéuticas (véase el capítulo IX, p. 283).

VIVIDORES

Con tantas falsas alarmas, quizá empieces a preguntarte a quién se puede acusar de pereza. Como siempre, buscamos algo que tenga un impacto antisocial que aleje a las personas o impida que se acerquen. En el caso de la pereza, la oportunidad de hacer algo productivo debe haberse eludido voluntariamente, en circunstancias en las que no tomar acción fue una elección libremente tomada. Si eres devotamente religioso, la pereza puede consistir en quedarte en la cama en lugar de ir a tu lugar de culto. Si eres adolescente, puede consistir en evitar los deberes hasta el último momento, o decir que harás las tareas domésticas sabiendo perfectamente que no tienes intención de hacerlas. En el deporte, sería el buscador de gloria que se muestra entusiasmado cuando tiene la oportunidad de marcar, pero que pierde completamente el interés en cuanto pierde la posesión y tiene que volver corriendo al campo para defender. En el trabajo, si un miembro del equipo no se toma la molestia de hacer su parte, los esfuerzos de todos los demás pueden ser en vano, o bien los demás tendrán que asumir la responsabilidad para evitar acabar con un cliente insatisfecho.

Las sanciones sociales por incumplir los deberes pueden ser duras, desde que te echen del equipo hasta que te echen de casa o incluso pierdas tu trabajo. Otras personas del grupo que se vean afectadas negativamente por tu pereza acabarán manifestando su descontento, dejándote en el banquillo, negándose a renovarte el contrato o asegurándose de que seas el primero en ser despedido cuando se avecine la próxima ronda de despidos. Puede que no sea la forma más destructiva de comportamiento antisocial, pero la pereza es una forma segura de caer en desgracia con el *InGroup* y quedarte al margen.

Siempre habrá gente que intente jugar con el sistema y, por supuesto, todos tomamos atajos de vez en cuando. A veces, el pragmatismo exige hacer el mejor trabajo posible con el tiempo y los recursos disponibles. Pero hay gente que parece absolutamente decidida a esforzarse lo menos posible, como algo natural. No se trata tanto de una tendencia como de una forma de vida. Ya se trate de trabajar con alguien que siempre hace lo mínimo en cualquier proyecto; de convivir con alguien que no tiene ningún interés en limpiar lo que ensucia y deja los platos sucios amontonados en el fregadero, o de lidiar con un vecino cuyo jardín es una maraña de maleza y basura que te molesta cada vez que pasas por delante… ¿por qué genera tanta furia?

Los perezosos crónicos rompen una verdad sagrada pero tácita: los lazos sociales se refuerzan cuando todo el mundo pone de su parte en una empresa común. Por otro lado, estos lazos se rompen cuando alguien incumple sistemáticamente su parte del trabajo. Ofende a nuestro sentido de la justicia que otras personas no parezcan darse cuenta, o no les importe, la frustración que causan a los demás cuando no ponen de su parte. A menudo nos indignamos y nos escandalizamos por el comportamiento de los holgazanes, quejándonos de ello a quien quiera escucharnos. No se trata solo de desahogarse. También sirve para comprobar nuestra cordura. Si los demás están de acuerdo con nuestro sentimiento, nos sentimos con derecho a estar enfadados y es más probable que nos hagamos valer. Pero, por otra parte, el tercero puede ofrecernos información que aporte una perspectiva diferente. Si descubrimos que la persona que nos causa tanto disgusto padece algún tipo de enfermedad mental, que no solo es vaga sino que está neurológicamente incapacitada, esto puede ayudar a calmar nuestra ira. Si la persona que vive al lado es una de cada mil personas que padece esquizofrenia, quizá podamos replantearnos la situación. En lugar de culpar a la pereza, podríamos darnos cuenta de que la razón por la que su jardín se encuentra en un estado tan lamentable no es porque descuide sus deberes sociales por elección propia, sino porque sus niveles de motivación han sido suprimidos por los mismos fármacos que ayudan a suprimir sus delirios.[34] En última instancia, puede que llegues a la conclusión de que, en lugar de quejarte de lo mal vecino que es a cualquiera que te escuche, lo más constructivo sería echarle una mano. Mejor aún, ofrecerle los servicios de jardinería de su perezoso adolescente…

Cuando no hay circunstancias atenuantes que impidan a alguien elegir libremente y perseguir objetivos constructivos, entonces es perfectamente razonable sentirse agraviado por su apatía. En ese momento puede considerarse razonablemente afín al pecado de la pereza. Si estamos totalmente convencidos de que la pereza se elige libremente, puede ser el momento de recurrir a las sanciones sociales. Aquellos que no hagan su parte del trabajo se encontrarán con chismes y malas palabras a sus espaldas. Puede parecer mezquino, pero difundir la noticia de que una determinada persona tiene tendencia a eludir sus obligaciones podría considerarse incluso un deber moral; podría ayudar a otros a evitar tener que descubrirlo por las malas.

ABSORBIDOS POR LAS PANTALLAS

Hay una tribu humana muy moderna cuya pereza sin paliativos pasa a menudo desapercibida. Los peores infractores rara vez son vistos en público, por lo que el aborrecimiento que sienten al contemplar el cumplimiento de sus deberes perma-

---

[34] Los síntomas «negativos» que minan la motivación de una persona esquizofrénica forman parte de la enfermedad de todos modos, pero se sospecha que los fármacos bloqueadores de la dopamina que reducen los delirios y las alucinaciones pueden empeorar la apatía.

nece en gran medida oculto a la vista de todos, excepto de aquellos que viven con ellos. Si te cruzas con uno de ellos, es probable que lo encuentres sentado, inmóvil y paralizado. Puede que su prolífica pereza quede astutamente oculta tras una fachada de intensa concentración, pero no te dejes engañar.

Cuando llegue el Día del Juicio Final, estos individuos pueden verse acosados y engatusados para participar en el maratón eterno por Belphegor, el mismísimo profesor infernal de Educación Física. Estas personas eligen libremente pasar cantidades desproporcionadas de su corto tiempo en la Tierra en una feroz persecución de objetivos puramente ilusorios. Metas que, una vez cumplidas, no consiguen nada de valor para ellos mismos, ni para la sociedad de la que forman parte. A los que consiguen mantener un empleo se les puede encontrar escondidos a la vista de todos, entrecerrando los ojos en sus pantallas en autobuses, aviones y trenes a lo largo y ancho del planeta.

Estos son los esclavos de la tecnología: los *Candy Crushers*, los fanáticos de Facebook, los *Insta-idlers*, los siervos de Snapchat y los *twiddlers* de Twitter que pasan cada minuto libre absorbidos por sus pantallas. Estos son los adultos que pasan todo su tiempo libre en batallas virtuales con ogros, enanos, robots y piratas espaciales, conectados a uno de los muchos juegos multijugador masivos en línea. Este clan también incluye a los padres que sacrifican preciosas horas de sueño, después de que los niños se hayan ido por fin a la cama, quemándose las pestañas jugando al bingo en línea, haciendo girar ruletas virtuales y participando en torneos de póquer desde la comodidad de sus salones. Todas estas distracciones digitales desplazan miles de horas de un tiempo valioso que, de otro modo, podría haberse dedicado a hacer algo útil.

Steam, una enorme empresa de juegos en línea, registra el número de horas que sus usuarios pasan jugando a sus juegos. Los diez primeros de este «muro de la vergüenza» han acumulado más de 50 000 horas de juego, con medias anuales superiores a las 5000 horas. Si tenemos en cuenta que, aunque jugáramos ocho horas al día, 365 días al año, no llegaríamos ni a las 3000 horas, está claro que hay gente que juega a videojuegos a expensas de cualquier otra actividad. Del mismo modo que quienes consumen pornografía en Internet de forma excesiva reconfiguran su cuerpo estriado de tal manera que la motivación se inclina hacia la búsqueda de lo erótico por encima de cualquier otra cosa, lo mismo puede ocurrir con quienes dedican tantas horas al año a los videojuegos. Si se recopilaran gráficos similares al «muro de la vergüenza» de Steam para señalar con el dedo a las personas que derrochan voluntariamente miles de horas al año navegando compulsivamente por páginas porno, vídeos de gatitos en YouTube o su red social favorita, podríamos descubrir que la pereza no es solo uno de los pecados capitales de nuestra era, sino también el más prevalente.

No todos los que utilizan estas aplicaciones, casinos en línea y juegos de ordenador espectacularmente absorbentes, son culpables del pecado de pereza. En el contexto de una vida productiva, si una persona quiere pasar parte de su tiempo libre pegada a su teléfonos inteligentes, tabletas y monitores de ordenador, es cosa suya. Cada vez hay más pruebas de que jugar a juegos de disparos en primera persona puede mejorar todo tipo de capacidades cognitivas. Pero siempre hay gente que se excede. Dado que estas creaciones digitales están diseñadas específicamente para fomentar el desarrollo de un compromiso compulsivo, solo los más disciplinados conseguirán controlar su uso. Desgraciadamente, muchos acaban perdiendo tanto tiempo libre en actividades digitales que, desde una perspectiva objetiva, podrían considerarse totalmente inútiles, lo que puede acabar teniendo un impacto neto negativo en su calidad de vida en general.

Los peores culpables de caer en la pereza en estos tiempos, a pesar de la ilusión de una industria tremenda, son los que pasan cada momento libre del día y de la noche jugueteando con sus pantallas. Estos hiperconsumidores de idolatría digital no suelen tener fallos preexistentes en sus circuitos estriatales, ni sus niveles de dopamina eran deficitarios cuando empezaron. Como la inmensa mayoría de estas personas eligen libremente malgastar servilmente su precioso tiempo libre mientras logran poco que valga la pena en el gran esquema de las cosas, ellos son realmente los hijos de Belphegor.

Aunque no hay nada malo en utilizar las herramientas digitales de entretenimiento con moderación, la mayoría de la gente no se para a pensar seriamente en las posibles repercusiones negativas de emplear tanto tiempo libre en estas actividades sedentarias. Puede que se deba simplemente a que estas tecnologías son tan jóvenes y aparecieron tan rápidamente en escena que no hemos tenido tiempo de valorar la situación ni de ajustar nuestros comportamientos para evitar las consecuencias negativas. Es muy posible que la próxima generación logre un mejor equilibrio. Pero, como la ciencia y la sociedad todavía están tratando de averiguar dónde acaban los beneficios y dónde empiezan las desventajas, mientras tanto somos la generación experimental, los involuntarios conejillos de indias de un gran estudio global de proporciones gigantescas.

Los diseñadores de juegos de ordenador deben compartir parte de la culpa. Podría decirse que entienden la dinámica de la vía de recompensa humana (aunque implícitamente) mejor que cualquier científico que estudie el cuerpo estriado. Disponen de más datos que cualquier colaboración internacional entre laboratorios científicos y tienen incentivos económicos para enganchar al mayor número posible de personas a sus productos. Ninguna entidad del planeta sabe mejor que la industria del juego cómo crear una experiencia no relacionada con las drogas que sea tan placentera que la gente vuelva una y otra vez, a diario, y a menudo le dé prioridad sobre cualquier otra actividad. Tal vez pienses que esta perorata es exagerada, que el juego es inofensivo, pero lo cierto es que ya ha provocado muertes. Si Estados Unidos es el canario en la mina de carbón del narcisismo y la obesidad, que advierte al resto del mundo de lo que está por venir, en lo que respecta al exceso de compromiso con la tecnología, Asia Oriental es la bola de cristal que nos avisa de lo que nos depara el futuro.

En 2005, una pareja de Corea del Sur mató accidentalmente de hambre a su hijo de tres meses porque, en un horrible giro de la ironía, estaban completamente absortos en un juego que consistía en cuidar de un bebé virtual. En 2007, un tal Zhang murió en China tras jugar durante cincuenta horas seguidas a *World of Warcraft*, un videojuego multijugador masivo que permite a distintos jugadores de todo el mundo colaborar entre sí en equipos de combate. El 4 de febrero de 2012, el *Taipei Times* publicó un artículo sobre un hombre de veintitrés años que fue encontrado muerto en un cibercafé después de jugar durante diez horas seguidas justo después de un largo turno de trabajo. El artículo expresaba sorpresa no por el hecho de que alguien pudiera jugar hasta morir —en 2012, un caso así no era inusual para los estándares de Asia Oriental—, sino por el hecho de que ninguno de los otros clientes se diera cuenta de que estaba sentado junto a un cadáver hasta que se puso azul y rígido por el rigor mortis.

Enormes cantidades de tiempo y energía que podrían haberse utilizado para hacer algo significativo y útil se malgastan en actividades que no consiguen absolutamente nada. Algunas personas pueden ser adictas al juego ahora,[35] pero nadie empieza así. Antes de que se produzcan los cambios cerebrales que provocan las adicciones, durante el período en el que las personas ceden voluntariamente al impulso de darse un capricho

---

[35] Según el documental *Web Junkies* de BBC4 Storyville, solo en China hay más de 400 centros de adicción a Internet.

porque les produce un gran placer, son culpables del pecado de pereza. Una vez que una persona dedica suficientes horas a su pasión —como el glotón que se convierte en obeso mórbido, o el aficionado al erotismo que satisface tanto su lujuria que llega a la fase de adicción total al porno en Internet— la cosa se vuelve menos clara. El cuerpo estriado cambia de marcha cuando el juego se vuelve compulsivo en lugar de impulsivo, por lo que es más difícil saber si una persona es culpable de un pecado mortal o simplemente otro adicto indefenso.

Algunos sectores de la sociedad pueden ser muy duros con la falta de motivación de los sintecho, los parados de larga duración o los enfermos mentales, pero ninguno de ellos ha elegido su destino libremente. Las acusaciones de pereza deberían reservarse para quienes eligen libremente malgastar todo su tiempo libre y su energía en distracciones frívolas.

Olvídate de la religión. La App Store contiene el opio de las masas. Y la futura heroína de las masas, la realidad virtual, pronto llegará a nuestros hogares. Esperemos haber aprendido la lección de la primera oleada de la revolución del silicio o de lo contrario todos podríamos vernos absorbidos por el agujero negro digital de Belphegor.

CAPÍTULO VI
CODICIA

> «Es más fácil que un camello pase
> por el ojo de una aguja que un rico
> entre en el reino de Dios».

> Marcos 10:25; Mateo 19:24

UNA PERSPECTIVA HISTÓRICA

El cristianismo, el islam y el budismo advierten de los peligros de la codicia. En el budismo se toma muy en serio. La codicia es uno de los tres venenos de la mente que, junto con la ira y la ignorancia, se consideran los principales obstáculos para la iluminación. El islam advierte contra «la ruina y la destrucción» que, en última instancia, resultarán de la búsqueda codiciosa de la riqueza. En el cristianismo, a pesar de que la cita del «ojo de la aguja» resulte familiar a la mayoría, san Pablo fue el que más sucintamente se pronunció en contra de la avaricia.

Nacido en Tarso, cerca de la costa mediterránea de la actual Turquía, Pablo empezó siendo un fabricante de tiendas llamado Saulo, ciudadano romano y judío devoto. Al principio no era partidario del culto a Jesús, pero, según sus cartas, sufrió una espectacular conversión en el camino de Damasco. Su fe en las enseñanzas de Jesús era tan profunda que se le atribuye la autoría de 13 de los 27 libros de la Biblia. San Pablo fue uno de los primeros escritores cristianos en señalar con el dedo acusador a aquellos cuyas vidas parecen girar en torno a la búsqueda de la riqueza. Se le atribuye la frase latina *Radix omnium malorum avaritia*, que se traduce como «La raíz *(radix)* de todos *(omnium)* los males *(malorum)* es la búsqueda de la riqueza *(avaritia)*». Como con la primera letra de cada palabra se compone la palabra ROMA, parece que esta idea se debe a su denuncia de la obsesión de la antigua Roma por la riqueza y la opulencia.

La palabra *avaricia* deriva del latín *avaritia*, que se traduce como «deseo desmedido de más». *Desmedido* es la palabra clave. El deseo de riqueza y posesiones materiales no es el problema en sí mismo. La codicia es un vicio con mayúsculas y combatirlo consiste en desterrar de la sociedad el deseo excesivo de riqueza. Cuando la adquisición de riqueza se convierte en el objetivo principal de la vida de una persona, puede inspirar una gran variedad de comportamientos antisociales. Así, mientras que san Gregorio Magno situaba la soberbia en primer plano como causa última de los siete pecados capitales, unos siglos antes san Pablo ya había sugerido que en realidad todos ellos procedían de la avaricia.

Los antiguos griegos, siempre por delante de los demás, tenían en su léxico algunas palabras fantásticas que captan a la perfección la esencia de la codicia. *Pleonexia* describe una «obsesión por adquirir más». *Philargyria* describe un «deseo excesivo de dinero». Partiendo de estas ideas, la concepción que san Pablo tiene del pecado de la avaricia puede describirse mejor como una combinación de ambos: una obsesión por adquirir más dinero, independientemente de cuánto se tenga ya.

Mammón es el príncipe del infierno que el obispo Peter Binsfeld asignó a la avaricia, y en el *Diccionario infernal*, de

Jacques Collin de Plancy, se le representa como un anciano marchito que agarra protectoramente bolsas de dinero en su regazo. Esto nos introduce en otro aspecto importante de la codicia: a menudo inspira tacañería. Otra gran obra de arte, el cuadro *Mammon*, de George Frederic Watts, muestra a un hombre enormemente gordo, con la corona sobre la cabeza y bolsas de dinero amontonadas en su regazo, empujando la cabeza de un adorador hacia abajo con una mano mientras pisa la cabeza de otro. Esto nos lleva a la idea de que, una vez que alguien posee una gran riqueza, suele utilizar el poder que conlleva para subordinar a los demás. Y como veremos a lo largo de este capítulo, la riqueza de una persona parece inclinar la balanza entre las influencias proyo y prosocial en la toma de decisiones financieras hacia el egoísmo.

Las últimas estadísticas sobre la distribución de la riqueza mundial indican que la codicia puede estar prosperando mejor que nunca en la historia de nuestra especie. Según un informe reciente de Credit Suisse, el 0,7 % de la población mundial es millonaria en dólares estadounidenses, lo que representa colectivamente el 45 % de la riqueza material total del mundo. También se ha dicho que el 1 % más rico de la población posee tanta riqueza como el 99 % restante. Y, como veremos, el 1 % realmente sobresale cuando se trata de mantener este desequilibrio año tras año.

Cuando se habla del impacto antisocial de la codicia, no se trata solo de que un pequeño número de personas acapare la riqueza que, de otro modo, podría repartirse de forma más equitativa, sino que se han esgrimido argumentos convincentes para sugerir que la codicia es la causa última de todo fraude, corrupción y robo. Las finanzas y el fraude han sido íntimos compañeros de cama desde que el ser humano inventó el dinero, y desde entonces hemos estado estafando, sobornando, defraudando, malversando, chantajeando y estafándonos unos a otros. Dicho esto, a pesar de las advertencias sobre la influencia antisocial que tiene la codicia en la sociedad, mucha gente parece encontrarla igualmente altamente aspiracional.

«La codicia, a falta de una palabra mejor, es buena»

Estas palabras, pronunciadas por el multimillonario ficticio Gordon Gekko durante un discurso a los accionistas en la película de Hollywood *Wall Street* (1987), no podían ir más en contra del concepto de la codicia como pecado. Este sentimiento caló tan hondo en el ambiente del boom bursátil de finales de los ochenta que su interpretación le valió a Michael Douglas el Óscar al mejor actor. El personaje que interpretó tan brillantemente era, por entonces, una figura familiar: el hombre de negocios hiperagresivo cuya única motivación en la vida es seguir aumentando su riqueza y poder sin importar cuánto haya acumulado hasta la fecha. Desde entonces, miles de personas han conseguido emular el ejemplo de Gordon Gekko en todo el mundo. En el exitoso libro de Donald Trump, *The Art of the Deal*, que vendió más de un millón de ejemplares cuando salió a la venta en 1987, afirma explícitamente: «La cuestión es que no se puede ser demasiado codicioso».

Gordon Gekko y Donald Trump no fueron los primeros en ensalzar la codicia como virtud. Mucho antes de que aparecieran en escena, ya se argumentaba que la codicia puede ser una fuerza positiva en determinadas circunstancias. De hecho, hace más de dos milenios, el general e historiador ateniense Tucídides (460-400 a. C.) admitió que, a pesar de todas las consecuencias negativas de la codicia individual que había observado a lo largo de su vida, también tenía un innegable papel positivo en cuanto a su capacidad para motivar a las personas. Desde entonces, son muchos los que afirman que la codicia es un ingrediente esencial de una economía próspera. El economista Adam Smith señaló: «No esperamos nuestra cena de la

166

benevolencia del carnicero, el cervecero o el panadero, sino de su propio interés».

En 1987 me gustaban más los dibujos animados que los libros de negocios o las películas de Hollywood, así que mi primer contacto con el concepto de codicia fue con el Tío Gilito, un personaje fundamental en los dibujos del pato Donald. Gilito es un hombre de negocios de éxito con una gran fortuna, pero completamente avaro cuando se trata de su enorme caja fuerte de monedas de oro y siempre dispuesto a aprovechar cualquier oportunidad para aumentar su riqueza. A pesar de su prosperidad, se niega rotundamente a compartir la riqueza con sus queridos sobrinos nietos Juanito, Jaimito y Jorgito, por mucho que intenten obligarle a financiar sus descabellados planes. Las historias de Donald también suelen incluir al Tío Gilito luchando con uñas y dientes para aumentar la rentabilidad de algún oscuro negocio, sin mostrar la menor preocupación por los daños colaterales que puedan sufrir los demás, sus comunidades o el medio ambiente local. Esto nos devuelve a la esencia del impacto antisocial del pecado de la codicia: si tomar demasiado significa privar a otros de su parte justa, o si realmente les causa daño, en lo que respecta a los avariciosos no hay diferencia; para ellos es como el agua sobre el lomo de un pato.

En el mundo del comercio, juzgar si las decisiones son diabólicas o perfectamente razonables es un asunto peliagudo. En la cúspide de la Lista Forbes de los más ricos se encuentra Bill Gates, con un patrimonio neto estimado en más de 75 000 millones de dólares. Es interesante preguntarse hasta qué punto la codicia fue un factor intrínseco que lo ayudó a alcanzar semejante riqueza personal. Fundó Microsoft en 1975 junto con Paul Allen, que ocupa el puesto 40 de la lista de ricos con solo 17 500 millones de dólares. Hay buenas razones para creer que estaban dispuestos a dejar a otros fuera del negocio intencionadamente para impulsar sus propios beneficios. La prueba de que querían acabar con la existencia de sus competidores proviene de una demanda judicial de 1998 en la que Microsoft fue llevada a los tribunales por Estados Unidos de América por acusaciones de estrategias empresariales específicamente diseñadas para «extinguir» a la competencia y «cortar el suministro de aire». En aquella época acababan de pasar de ser socios menores de empresas informáticas pioneras como MITS, Digital Research e IBM a convertirse en una de las corporaciones más poderosas y acaparadoras que el mundo haya visto jamás. Pero ¿se trataba de codicia o de juego limpio? Algunos verían este comportamiento como un ejemplo supremo y sostenido de codicia. Otros lo verían como la astuta estrategia de dos de los más grandes hombres de negocios que el mundo haya visto jamás. Como veremos, esta zona gris en la definición del umbral entre los aspectos virtuosos y viciosos de la codicia en el mundo financiero es particularmente perjudicial. Mientras que el caso de la conducta empresarial de Microsoft puede ser ligeramente ambiguo en cuanto a si los cofundadores hicieron bien o mal, el escándalo de Bernie Madoff es harina de otro costal.

Bernie Madoff se hizo tristemente famoso por estafar la friolera de 65 000 millones de dólares a sus inversores a lo largo de varias décadas. Pero ¿cómo consiguió salirse con la suya durante tanto tiempo? ¿Podría haber sido su carisma contagioso, la famosa bonhomía? Sin duda, tendría algo que ver con la exclusividad que cultivaba a la hora de seleccionar quién tenía y quién no la oportunidad de convertirse en miembro de su círculo íntimo. Madoff no aceptaba dinero de cualquiera. Era imposible formar parte del esquema a menos que encontraras la manera de que alguien ya involucrado en la inversión te lo presentara. Los aspirantes a inversores estaban entusiasmados por poder acceder por fin a este exclusivo club, lo que presumiblemente favoreció que bajaran la guardia.

Otro factor que hizo que Madoff pasara desapercibido fue que, a diferencia del Ponzi homónimo de la estafa original de 1920, no ofrecía un plan espectacular para hacerse rico rápidamente. Con un crecimiento del 1 % mensual —una tasa de revalorización relativamente modesta para los estándares de la época— ofrecía estabilidad, pero no enormes beneficios, en un mercado bursátil notoriamente errático. En consecuencia, tendía a atraer a los inversores más prudentes, y la participación de personas tan reacias al riesgo sirvió sin duda para tranquilizar aún más a los recién llegados al sistema. El hecho de que Madoff fuera presidente no ejecutivo del NASDAQ de 1991 a 1993 probablemente también disipó cualquier sospecha de que pudiera ser un estafador. Los inversores a los que convenció para que participaran en la estafa empezaron siendo amigos y socios de su club de campo y, con el tiempo, se convirtieron en fondos de cobertura bien dotados e importantes organizaciones benéficas. Recibían informes mensuales de aspecto profesional en los que se detallaban las compras y ventas de acciones de empresas de primera línea muy respetadas. Sin embargo, cada «transacción» era una completa ficción. Si no se hubiera producido el colapso financiero de 2008, que llevó a muchos de sus inversores a solicitar la devolución de su dinero, es posible que nunca hubiera sido descubierto. Por cierto, si se ha preguntado por qué el actor Kevin Bacon ha protagonizado últimamente algunas campañas publicitarias de gran repercusión, puede que tenga algo que ver con que perdió una fortuna absoluta en la estafa de Madoff. El *Washington Post* publicó una extensa lista de las personas e instituciones afectadas, con detalles sobre el volumen de sus inversiones, lo que ayuda a comprender la magnitud de este fraude.

Desde maximizar el beneficio de un negocio sin tener en cuenta los daños colaterales para los demás, hasta tejer una red de mentiras en un esfuerzo por conseguir que la gente invierta en planes fraudulentos, quienes caen en las garras de la codicia no tienen ningún problema en actuar de una manera increíblemente egocéntrica cuando hay dinero en juego. La razón parece clara: los mueve un deseo insaciable de maximizar sus beneficios a toda costa. La pregunta es: ¿algunas personas nacen codiciosas? ¿O desarrollan el hábito de la codicia con el tiempo?

¿DE DÓNDE VIENE LA CODICIA?

La neuroeconomía es una rama de la neurociencia que investiga cómo los cerebros toman decisiones basadas en valores. Por lo general, estos estudios implican a seres humanos que toman algún tipo de decisión financiera mientras se escanea su cerebro, normalmente mediante resonancia magnética. Un metaanálisis reciente, que buscaba coherencias en 200 estudios neuroeconómicos, identificó dos áreas cerebrales que siempre se activan más intensamente para la opción percibida como de mayor valor que las demás. Las áreas que siempre parecen preferir más sobre menos son dos que ya hemos encontrado antes: el cuerpo estriado ventral y el córtex orbitofrontal medial (COFm). La gente siempre elige la opción con el mayor valor de recompensa previsto, es decir, la que provoca la respuesta más fuerte en estas estructuras de la vía de recompensa, en igualdad de condiciones. ¿Podría el propio cableado de la vía de la recompensa explicar el desmesurado deseo de la gente por obtener más?

Si a una persona hambrienta se le da a oler un plátano, ciertas partes del COF responden con gran entusiasmo. Si comen un montón de plátanos y luego se les ofrece otra bocanada de aroma de plátano, apenas se registrará una respuesta. Esto se debe a que los niveles de activación no responden al valor absoluto y objetivo de un plátano (20 peniques en el momento de escribir estas líneas en el supermercado londinense medio), sino al valor relativo y subjetivo que tiene en cuenta el estado actual de la persona. Aunque estas áreas del cerebro evolucionaron originalmente para ayudarnos a maximizar nuestro acceso a diversas recompensas primarias que nos ayudan a mantenernos vivos, como la comida y la bebida, también pueden entrenarse para responder a recompensas secundarias, como el dinero, que sabemos que puede intercambiarse por comida, bebida y otros productos de valor. Algunos estudios sugieren que las partes del COF situadas en la parte frontal del cerebro se han especializado en los humanos para responder al dinero, mientras que las situadas un poco más atrás prefieren recompensas que podamos consumir directamente. En cualquier caso, aunque la evaluación de las recompensas primarias por parte de la vía de la recompensa cambia en función de nuestro estado actual —nuestros niveles de hambre o sed—, cuando se trata de dinero, casi siempre preferimos la opción que nos da más a la que nos da menos, independientemente de cuánto tengamos al principio.[36] Preferirlo es una cosa, pero, como veremos enseguida, si elegir la opción de maximizar la ganancia económica significa perjudicar a los demás, podemos desanimarnos.

¿Por qué hemos desarrollado un cerebro que parece preferir más a menos en la mayoría de las situaciones? Los circuitos cerebrales que prefieren más a menos pueden haber mejorado las perspectivas de supervivencia de nuestros antepasados al favorecer la acumulación de un exceso de recursos. En la prehistoria, cuando encontrar suficientes recursos durante las estaciones más cálidas para resistir el largo y frío invierno definía el ritmo anual, un excedente decente podía marcar la diferencia entre la vida y la muerte. Si las provisiones se agotaban antes de que el deshielo primaveral permitiera salir a reponerlas, ¿entonces qué? Cuando la mala suerte en las cacerías estacionales y en los viajes de búsqueda de alimentos pro-

---

[36] Hay una excepción a esta regla general. Cuando nos quitan el dinero y lo donan a una causa benéfica, aumentan las activaciones de las vías de recompensa, a pesar de que el individuo sufra una pérdida económica. Afortunadamente, esto sugiere que dar es realmente su propia recompensa. Más adelante hablaremos de ello.

vocaba escasez de alimentos, plantas medicinales y materiales que podían utilizarse para alimentar el fuego o protegerse del frío, aquellos que habían atesorado suficientes provisiones de repuesto tenían más posibilidades de sobrevivir que los que no lo habían hecho. Así que es fácil imaginar cómo los humanos ancestrales más avariciosos podrían haber conseguido transmitir sus genes, mientras que los menos avariciosos mordían el polvo. En cuanto al valor de la codicia para la supervivencia en entornos peligrosos e implacables, ¿quizá personajes como Gordon, Gilito y Donald sean simplemente un producto inevitable y desafortunado de la evolución?

El problema de esta visión excesivamente simplista de la avaricia es que, si nuestros antepasados de la Edad de Piedra se comportaban siempre de forma excesivamente avariciosa, a la larga esta actitud les habría ocasionado problemas. Para criaturas tan dependientes de la cooperación de los demás como los humanos adquirir mala fama por tomar siempre más de lo que les corresponde podría ser letal para todos, salvo para el miembro más dominante de cualquier clan prehistórico. Si la acumulación de excedentes se lograba siempre a expensas de los demás, algunos de ellos acabarían cansándose del comportamiento egoísta y tomarían medidas para castigar al infractor. Esto podría implicar expulsarlos del *InGroup* al desierto para que se valieran por sí mismos. Un destino así, en aquel entonces, habría hecho menos probable el objetivo final de criar descendientes hasta la madurez para que pudieran transmitir tus genes. Así que había que encontrar un equilibrio entre el deseo de adquirir más para uno mismo y los instintos prosociales que aseguraban la pertenencia al *InGroup*.

Una cooperativa de individuos tiene muchas más probabilidades de establecer y mantener con éxito un excedente de recursos, para superar juntos las épocas de escasez, que cualquier individuo por su cuenta. Incluso viéndolo desde la perspectiva del cazador más fuerte, rápido, grande y astuto del

172

grupo, un excedente se defiende mejor contra carroñeros y asaltantes con la ayuda de colaboradores de confianza. Para una especie socialmente dependiente como nosotros, el deseo de tener más debía equilibrarse con los peligros del aislamiento social. Un prerrequisito para ello es un sentido intrínseco de cómo se compara nuestra parte del botín con la de los demás, y si es justa o no.

LA EQUIDAD Y EL ARTE DEL ENGAÑO

La preferencia general por más sobre menos no es exclusiva de los humanos. Ni siquiera se limita a los mamíferos. Es bastante omnipresente en todo el reino animal. Dada la posibilidad de elegir entre dos opciones, una de las cuales consiste en un mayor número de sabrosos bocados que la otra, una gran variedad de animales ─desde chimpancés, leones y hienas hasta aves e incluso sepias[37]─ han demostrado la capacidad de contar y mostrar preferencia por el número mayor. Lo que es mucho más raro en el reino animal es el sentido de la equidad.

Se han recogido pruebas de diez especies diferentes de primates y un puñado de aves que indican una brillante capacidad para juzgar rápidamente lo que constituye una «parte justa» del botín. Al igual que nosotros, estas otras especies tienen una clara tendencia a tirar sus proverbiales juguetes del cochecito cada vez que descubren que reciben una parte menor que sus compañeros. Las criaturas codiciosas siempre intentan tentar a la suerte, y las sanciones sociales sirven para disuadirlas de volver a pasarse de la raya en el futuro.[38]

---

[37] Lo creas o no, las sepias pueden contar hasta cinco.

[38] Aunque la dominación en las jerarquías sociales animales puede dar a ciertos individuos un acceso privilegiado a una parte codiciosa y desigual, invariablemente causa problemas entre los que se encuentran en el mismo nivel del orden jerárquico.

En los humanos, este sentido de la equidad surge durante el segundo año de vida. Si un bebé se encuentra en el extremo más delgado de un reparto desigual, suele sufrir una rabieta. Esto puede ayudarlos a asegurarse una parte del pastel igual a la de los demás en el futuro. Por supuesto, a esa edad suelen equivocarse: su sentido de la justicia aún no está bien calibrado.

La capacidad de conseguir un poco más que los demás, sin que te pillen en el acto, tarda mucho más en desarrollarse. Deben madurar varias áreas cerebrales, cada una de las cuales desempeña un papel diferente, antes de que se den todos los componentes necesarios para que esos actos de codicia pasen desapercibidos. Incluso a la edad de tres años, un niño humano sigue estando atrapado en gran medida en la perspectiva de la primera persona. A esta edad, simplemente no pueden ponerse totalmente en el lugar de otra persona. Si cogen un manojo de llaves que su madre ha dejado en la mesa de la cocina y las meten en un cajón mientras ella está fuera de la habitación, cuando vuelva a buscarlas, no entenderán por qué no va directamente al cajón. Su capacidad para comprender el mundo desde la perspectiva de otra persona, incluso de la de su propia madre, sencillamente aún no se ha puesto en marcha. Para nosotros, adultos, es obvio que, si la madre no estaba en la habitación cuando se movieron las llaves, es imposible que sepa dónde están ahora. A la edad de cuatro años, esta impresionante hazaña de la toma de perspectiva surge de repente, pero solo después de haber realizado un trabajo significativo para afinar ciertas vías cerebrales.

Los cambios cerebrales que favorecen esta capacidad suelen producirse entre los tres y los cuatro años. Implican la maduración de un haz específico de fibras de materia blanca —el cableado neuronal que transporta los impulsos eléctricos de un área cerebral a otra— denominado fascículo arqueado. Esta autopista de la información conecta la unión témporo-parietal (TPJ, por sus siglas en inglés) con regiones específicas del córtex prefrontal ventrolateral (CPFvl). Mientras que la unión temporoparietal nos permite entender el mundo desde la perspectiva de otra persona, la parte del córtex prefrontal ventrolateral en cuestión es fundamental para tener en cuenta las diferencias entre nuestra perspectiva y la suya a la hora de tomar decisiones (véase la figura 8). Esta capacidad se conoce como teoría de la mente (TdM). Una vez que empieza a funcionar correctamente, nos ayuda a garantizar que la necesidad de maximizar nuestros beneficios egoístas no ponga en peligro nuestras relaciones. Y una forma de hacerlo, por supuesto, es tergiversar la verdad.

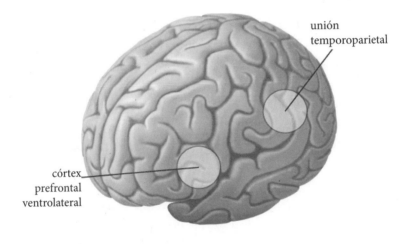

Figura 8. La teoría de la mente describe la capacidad de comprender plenamente lo que piensan y sienten otras personas, una habilidad que ahora se cree que depende de la maduración del fascículo arqueado, un tracto de materia blanca que conecta la unión temporoparietal con el córtex prefrontal ventrolateral.

Todos utilizamos estas capacidades cada día. Tienen un valor incalculable para ayudarnos a interactuar con los demás de un modo que tienda a agradarles más que a desagradarles. A veces, para alcanzar este objetivo, tenemos que recurrir al engaño para no herir los sentimientos de los demás. Qué dirías si alguien te preguntara: «¿Esto me hace el culo gordo?». La mayoría de la gente respondería que todo depende de cómo reaccione la persona en cuestión ante la respuesta «sí» frente a «no». Cada persona quiere oír cosas distintas, así que primero hay que pensar en cómo reaccionará ante cada posible respuesta. Sopesar los posibles castigos sociales que te pueden caer si les dices la verdad frente a si les dices lo que realmente quieren oír depende en gran medida de la TdM. La mayoría de las personas con un TPJ plenamente desarrollado llegarán a la conclusión de que, si la verdad puede herir sus sentimientos, probablemente sea mejor decir una mentira «piadosa».

Los niños pequeños, al tener muy poco desarrolladas las vías de la TdM y, por tanto, una incapacidad total para tener en cuenta el punto de vista de los demás, son unos mentirosos terribles. Por eso son propensos a experimentar con el engaño en circunstancias en las que sus posibilidades de éxito son mínimas. Por ejemplo, si ignoran voluntariamente la instrucción «¡no toques la tarta!» cuando se quedan solos en la cocina durante unos minutos, los niños pequeños tratarán alegremente de negar haber hecho algo malo a pesar de estar cubiertos de chocolate de pies a cabeza. Se trata de una «mentira primaria». Es un engaño directo que no tiene en cuenta lo que los demás pueden o no pueden ver, ni lo que saben o no saben. Una vez que las áreas cerebrales que apoyan la capacidad de TdM se ponen en marcha, los seres humanos pueden empezar a decir «mentiras secundarias», en las que se tiene en cuenta el punto de vista de la otra persona. A la edad de siete u ocho años, el niño pasa a las «mentiras terciarias», en las que, además de tener en cuenta el punto de vista de los demás, se asegura de que lo que dice al ocultar la verdad es coherente con los demás hechos y pruebas de las que probablemente disponga la otra persona.

A medida que se desarrollan estas habilidades de engaño, los niños experimentan a menudo intentando maximizar su parte, es decir, ser codiciosos sin que les pillen in fraganti. De este modo se satisfacen los dos imperativos de la Edad de Piedra: maximizar el interés propio y mantener la pertenencia al grupo. Dicho esto, también desarrollamos habilidades sociales que nos permiten detectar el engaño, y cualquier niño al que pillen siendo avaricioso con demasiada frecuencia pronto se dará cuenta de que tiene que pagar sanciones sociales. Aunque no se les dejará en la calle, puede que los demás los rechacen. En circunstancias normales, estas experiencias moderan de forma natural la avaricia del niño para que pueda mantener sus amistades. Este delicado equilibrio entre intentar maximizar el interés propio y, al mismo tiempo, tomar medidas para preservar la pertenencia al *InGroup* se practica cada día, perfeccionado por ensayo y error, en guarderías y escuelas de todo el mundo. Y dependiendo de las normas sociales de la cultura en la que crezca un niño, esos pequeños seres humanos se convertirán en adultos con distintos grados de tolerancia a la desigualdad en la distribución de recompensas.

LA CODICIA EN EL CEREBRO

La economía del comportamiento ha desarrollado una amplia variedad de herramientas centradas en la toma de decisiones que exige a los participantes contraponer su deseo de maximizar el beneficio a las repercusiones que podrían derivarse de actuar injustamente. Se trata del juego del ultimátum, el juego del dictador, los juegos de bienes públicos, el dilema del prisionero y muchos otros. Se han escrito libros enteros sobre los resultados de los estudios neuroeconómicos que investigan lo que ocurre en el cerebro de las personas cuando participan en estos juegos comerciales, pero nosotros nos centraremos en algunos de los resultados más interesantes del juego del ultimátum.

El juego del ultimátum no podría ser más sencillo. Un fondo de premios de, digamos, cien libras está en juego y debe repartirse entre dos jugadores. Una persona decide cómo se repartirá la recaudación. La otra acepta la oferta, en cuyo caso los fondos se dividen según lo acordado, o la rechaza y ninguna de las partes se lleva nada. Cuando se realizaron por primera vez estos estudios, se esperaba que la gente aceptara cualquier reparto siempre que obtuviera algo. Al fin y al cabo, incluso diez libras de cien es mejor que nada. Al menos eso es lo que predecían las teorías económicas imperantes en la época. En realidad, los receptores de las propuestas no solo rechazaban casi siempre los repartos del bote que consideraban demasiado codiciosos (por ejemplo, 90, 10, 80, 20, 70, 30 libras), sino que, en la mayoría de los casos, esos repartos injustos rara vez se ofrecían. ¿Cuál es el resultado? Los humanos prefieren rechazar dinero gratis antes que dejar que otra persona se salga con la suya actuando injustamente.

Pongamos esto en perspectiva. La gente está dispuesta a «gastar» hasta 30 libras (suponiendo un bote de 100 libras, dividido entre 30 y 70 libras) para evitar que otros sean excesivamente avariciosos. Los proponentes —los que sugieren cómo se reparte el bote— demostraron una conciencia intrínseca de la voluntad de los demás de castigar a un completo desconocido por ser avaricioso, incluso cuando les cuesta dinero hacerlo, al proponer los repartos más avariciosos con menos frecuencia que los más justos. En cambio, cuando los jugadores se enfrentan a un ordenador, este efecto desaparece. La gente solo se siente obligada a castigar la codicia si cree que está interactuando con un humano.

El Tío Gilito, Gordon Gekko, Donald Trump, Bill Gates y Bernie Madoff tienen algo importante en común: sus cerebros no funcionan así. Todos ellos parecen tener una tolerancia mucho mayor a la hora de tomar decisiones financieras que dejan a otros en peor situación. La pregunta del millón es: ¿por qué? El instinto natural de compartir equitativamente que disuade a la mayoría de la gente de aprovecharse de los demás es claramente ineficaz. Es posible que los hijos de Mammon sean totalmente inmunes a las emociones sociales desagradables, como la culpa, que suelen asaltar a las personas cuando se plantean hacer algo moralmente dudoso, como tomar decisiones que perjudican o incluso dañan a otros. La amenaza de sanciones sociales no les afecta. Incluso la legislación diseñada para prevenir este tipo de comportamientos es, la mayoría de las veces, completamente ineficaz para desalentarlos. Parece como si nada se interpusiera entre los codiciosos y su búsqueda de mayores beneficios.

Para conciliar nuestra inclinación general hacia la justicia con la idea de que las personas también suelen estar motivadas para maximizar su riqueza siempre que sea posible, durante muchos años se presumió que estamos instintivamente motivados hacia el egoísmo, pero ciertas áreas del cerebro pueden intervenir para inhibir estos impulsos antisociales para ayudarnos a evitar las sanciones sociales si hay una buena probabilidad de que nos pillen. En 2012, David Rand y sus colegas de la Universidad de Harvard publicaron un notable estudio en el que describían diez experimentos distintos en los que las personas tenían que decidir si actuarían de forma egoísta o cooperarían bajo una serie de limitaciones temporales diferentes. El objetivo era determinar si estamos predispuestos a ser egoístas y necesitamos suprimir esta tendencia para ser cooperativos, o viceversa. Resulta tranquilizador comprobar que, cuando las personas tenían que responder muy rápidamente, antes de tener tiempo de pensar en sus opciones, tendían a comportarse de forma más justa. En cambio, cuando se les daba más tiempo para tomar una decisión, tendían a ser más egoístas. Esto, junto con investigaciones complementarias de otros laboratorios de todo el mundo, indica claramente que nuestro comportamiento por defecto es compartir con los demás de forma justa. En otras palabras, la codicia no es instintiva, sino que requiere cierto grado de deliberación consciente. Solo cuando

179

la gente se tomaba un tiempo para meditar su decisión acababa eligiendo la vía egoísta.

La idea de que tenemos que hacer un esfuerzo cognitivo adicional para tomar decisiones codiciosas se ha visto reforzada por un brillante estudio que utilizó ráfagas de estimulación magnética para alterar regiones de la corteza prefrontal dorsolateral (CPFdl) de las que se pensaba que surgían estas influencias codiciosas. Cuando se desactivaba magnéticamente la zona en cuestión, las ofertas que se proponían eran más generosas de lo habitual, lo que hacía a la persona más propensa a participar en un «compartir costoso» que cuando el CPFdl permanecía inalterado. La codicia se distingue es este aspecto de los demás pecados de apetito desmedido: mientras que los mecanismos del CPF implicados en la lujuria y la gula parecen frenar esas tentaciones, las regiones del CPF implicadas en la codicia parecen estimularla.

Un metaanálisis de más de veinte estudios neuroeconómicos que han investigado de forma independiente las respuestas cerebrales mientras los voluntarios jugaban al juego del ultimátum identificó dos áreas cerebrales clave que se activaban sistemáticamente cuando las personas se enfrentaban a la perspectiva de un reparto injusto. La ínsula anterior respondía a la desigualdad sin tener en cuenta la parte que quedara en desventaja. Parecía ser sensible a cualquier violación de la equidad, con independencia de si significaba una parte mayor o menor para el individuo en cuestión. La otra activación consistente se encontró en el córtex cingulado anterior dorsal (CCAd). Aquí solo se observó una mayor activación cuando la otra persona salía ganando con el reparto desigual de los ingresos. Dado el papel del CCAd en los sentimientos de dolor social y en el procesamiento de conflictos (véase el capítulo II, p. 37), estas activaciones podrían interpretarse en términos de los sentimientos desagradables y conflictivos que suelen surgir cuando nos encontramos con que los demás se aprovechan de nosotros.

Recientemente ha aparecido en escena una nueva herramienta que permite medir los niveles relativos de avaricia de las personas, otorgándoles una puntuación de «avaricia disposicional». Se trata de un cuestionario que permite determinar de forma fiable si las personas tienen una tendencia fuerte o débil a la codicia. Se trata de un precursor vital para cualquier estudio que pretenda establecer en qué se diferencian los cerebros de las personas codiciosas de los de aquellas que prefieren ser más equitativas. Lamentablemente, esta investigación aún no se ha realizado. Sobre la base de la neurociencia que hemos considerado hasta ahora, podríamos predecir que las personas con una alta avaricia disposicional pueden tener un CPFdl hiperdesarrollado en comparación con los no avaros y que algo raro podría estar pasando en su ínsula anterior o en su CCAd. Solo el tiempo lo dirá...

CREAR TOLERANCIA A LA DESIGUALDAD

Dada la preferencia de la mayoría de las personas por evitar el reparto injusto de recompensas en una serie de juegos neuroeconómicos, parece casi sorprendente que la codicia se haya convertido en un fenómeno tan familiar en muchas sociedades modernas. A falta de estudios de imagen funcional que aclaren lo que ocurre en los cerebros de las personas codiciosas frente a las que no lo son, tendremos que buscar en otra parte para establecer cuáles son las influencias clave que pueden hacer que las personas se desvíen de una preferencia por defecto por la equidad.

Varios estudios han indicado que las personas con una educación formal en economía son propensas a quedarse con más dinero en los juegos económicos, a comportarse de forma poco cooperativa y a mentir más a menudo. Sus conocimientos de economía pueden ayudarlas a formular argumentos racionales para que cualquier decisión antisocial tomada en el contexto de la maximización del beneficio parezca justificada. Esto podría conseguirse de varias maneras. A través de la práctica pueden ser capaces de disminuir la producción de emociones sociales desagradables, tal vez suprimiendo gradualmente las respuestas de la ínsula anterior o del CCAd a la desigualdad a través de la repetición. El precedente de este fenómeno lo ha sentado un reciente estudio de resonancia magnética que demostró de qué manera mentir puede ser una acción cada vez menos incómoda cuanto más repite una persona su conducta interesada. El área cerebral CPFdl desactivada por impulsos magnéticos en el estudio descrito anteriormente, lo que hacía que las personas fueran más propensas a elegir las opciones menos codiciosas, también puede estar implicada. Podría ser la fuente de una señal que suprima el malestar que las personas no codiciosas, sin una educación formal en economía, sienten cuando toman decisiones egoístas. Sea como sea, el conocimiento de las teorías económicas parece ampliar la probabilidad de que una persona opte por aumentar su riqueza personal sin tener en cuenta el coste para los demás, incluso si eso significa ser activamente deshonesto.

Aparte de una educación formal en economía, ser rico también parece influir en las tendencias de las personas hacia la codicia. Tener una gran fortuna puede fomentar la sensación de estar aislado de las consecuencias sociales o legales habituales de ser descubierto. Dado que los ricos pueden permitirse los abogados más caros, y que los abogados caros ayudan habitualmente a la gente a eludir las consecuencias de cualquier actividad lucrativa que contravenga las leyes del país, esto tiene sentido. Es de suponer que la tranquilidad que da poder permitirse contratar a las mejores águilas legales hace que los métodos ilegales de generar o conservar riqueza parezcan menos intimidatorios. Y, como veremos, esto no se limita a quienes crecieron en un ambiente de riqueza y privilegio.

Por ejemplo, Lionel Messi, el único futbolista del mundo que ha ganado cinco veces el codiciado Balón de Oro de la FIFA. Su padre trabajaba en una fábrica de acero y su madre en una cadena de producción de imanes para mantener a Leo y a sus tres hermanos durante su infancia en Rosario (Argentina). Difícilmente lo que la mayoría de la gente llamaría una educación privilegiada según los estándares actuales. Sin embargo, Lionel y su padre Jorge (que se convirtió en su agente cuando Lionel alcanzó la fama) se metieron en un lío en 2016 mientras vivían en España cuando se reveló que habían evadido una gran cantidad de impuestos entre 2007 y 2009. Tras ser descubiertos defraudando al Gobierno español una cantidad estimada en 4 100 000 euros en concepto de impuestos sobre la renta (3 600 000 libras esterlinas) y a pesar de la presencia de las firmas de ambos en los documentos incriminatorios, Leo se libró de la acusación. Afirmó no tener conocimiento de las estructuras societarias, que se extendían desde Uruguay hasta Suiza, y que reducían la carga fiscal sobre los ingresos procedentes de sus derechos de imagen (de forma completamente ilegal, como se ha demostrado). Sin duda, un abogado muy brillante y costoso ayudó a convencer al jurado de este punto.

La evasión fiscal puede privar a las arcas de una nación de unos ingresos muy necesarios, pero los autores de tales maniobras suelen afirmar que se trata de un delito sin víctimas, ya que ninguna persona pasa hambre o se arruina económicamente como consecuencia directa. En otras circunstancias, los actos de codicia de los ricos y poderosos han dejado a millones de personas sufriendo las consecuencias. Repasemos brevemente dos casos.

Tomemos, por ejemplo, a uno de los muchos banqueros de alto perfil cuyos actos de codicia perfectamente legales contribuyeron directamente al colapso financiero mundial de 2008. Stanley O'Neal fue consejero delegado de Merrill Lynch hasta 2007. Bajo su dirección, el banco realizó grandes inversiones en el arriesgado mercado de las hipotecas de alto riesgo.[39] Como consecuencia directa, el banco quedó tan sobreexpuesto a las deudas incobrables que quebró y tuvo que ser adquirido por el Bank of America. Varios informes indicaban que la decisión de O'Neal de permitir las inversiones de riesgo que aumentaban la probabilidad de hundir el banco se tomó de forma bastante intencionada. De hecho, se pensó que había sido incentivada inadvertidamente, ya que acabó haciendo que su indemnización por despido (más de cien millones de dólares) fuera mucho mayor de lo que habría sido de otro modo. Evidentemente, se sentía lo suficientemente a salvo de cualquier castigo que pudiera derivarse de la quiebra de su propia empresa como para dar rienda suelta al Mammon que llevaba dentro.

Ali Bongo Ondimba mostraba una indiferencia similar ante el sufrimiento que sus decisiones financieras egoístas pudieran causar a otros. Ali, presidente de Gabón desde 2009, nació en el seno de una familia rica y poderosa y asumió la presidencia de manos de su padre, que había gobernado desde 1969 hasta su muerte en 2009. Se ha denunciado que Ali se encargó de desviar el 25 % de todo el PIB del país a sus arcas personales, a pesar de que más de un tercio de la población vive en la pobreza. Un discípulo de Mammon, si es que alguna vez hubo uno, y todavía en el poder en 2018.

El último ejemplo, especialmente cruel, de avaricia despiadada es la historia de lo que ocurrió con el dinero recaudado en la campaña benéfica Live Aid de 1985. El objetivo era alimentar a millones de hombres, mujeres y niños que sufrían las consecuencias de una terrible hambruna en Etiopía, y la campaña provocó una avalancha sin precedentes de donacio-

---

[39] Esencialmente, *subprime* significa prestar dinero a personas que probablemente no pueden permitirse devolver lo que han pedido prestado.

nes benéficas procedentes de todo el Reino Unido. Resulta que la gran mayoría del dinero de la ayuda acabó gastándose en armas en un intento de derrocar al Gobierno. Estas afirmaciones están respaldadas por documentación desclasificada de la CIA en 2010.

¿Cómo pueden estas personas vivir consigo mismas cuando su codicia provoca tanto sufrimiento? «Una clase social más alta predice un mayor comportamiento poco ético», rezaba el veredicto de un estudio publicado en una prestigiosa revista científica en 2012. La implicación de este estudio era que los que pertenecen a los escalones superiores del estatus socioeconómico (SES) tienden a ser más codiciosos. El estatus socioeconómico describe la posición de una persona en la jerarquía socioeconómica, en función de factores como la profesión, la riqueza y el nivel educativo. Este estudio indica que, en comparación con las personas de nivel socioeconómico bajo, los individuos de nivel socioeconómico alto muestran tendencias antisociales. Son mucho más egocéntricos y menos conscientes de otras realidades. También tienen problemas de empatía, mostrando claros déficits en su capacidad para identificar las emociones que sienten los demás.

La tendencia de las personas más ricas a comportarse de forma más antisocial que las menos acomodadas también se ha demostrado simplemente observando distintos tipos de coche en un cruce con mucho tráfico. Los coches caros, que representan a los conductores de mayor nivel socioeconómico, tienen muchas más probabilidades de infringir el código de circulación, bloqueando el paso de otros coches en los cruces y saltándose los pasos de peatones, que los coches conducidos habitualmente por personas de nivel socioeconómico medio o bajo.

Las personas de los estratos socioeconómicos más bajos suelen vivir en entornos definidos por menos recursos, más amenazas a su seguridad y mayor incertidumbre en general, por lo que podría haber sido razonable esperar que fueran ellas las que se desviaran del instinto de actuar con justicia más a menudo, por pura desesperación. No parece ser el caso. La tendencia a estafar a los demás parece depender de la percepción de la gravedad de las consecuencias de ser descubierto. En otras palabras, los individuos de clase baja pueden sentirse más vulnerables a las sanciones sociales que podrían imponérseles en caso de ser sorprendidos en el acto de ser demasiado avariciosos. Si se descubre su avaricia y más tarde se encuentran en una situación difícil, necesitados de ayuda, pueden verse aislados y no recibir ayuda por parte de los demás. Por otro lado, quienes pertenecen a los estratos socioeconómicos más altos pueden sentirse protegidos por su mayor riqueza, en el sentido de que podrían utilizarla para amortiguar la caída en caso de que les pillaran in fraganti en un acto de avaricia y tuvieran que enfrentarse a sanciones sociales o legales.

AVARICIA A GRAN ESCALA

La modelización de la dinámica del comportamiento es una rama de la ciencia que examina cómo funcionan los intercambios múltiples entre grandes grupos de personas. Ha creado un enfoque eficaz para modelizar el funcionamiento de la codicia a mayor escala que los estudios individuales utilizados en la mayoría de las investigaciones neuroeconómicas. La codicia a esta escala se reduce a múltiples iteraciones en las que se elige entre explotar a los socios —para obtener una mayor proporción de beneficios a su costa— o cooperar y repartir los beneficios de forma más equitativa.

Esto no difiere mucho de un giro argumental habitual en las historias de piratas en las que, una vez que por fin han conseguido localizar el tesoro enterrado, uno de ellos se plantea si aumentar o no su propia parte del botín matando a uno o más de sus compañeros. En el mundo del comercio, estas puñaladas por la espalda suelen ejecutarse con mayor sutileza, aunque el objetivo básico —maximizar los beneficios sin tener en cuenta el impacto negativo en los socios— es esencialmente el mismo.

El comportamiento codicioso, en los negocios o en la piratería, suele estar inspirado por el temor a que, si no das el primer paso contra los demás, estos puedan hundirte a ti primero. Ambas partes saben que, si intentan aprovecharse la una de la otra al mismo tiempo, ninguna consigue nada, por lo que la evaluación de la fiabilidad se convierte en un elemento central de la decisión final.

Los niveles de confianza entre dos personas, instituciones o incluso naciones pesan mucho en los mecanismos cerebrales que rigen las decisiones sobre si actuar de forma cooperativa o codiciosa. A veces, el comportamiento aparentemente codicioso está estimulado por la ansiedad ante la falta de confianza en el socio comercial, más que por la pura y simple codicia. ¿Podría ser que gran parte de lo que parece codicia y egoísmo en el mundo moderno esté impulsado fundamentalmente por el miedo?

Las simulaciones por ordenador que modelizan este tipo de interacciones económicas a gran escala indican que la opción de cooperar suele eliminarse tras unas cuantas rondas de estar en el extremo receptor de socios comerciales que rutinariamente incumplen la opción mutuamente beneficiosa. La opción de desertar sistemáticamente se desplaza rápidamente a través de la colcha de retazos de agentes que interactúan, con una excepción. Siempre que haya grandes grupos homogéneos de cooperadores, donde los que están en el centro del grupo están rodeados de otros cooperadores con una exposición mínima a los desertores, la cooperación puede prosperar. En otras palabras, las bolsas aisladas de cooperadores pueden sobrevivir a múltiples rondas de intercambios. Así que hay esperanza para una economía impulsada por la cooperación y no por la codicia pura y dura. Y menos mal, porque, si seguimos en la trayectoria actual, nos dirigimos a una catástrofe mundial.

CONSECUENCIAS A LARGO PLAZO DE LA CODICIA MUNDIAL

Centrarse en los beneficios a corto plazo en un sistema que inevitablemente irá terriblemente mal a largo plazo es posiblemente uno de los aspectos más preocupantes del pecado de la codicia que opera a escala mundial. La tragedia de los comunes es un escenario teórico descrito por William Forster Lloyd en 1833, según el cual, si todas las personas aprovecharan el derecho de su ganado a pastar en los comunes —pastizales compartidos por toda la comunidad—, los pastos pronto serían sobrepastoreados hasta el punto de que no quedaría hierba para nadie. Si en una colectividad todos se centran perpetuamente en conseguir lo que quieren, sin pensar en las consecuencias a largo plazo de que los demás también se comporten así, el bien compartido acaba arruinado para todo el mundo.

Nuestra codicia colectiva está acabando con el planeta. La sobrepesca en varias partes del mundo ha llevado a la destrucción permanente de las poblaciones de peces. Los arrecifes de coral de todo el mundo están desapareciendo a un ritmo sin precedentes. La tala de selvas tropicales para sembrar cultivos comerciales muy rentables despoja a los suelos delicados de su capacidad para reponer nutrientes, dejándolos incapaces de sustentar vida vegetal nunca más. Cada vez que cogemos una bolsa de plástico, contribuimos al proceso de llenar gradualmente nuestros océanos de este material hasta el punto de que en 2050 habrá más plástico en nuestros mares que peces. Los pequeños actos individuales de avaricia egocéntrica se están multiplicando y sus consecuencias globales son devastadoras. Tenemos que inspirarnos en la prueba del malvavisco de Walter Mischel e intentar parecernos más a los niños que controlaron su impulso primario de gratificación instantánea en favor de comportamientos que funcionan mejor a largo plazo.

A pesar de los extremos de codicia, la mayoría de los seres humanos se sienten motivados para distribuir la riqueza de forma justa cuando se activa el circuito social pertinente del cerebro. Hay muchos ejemplos de zonas comunes en todo el mundo donde las comunidades locales se han organizado para proteger los pastos del pastoreo excesivo y los caladeros de la sobrepesca. Este sistema solo funciona cuando los impulsos codiciosos se ven frenados por el conocimiento de que sus consecuencias negativas afectan a todos los miembros de la comunidad.

Si los de fuera intervienen, alterando este delicado equilibrio, y luego desaparecen rápidamente para dejar que los demás se ocupen de las consecuencias, todo el sistema se viene abajo. La globalización interfiere con los mecanismos locales que funcionan para controlar la codicia individual a menor escala, haciéndolos ineficaces. Cuando la gente se encuentra en el extremo receptor de un acto de generosidad, se genera un fuerte impulso de reciprocidad. Pero, cuando la gente experimenta repetidamente traiciones a la confianza, pronto acaba concluyendo que, si no puede vencer al enemigo, lo mejor es unirse a él. La investigación sobre la modelización de la dinámica del comportamiento que hemos examinado antes (p. 186) parece apoyar inequívocamente esta sabiduría popular.

Los estudios neuroeconómicos demuestran claramente que el reparto injusto de la riqueza activa zonas cerebrales que suelen estar implicadas cuando las personas sienten malestar o disgusto (por ejemplo, ínsula anterior) y dolor social (CCAd). Esto, a su vez, puede motivar a las personas a querer que se castigue el comportamiento antisocial. Ser testigo de cómo se sanciona a una persona codiciosa por transgredir las normas del comportamiento justo puede inducir un aumento de la actividad en la vía de la recompensa, lo que sugiere que muchas personas sienten placer al ver cómo se castiga a los tramposos.[40] Los problemas surgen cuando no se castiga a los tramposos y se permite a los avariciosos beneficiarse una y otra vez de un reparto desigual.

Como especie, si queremos sobrevivir a la amenaza existencial que supone la codicia a escala mundial, tendremos que tomar medidas para legislar mejor contra la corrupción y hacer que los modernos demonios de nuestro mundo rindan cuentas por las decisiones que causan directamente sufrimiento a los demás. Si más Bernie Madoffs fueran castigados por su codicia y menos Stanley O'Neals se salieran con la suya y obtuvieran enormes beneficios de las decisiones que dejan a millones de personas sufriendo las consecuencias del colapso económico, entonces, en el futuro, los codiciosos podrían pararse a pensar antes de herir intencionadamente a todos los demás.

Cuando se trata de la capacidad del planeta para sostener la vida humana, nuestros destinos están realmente entrelazados de forma inextricable, ya sea nuestro estatus socioeconómico alto, bajo o intermedio. ¿Podría esto ayudar algún día a mitigar la codicia excesiva? Si el aislamiento legal que los ricos pueden adquirir con su exorbitante riqueza dejara de existir, eliminando la sensación de ser inmunes al castigo, los demonios de la avaricia modernos podrían optar por refrenar su insaciable deseo de más y empezar a favorecer decisiones que beneficien a todos. Mientras tanto, las burbujas económicas seguirán creciendo, los codiciosos seguirán beneficiándose y los bancos seguirán quebrando por invertir en empresas de riesgo, con la seguridad de que siempre serán rescatados porque no conocemos otro sistema capaz de sostener una economía global. Y así seguimos...

---

[40] Curiosamente, esto se observó en los cerebros de los participantes masculinos, pero no en los femeninos.

CAPÍTULO VII
ENVIDIA

«La comparación es la muerte
de la alegría».

Mark Twain

D e todos los comportamientos descritos por los vicios capitales, la envidia es seguramente el menos divertido. La lujuria y la gula son innegablemente placenteras. Sentirse libre de pulsar el botón de repetición tantas veces como se quiera cuando se está de vacaciones es una de las grandes alegrías de la vida, por lo que sin duda la pereza es un placer. Teniendo en cuenta lo contenta que parece estar la gente cuando gana en juegos como el *Monopoly*, es fácil extrapolar los sentimientos de satisfacción engreída asociados a las hazañas de la codicia en la vida real. El subidón de ego que supone recibir una lluvia de elogios por un trabajo bien hecho es una sensación innegable, así que esa sería la alegría de la soberbia. También podemos sentirnos satisfechos, aunque sea fugazmente, cuando insultamos a alguien que nos ha hecho daño, así que incluso la ira puede tener sus placeres (véase el capítulo VIII, p. 223). Pero a nadie le gusta sentirse peor que los demás: los sentimientos de envidia no son gratificantes.

Nadie quiere ver un plato de comida más delicioso que el nuestro delante de otra persona, ni oír hablar de lo excitante que es la vida sexual de los demás si nosotros mismos no la tenemos. No nos alegra saber que otros tienen más días de vacaciones anuales y un sueldo más alto. Descubrir que las casas, los coches y los sistemas de entretenimiento de los demás son mucho más impresionantes que los nuestros es poco probable que provoque una oleada de satisfacción.

La envidia siempre es desagradable, y varía principalmente en el grado y el carácter del malestar experimentado. Varía desde la punzada de envidia que sentimos cuando oímos lo estupenda que fue la fiesta a la que no nos invitaron, pasando por las oleadas de envidia que experimentamos cuando oímos hablar de la riqueza, la felicidad y el éxito de un amigo del colegio, hasta la puñalada de envidia que sufrimos cuando nos vemos eclipsados por un rival profesional que recibe elogios y reconocimiento a pesar de que su trabajo no tiene nada de especial. El punto exacto en el que se sitúa la envidia en la escala que va del pinchazo a la puñalada depende en gran medida de con quién nos comparemos y de la diferencia que percibamos entre ellos y nosotros.

Durante más de dos décadas, la profesora Susan Fiske y sus colegas de la Universidad de Princeton han realizado docenas de experimentos de psicología social en Estados Unidos y otros países. En conjunto, estos experimentos demuestran que la principal dimensión a través de la cual las personas juzgan a los demás tiende a centrarse en dos criterios clave: la competencia y la amabilidad. Las personas con un bajo nivel de competencia y amabilidad tienden a ser objeto de nuestro desprecio. Los que tienen un alto nivel de competencia y amabilidad tienden a ganarse nuestro respeto. Los que tienen un alto nivel de amabilidad pero poca competencia reciben nuestra compasión. La envidia se reserva para quienes percibimos como muy competentes pero poco afectuosos.

La envidia siempre mira hacia arriba, hacia quienes percibimos como superiores en competencia, pero no tanto si se considera que están muy por encima de nuestra posición. Solemos sentir los colmillos de la envidia más palpablemente cuando consideramos a quienes tienen alguna ventajaa sobre nosotros, pero con quienes por lo demás nos sentimos más o menos a la par. Vecinos, compañeros y amigos del colegio, instituto o universidad, miembros de la familia, colegas de trabajo y compañeros de equipo en el deporte son los sospechosos habituales. La envidia se desencadena sobre todo cuando las diferencias son relativamente pequeñas: cuando un compañero de trabajo tiene una silla de oficina más cómoda, un vecino adquiere un aparato nuevo que te encantaría tener o un viejo amigo cuelga fotos de su lujoso estilo de vida en Facebook.

Mientras que la codicia es infinita, siempre en busca de más, independientemente de la riqueza actual, la envidia es totalmente relativa. Cuando se desencadenan sentimientos de envidia, el detonante siempre implica una comparación directa entre una persona concreta y nosotros. En ausencia de alguien en el mundo exterior con quien podamos hacer una comparación directa, no hay envidia. Esto significa que otra diferencia clave entre la envidia y otros pecados del septeto malévolo es que está impulsada por factores externos y no puramente internos. Requiere que el rival tenga ropa más bonita, mejores vacaciones, aficiones más emocionantes, mayores éxitos y un acceso superior a privilegios para crear un contraste entre lo que ellos tienen y nosotros no.

Un amplio corpus de investigaciones psicológicas indica que existen cuatro requisitos básicos para que se desencadenen sentimientos de envidia. En primer lugar, la persona con la que nos comparamos debe tener un estatus social más o menos comparable. A menos que una persona pertenezca a la aristocracia, es muy poco probable que sienta envidia del estilo de vida de los miembros de la familia real. Las diferencias entre la vida de la realeza y la de la gente corriente son demasiado grandes para que la envidia se instale realmente. En segundo lugar, la comparación que hacemos entre nosotros y otra persona debe estar directamente relacionada con nuestra propia situación. A menos que seamos actores, es poco probable que sintamos envidia cuando descubrimos que un conocido ha conseguido un papel protagonista en una película de éxito. Los megarricos pueden mirar con envidia los superyates de los demás, pero para alguien que ni siquiera es propietario de un barco, y mucho menos miembro del club náutico, la envidia no estará entre las emociones que siente cuando ve un barco de lujo amarrado en el puerto. Tal vez admiración, resentimiento, ambivalencia o incomprensión, pero no envidia. El tercer requisito es que lo que se envidia sea difícil de conseguir. El cuarto es que la ventaja se perciba como inmerecida.

Mary Konye y Naomi Oni iban al mismo colegio en Forest Gate, al este de Londres, desde los doce años y se hicieron buenas amigas. Como en muchas amistades adolescentes, se dice que Mary envidiaba la belleza de Naomi y su popularidad entre los chicos. Aunque la intensidad de la envidia adolescente tiende a suavizarse cuando las personas pasan a la edad adulta, en este caso, según una amiga común, se convirtió en una especie de obsesión en toda regla. Mary empezó a imitar a su amiga en muchos aspectos, hasta el punto de que Naomi llegó a afirmar más tarde que había «copiado toda mi vida».

Todo alcanzó un punto crítico en 2011, cuando Mary Konye envió una serie de mensajes de texto al entonces novio de Naomi Oni. Esto no le sentó nada bien. Tras un intercambio de insultos, no se hablaron durante meses, tiempo en el que Mary Konye urdió un diabólico plan. El 30 de diciembre de

2012, ya con veintiún años, Mary esperó fuera de la sucursal de Stratford de Victoria's Secret donde trabajaba Naomi. Con un velo para ocultar su rostro, Mary Konye siguió a Naomi hasta su casa de Dagenham, en Essex. Al pasar por una zona relativamente tranquila y apartada, Mary sacó un frasco y roció su contenido en la cara de su rival. El ácido sulfúrico concentrado abrasó la piel de Naomi, causándole dolorosas quemaduras químicas en el rostro y el pecho, que le provocaron una desfiguración permanente. Aunque Mary Konye estaba claramente bajo la influencia de una serie de emociones cuando planeó y llevó a cabo este espantoso acto de violencia, la envidia estaba en el corazón de este terrible crimen. No está claro cómo la envidia pudo inspirar un ataque tan devastador y premeditado. Tal vez las perspectivas religiosas y filosóficas sobre este pecado mortal en particular puedan proporcionar algunas pistas importantes.

Perspectivas históricas

La mayoría de las grandes religiones del mundo advierten contra la envidia. El hadiz islámico, que describe el concepto de hermandad musulmana, dice: «No os odiéis, no os envidiéis, no os apartéis unos de otros, sino sed siervos de Alá como hermanos». El libro sagrado hindú, el Bhagavad Gītā, cita las palabras del héroe Krishna: «Me son muy queridos los devotos que están libres de envidia hacia todos los seres vivos…». El budismo tiene *irshya*, que se traduce como «envidia» o «celos» y que, junto con el deseo, la ira, la ignorancia y el orgullo, es uno de los cinco venenos descritos por la tradición Mahāyāna como obstáculos para la iluminación.

A pesar de que en el lenguaje común se utilizan de forma más o menos indistinta, la envidia y los celos son conceptos fundamentalmente diferentes. Los celos se relacionan con las emociones que se experimentan cuando uno ya posee algo que está desesperado por no perder a manos de otra persona, mientras que la envidia se relaciona con las emociones que se experimentan cuando otra persona tiene algo que uno quiere para sí mismo.

Así que los celos, el monstruo de ojos verdes,[41] implican sentimientos que hacen que una persona actúe de forma protectora sobre algo que ya tiene, como alguien que protege a su amante de los intereses románticos de un rival, o un niño que no deja que otros jueguen con sus juguetes. La envidia, en cambio, consiste en desear lo que tienen los demás. Esto nos lleva a uno de los diez mandamientos: «No codiciarás la casa de tu prójimo, no codiciarás la mujer de tu prójimo, ni su sierva, ni su buey, ni su asno, ni cosa alguna que sea de tu prójimo».

Santo Tomás de Aquino dijo que, en el fondo, la envidia es «el dolor por el bien ajeno», una definición tan exacta como concisa. Mucho antes que él, san Agustín proporcionó una explicación más completa, incluyendo una lista de maneras en que las emociones envidiosas pueden inspirar a la gente el deseo de hacer daño a los demás: «De la envidia nacen el odio, la detracción, la calumnia, la alegría causada por la desgracia de un vecino y el disgusto provocado por su prosperidad».

Si pasamos rápidamente de los textos religiosos antiguos a las perspectivas filosóficas más modernas, encontramos algunas ideas maravillosas no solo sobre qué comportamientos lamentables puede inspirar la envidia, sino, lo que es más importante, por qué. Arthur Schopenhauer señaló que «un ser humano, a la vista del placer y las posesiones de otro, sentiría su propia deficiencia con más amargura».

---

[41] El término «monstruo de ojos verdes» se atribuye a Shakespeare: la frase «celos de ojos verdes» se menciona en *El mercader de Venecia* y la propia frase «monstruo de ojos verdes» la pronuncia por primera vez Iago cuando intenta disuadir a Otelo de que actúe según su rabia celosa. Más información a continuación.

El contraste que supone lo que ellos tienen, comparado con lo que nosotros tenemos, nos hace sentir inferiores. Para entender por qué esto puede conducir a actos de rencor tan terribles como el cometido por Mary Konye, Immanuel Kant seguramente fue el que mejor lo describió cuando dijo que las personas envidiosas se encuentran «empeñadas en destruir la felicidad de los demás».

Por cierto, puede que Dante pretendiera aliviar el sufrimiento, en lugar de empeorarlo (por una vez), cuando escribió que a quienes cayeran en el pecado de la envidia acabarían cosiéndoles los ojos con alambre de plomo. Si no sabemos lo que hacen los demás, no podemos compararnos con ellos, lo que ahuyenta la víbora de la envidia.

Lamentablemente, Mary Konye tenía los ojos muy abiertos. La belleza de Naomi Oni parece haberle hecho sentir su «propia deficiencia con más amargura» a lo largo de muchos años. Como consecuencia de su envidia desmedida, acabó «empeñada en destruir» la felicidad de Mary Konye, arrebatándole su belleza para convertirse así, en su distorsionada forma de pensar, en la más bella. Esta es la consecuencia maliciosa de la envidia y las obras clásicas de la literatura recogen numerosas muestras.

Espejito, espejito

Las madrastras malvadas de los cuentos de los hermanos Grimm son famosas por su envidia. Cuando la predecible y tranquilizadora respuesta del espejo mágico a la pregunta «¿quién es la más bella del reino?» cambia inesperadamente del habitual «Tú lo eres» al juicio de que Blancanieves se ha convertido en una mujer «mil veces más bella», la envidia se convierte en ira asesina. Tras varios intentos fallidos de eliminar a la competencia, la malvada reina consigue finalmente engañar a la pobre Blancanieves para que se coma una manzana envenenada.

Otelo, general del ejército veneciano, asciende a un rango superior a un soldado menos digno que su abanderado, Iago. La envidia que esto provoca en Iago inspira una intrincada trama de venganza mortal típicamente shakesperiana. Iago aprovecha astutamente el poder de los celos para engañar a Otelo y estrangular a su esposa, Desdémona, basándose en pruebas ridículamente circunstanciales de adulterio. Solo el Bardo podía tejer una historia de envidia y celos con tanta gracia.

Desde las luchas de poder alimentadas por la envidia hasta la destrucción rencorosa de la reputación de un rival (esa es la «calumnia» a la que se refería san Agustín más arriba), las historias de este tipo de fechorías llenan nuestros periódicos, los canales de noticias de las redes sociales y las redes locales de cotilleo todos los días. En la vida cotidiana, los extremos a los que llegan las personas sanas, por lo demás perfectamente normales, cuando se ven presas de la envidia no conocen límites. Van desde actos casuales de envidia maliciosa, como arrastrar una llave para arañar la pintura del coche caro del vecino, hasta actos despreciables de maldad, como conspirar para desfigurar permanentemente a un rival. Tanto si la respuesta es mezquina como devastadora, la envidia puede llevar a la gente a adoptar comportamientos totalmente irracionales, simplemente para arruinar la ventaja del otro e incluso, al parecer, cuando ello supone un coste importante para ellos mismos.

Piensa en lo siguiente: si te dieran a elegir entre ganar 50 000 libras al año, cuando todos los demás empleados no ganan más de 40 000 libras, o 60 000 libras cuando todos los demás ganan 70 000 libras, ¿qué elegirías? Un estudio fascinante demostró que, ante una elección similar entre dos salarios de diferente cuantía, la gente estaba dispuesta a aceptar el más pequeño, con tal de obtener más que los demás. La gente está literalmente dispuesta a tirar el dinero por el desagüe si con ello se asegura de que los demás no disfruten de una ventaja sobre ellos.

La neurociencia de la envidia

Uno de los estudios de imagen cerebral más influyentes sobre la envidia fue el realizado por Hidehiko Takahashi y sus colegas de varias instituciones científicas de Japón y publicado en 2009 en la prestigiosa revista *Science*. Descubrieron que, cuando las personas en el escáner de resonancia magnética se enfrentaban a la descripción de un rival con más éxito, cuanta más envidia sentía esa persona, mayor era la actividad generada en la parte dorsal o superior del córtex cingulado anterior dorsal (CCAd). ¿Te suena? Lo hemos encontrado anteriormente en circunstancias como los sentimientos excesivos de incomodidad de los narcisistas cuando experimentan rechazo social y cuando las personas se encuentran en el incómodo aprieto de que les ofrezcan un trozo injustamente pequeño del proverbial pastel. Cada vez que una interacción social ofrece un resultado que no está a la altura de las expectativas de una persona, la llamada «disonancia cognitiva» que esto induce parece desencadenar siempre una respuesta fiable en esta región concreta del cerebro.

El conflicto más probable detectado por el CCAd en este estudio concreto tiene que ver con el contraste creado por las descripciones positivas de su rival superior en comparación directa con lo que la persona siente por sí misma. Queda por ver si el CCAd es o no la fuente de los sentimientos desagradables asociados a estar en relativa desventaja con respecto a los demás. Dado que se observó que las activaciones en esta área eran más fuertes en aquellos que puntuaban más alto en la prueba del inventario de personalidad narcisista y que experimentaban más dolor social al ser excluidos socialmente, es ciertamente posible. En apoyo de esta interpretación, además de la mayor actividad del CCAd, este estudio también observó una menor actividad en el estriado ventral. Hemos hablado del estriado ventral varias veces, en el contexto de las activaciones de valor de recompensa previstas asociadas con la comida, las imágenes eróticas y ganar dinero (véanse los capítulos III, IV y VI). Las respuestas reducidas en el estriado ventral suelen producirse cuando no se obtiene la recompensa esperada. En este caso, podría reflejar sentimientos de inadecuación inducidos por la descripción de un rival superior.

Todos hemos experimentado sentimientos de envidia en algún momento de nuestra vida. La experiencia ocasional de estas emociones envidiosas se conoce como «envidia episódica». La «envidia disposicional» es diferente. En lugar de episodios fugaces y esporádicos de envidia leve, se produce con mayor frecuencia, persiste durante más tiempo y es más profunda. Las personas que puntúan alto en la escala de envidia disposicional suelen estar de acuerdo con las siguientes afirmaciones: «No importa lo que haga, la envidia siempre me atormenta» o «Los sentimientos de envidia me atormentan constantemente». Lo bueno de disponer de una escala bien establecida para captar el grado en que distintas personas sufren envidia a diario es que se presta muy bien a los estudios de imágenes cerebrales. Yanhui Xiang y sus colegas de la Universidad Normal del Sur de China, en Guangzhou (China), llevaron a cabo un estudio de resonancia magnética en busca de diferencias estructurales cerebrales que variaran en función de las puntuaciones de envidia disposicional de los individuos, y publicaron sus resultados en la prestigiosa revista *Nature, Scientific Reports*. Llegar al fondo de lo que ocurre en el cerebro de quienes tienen una tendencia crónica a la envidia es un trabajo importante, porque está asociada a todo tipo de resultados negativos, como depresión, baja autoestima y baja asistencia al trabajo.

El estudio descubrió una diferencia significativa en el tamaño de una región del córtex prefrontal dorsolateral (CPFdl) que se encuentra casi a la altura del punto en el que la frente se une a la línea del cabello de una persona en el lado derecho. Cuanta más envidia experimentaba una persona a diario, medida por sus puntuaciones de envidia disposicional, más pequeña era esta zona del CPFdl. Una vez observado este hecho en los datos de 73 escáneres cerebrales, lo confirmaron repitiendo el experimento con 27 personas completamente diferentes. En ambos estudios también administraron una prueba para medir la inteligencia emocional (EQ[42]) y descubrieron que, cuanto más alta era la inteligencia emocional de una persona, mayor era el volumen de espacio ocupado por este parche del CPFdl. Las regiones de toda la vasta zona del córtex que se engloba bajo la denominación de CPFdl suelen estar implicadas en la capacidad de autorregulación de las emociones y los comportamientos impulsivos. La parte concreta del CPFdl implicada aquí parece conferir la capacidad de suprimir los molestos sentimientos de envidia y esta importante capacidad cognitiva parece verse afectada por el tamaño de esta estructura cerebral.

Los que obtuvieron puntuaciones más bajas en la puntuación de envidia disposicional, tal vez como era de esperar, tendían a obtener mejores puntuaciones en inteligencia emocional. Estas personas con una alta inteligencia emocional parecen ser más capaces de ejercer una influencia autocalmante para apaciguar cualquier sentimiento de envidia desencadenado por la exposición a la información sobre sus compañeros más exitosos. La implicación es que la fuente de esta influencia calmante de la envidia es un CPFdl mejor desarrollado.

---

[42] Suele denominarse EQ (*Emotional Quotient*), en contraposición a IQ (*Intelligence Quotient*). El término EQ se ha acuñado para captar otros aspectos de la inteligencia que no capta el coeficiente intelectual. La medición del coeficiente intelectual incluye pruebas de inteligencia cristalina y fluida, es decir, la amplitud y profundidad de los conocimientos de una persona y su capacidad para encontrar soluciones a problemas que no se ha planteado antes. La inteligencia emocional, en cambio, mide la capacidad de una persona para identificar y regular sus propios estados de ánimo e impulsos, leer los estados emocionales de otras personas y, en general, utilizar toda esta información emocional para tomar buenas decisiones y tener interacciones sociales positivas con los demás.

Ahora sabemos cuáles son las áreas cerebrales críticas que generan envidia y cuáles son las que la frenan. Hemos visto en qué circunstancias surge y hasta dónde llega la gente cuando se ve acosada a diario por su influencia destructiva. Resulta tentador especular con la posibilidad de que la envidia de Mary Konye hacia su amiga de la infancia tuviera que ver con un CCAd hiperactivo, una zona del CPFdl que suprime la envidia y una inteligencia emocional muy bajas. Sin escanear su cerebro, nunca lo sabremos con certeza. La gran pregunta es, dados los problemas que puede causar, ¿por qué los seres humanos hemos desarrollado la capacidad de sentir envidia?

Orígenes de la envidia

Como leímos en capítulos anteriores, mientras que las emociones básicas como la felicidad y la tristeza tienden a surgir en torno a los nueve meses después de salir del vientre materno, las sociales tardan mucho más en manifestarse y lo hacen alrededor de los tres años de edad. Esto se debe a que la envidia, al igual que la culpa, la vergüenza y el pudor, requieren que se formen tres importantes sistemas neuronales antes de que sea posible generarlas.

Un requisito previo para poder manifestar la envidia es tener sentido de uno mismo. La evidencia sugiere que esto suele ocurrir alrededor de los dieciocho meses después del nacimiento. En segundo lugar, la personita también tiene que haber desarrollado la capacidad de comprender que los demás también tienen su propio sentido del yo, con su propio conjunto de sentimientos, prioridades, intenciones y deseos. En el capítulo anterior nos hemos referido brevemente a este fenómeno, conocido como teoría de la mente, que se desarrolla en torno a los cuatro años. En tercer lugar, el incipiente ser humano debe haber averiguado las normas sociales pertinentes, es decir, la serie de comportamientos que su familia, sus profesores y la sociedad esperan de él. Saber exactamente qué comportamientos espera de nosotros un determinado *InGroup* es un requisito previo necesario para poder sentir culpa, vergüenza, pudor o envidia en los momentos adecuados. Este tercer paso puede variar mucho según el lugar del mundo en el que nos hayamos criado o el *InGroup* del que busquemos aprobación, mientras que los dos primeros pasos son universales.

La experiencia de las emociones sociales (culpa, bochorno, vergüenza y envidia) es algo angustioso, y con razón. Si fueran agradables, no serían muy útiles para desalentar comportamientos sociales inadecuados. Sirven de barómetro para medir nuestras inclinaciones antisociales. Sentimos vergüenza y culpa cuando nos damos cuenta de que nuestro comportamiento no está a la altura de las expectativas de los demás: vergüenza como castigo emocional por infringir las normas sociales imperantes, por ejemplo, o culpa cuando transgredimos los límites morales. Hemos evolucionado para sentir emociones desagradables como estas porque nos ayudan a mantener la buena voluntad del *InGroup* en el que hemos nacido o del que intentamos ganarnos el favor. Nos ayudan a mitigar la posibilidad de incurrir en sanciones sociales que, de otro modo, podrían derivarse de nuestro mal comportamiento. Nos ayudan a aprender de cada metedura de pata social, disuadiéndonos de repetir decisiones antisociales, para fortalecer en lugar de debilitar nuestra pertenencia al *InGroup*. La envidia, en cambio, es ligeramente distinta.

Dada su naturaleza intrínsecamente comparativa, la envidia se conoce como una emoción de «fortuna ajena». Sentimos envidia cuando observamos una disparidad entre nosotros y los demás que nos deja en desventaja. La envidia no suele tener tanto que ver con el control de nuestro comportamiento antisocial como con el seguimiento de lo que hacen los demás, sobre todo en comparación con nosotros. Nos alerta cuando nos quedamos rezagados con respecto a nuestros semejantes:

es la emoción social que impulsa a la gente en sus esfuerzos por «estar a la altura de los Jones».

La envidia puede considerarse un faro emocional que nos avisa de una desigualdad que nos deja en peor situación. Esta experiencia desagradable —un tipo de dolor social provocado por la superioridad de otras personas— actúa como una espina clavada en nuestro costado, proporcionando el impulso para actuar. Hay varias formas de corregir el desequilibrio, no todas destructivas. Por ejemplo, los sentimientos de envidia pueden inspirarnos para hacer valer nuestro derecho a una parte igual. Siempre que armemos el suficiente alboroto, esto puede ser suficiente para asegurarnos de que los demás no se aprovechen de nosotros en el futuro; funciona obligándonos a convertirnos en una espina clavada en su costado. Mientras que la mayoría de las emociones sociales nos ayudan a adaptar nuestro comportamiento para evitar caer en desgracia ante el *InGroup*, la envidia va en la dirección contraria. Nos ayuda a disfrutar de las mismas ventajas que los demás. En todos estos casos, nos vemos obligados a actuar para reducir nuestro sufrimiento, ya sea mejorando nuestra conducta o, si nos tratan injustamente, haciendo que los demás mejoren la suya.

La existencia de sentimientos de envidia en los demás también puede ayudarnos a regular nuestro propio comportamiento. Puede servirnos para equilibrar los instintos egoístas y codiciosos de maximizar constantemente nuestras ganancias con la necesidad de evitar disgustar a nuestros aliados más cercanos. Podemos intentar tomar medidas para modificar nuestro propio comportamiento y evitar inspirar envidia a los demás. Los antiguos griegos tenían algunos trucos en la manga a este respecto (véase el capítulo IX, p. 255). Así que otra función de la envidia es ayudarnos a encontrar el punto de equilibrio entre el interés propio y el interés del grupo, en un esfuerzo por evitar acabar en el extremo receptor de las intenciones malévolas de los demás.

Dónde se fije este punto de equilibrio puede cambiar de un país a otro y de una región a otra dentro de un mismo país, según las normas sociales que prevalezcan en cada subcultura determinada. Dondequiera que se fije el equilibrio, la envidia de los demás puede desempeñar un papel importante a la hora de señalar los desequilibrios percibidos. En algunas sociedades, la gente se deleita con la envidia de los demás, y a veces incluso toma medidas para enfatizar cualquier desigualdad que les favorezca. En otras culturas, la gente consideraría humillante tal desigualdad, por lo que tomaría inmediatamente medidas para disimularla o corregirla.

Los sentimientos de envidia, culpa, vergüenza y pudor forman parte de un astuto sistema neurológico de palo y zanahoria. La experiencia de estas emociones autoconscientes nos motiva a evitar repetir cualquier acto que haya inducido el estado de ánimo desagradable en cuestión. Y como sabemos por experiencia propia lo desagradables que son los sentimientos de envidia y hasta dónde pueden llegar los demás como consecuencia, puede ayudarnos a mantener bajo control nuestro propio comportamiento. Todas las emociones autoconscientes, pero sobre todo la envidia, son vitales para nuestra capacidad de regular el comportamiento humano colectivo, orientándolo hacia fines prosociales: «no nos dejes caer en la tentación y líbranos del mal». En general, este sistema funciona bastante bien, pero dista mucho de ser perfecto.

No es justo

La envidia suele tener en su núcleo un sentimiento de injusticia. Nuestro cerebro tiene la impresionante capacidad de juzgar el valor casi instantáneamente. Como hemos visto antes (véase el capítulo VI, p. 170), las respuestas en la vía de la recompensa se estimulan más intensamente ante un bien muy valorado que ante uno de menor valor. La misma maquinaria neuronal puede centrarse en las posesiones o circunstancias vitales de otras personas, estableciendo rápidamente lo bien que les va en comparación con nosotros. De un vistazo podemos saber si nuestro trozo de tarta difiere en tamaño del de los demás, lo que desencadena respuestas en la ínsula anterior y quizá también en el CCAd. Si nuestro trozo es más grande, ¡genial!, puede invadirnos un cálido resplandor de autocomplacencia. Si es más pequeña, los engranajes de la envidia pueden empezar a girar, provocando una fuerte necesidad de encontrar la manera de corregir el desequilibrio de una forma u otra.[43]

La envidia se desencadena ante cualquier disparidad percibida que nos deje con la impresión de que estamos peor. Tomemos el ejemplo de la envidia de la comida, algo con lo que todos nos sentimos identificados. Suele empezar al ver un plato de comida delante de otra persona que parece y huele más apetitoso que el nuestro. Envidiamos no solo la perspectiva de que nuestro rival en la mesa pueda disfrutar de una comida más satisfactoria, sino también su superior capacidad para tomar decisiones. Una vez que la envidia nos llama la atención sobre la desigualdad percibida, podemos empezar a pensar en cómo neutralizarla, quizá intentando convencerle de intercambiar el plato. Si lo conseguimos, seremos nosotros quienes disfrutemos de una experiencia gastronómica superior. El malestar de la envidia por la comida puede remediarse rápidamente si las personas con las que tratamos son cooperativas y agradables. La envidia también se disiparía rápidamente si la otra persona se ofreciera a compartir. Una vez que ambas experiencias culinarias son idénticas, la desigualdad, y, por tanto, la envidia, desaparece milagrosamente. De este modo, la envidia puede ser una fuerza social a favor de la igualdad.

---

[43] Suponiendo que ambas partes ocupen un peldaño similar en la jerarquía.

Los bebés no siempre aciertan. Suelen montar en cólera envidiosa cuando sienten que otro niño acapara el mejor juguete, cuando su ración de golosinas es más pequeña que la de los demás o si un hermano parece recibir más de algo que ellos. Los adultos aprenden, también mediante el refuerzo negativo, que si quieren un poco de paz y tranquilidad, tendrán que evitar (o al menos disimular) en el futuro las flagrantes disparidades que provocan envidia. El hermano de dos años y medio de mi ahijada lo tiene claro. El día de su cumpleaños no puedo hacerle un regalo a la niña en su presencia o la rabieta que montaría podría derrumbar el tejado. Su incipiente sentido de la justicia con respecto a lo que recibe en relación con su hermana mayor es tan agudo que su indignación inducida por la envidia parece estar a punto de saltar permanentemente. El niño tiene un sentido del yo y un sentido muy rudimentario de las perspectivas de los demás, pero a la tierna edad de casi tres años su sentido de lo que es «justo» está en pleno desarrollo, por tanto, la entrega de regalos en su casa debe ser encubierta para evitar el Armagedón infantil.

En el fondo, la rivalidad entre hermanos suele reducirse a la envidia. A pesar de los nervios que provocan todas esas lágrimas, esto también puede ser adaptativo. Un hermano pequeño, menos capaz de controlar sus incipientes emociones que el mayor, tenderá a reclamar más atención, y podría decirse que en realidad la necesita. Una mayor atención hacia el hermano pequeño sirve además para que el mayor empiece a aceptar algunas de las inevitables desigualdades de la vida. La rivalidad entre hermanos, y en particular la envidia por las ventajas percibidas, suele suavizarse en la edad adulta. En determinadas circunstancias puede persistir y, en ocasiones, llegar a ser totalmente desproporcionada.

Una noche de febrero de 2002, un británico, Jonathon Griffin, de Church Farm, Batcombe, Dorset, se vistió de negro, se pintó la cara de camuflaje, cogió unas gafas de visión nocturna y le pidió a un amigo que le dejara cerca de la granja de su hermano, en el pueblo de Fifehead Saint Quintin. Entonces, se escabulló por los campos, irrumpió en los edificios de la granja y causó daños por valor de unas 7000 libras esterlinas a varios tractores, dañando los conductos del combustible, pinchándoles los neumáticos y añadiendo contaminantes a los radiadores. Esto fue solo el principio de lo que resultó ser una campaña de destrucción de seis años que incluyó diversos actos de vandalismo, desde abrir a hachazos sacos de ensilado y abono hasta pegar candados, dañar puertas metálicas y maltratar una excavadora mecánica. ¿Qué inspiró esta mezcla de devastación? Nadie lo sabe con certeza, pero el hecho de que su padre lo excluyera del testamento puede haber sido un factor determinante. Frank, el padre de Jonathon, había muerto en 1994, ocho años antes del primer incidente. En su testamento se establecía que su granja, Skinner's Farm, en Stoke Wake, cerca de Blandford (Dorset), se dividiría a partes iguales entre su viuda Florence y el hermano mayor de Jonathon, David. El propio Jonathon no recibió nada, a pesar de haber trabajado allí durante seis años. En 2008, Jonathon fue declarado culpable de dos cargos distintos de daños criminales, pero mantuvo su inocencia en todo momento:

> Antes de que muriera mi padre me casé y me trasladé a otra granja y dejé que David dirigiera Skinner's Farm como venía haciendo. No tuve ningún problema con el testamento; eso es una completa tontería. David llamaba a mi madre y le decía que yo había estado haciendo cosas y le pedía que me dijera que dejara de hacerlas. Lo comentaba con la gente con la que trabajaba y más tarde esas cosas que decía se convertían en «admisiones». Dijeron que tenía gafas de visión nocturna, pero nunca las he tenido. La policía se llevó todas mis herramientas y registró mi casa sin encontrar nada que me relacionara con

ningún delito. Pero el barro se pega y me echaron mucho. No es que me haya peleado con mi hermano, es que me tiene manía. En el juicio traté de señalar todas las mentiras, pero solo me hizo parecer obsesivo. Supongo que tendré que aceptar el castigo.[44]

Por el bien del argumento, a pesar de sus protestas de inocencia, vamos a suponer que para que un tribunal de justicia haya decidido que había pruebas suficientes para que Jonathon Griffin fuera condenado a doce meses de prisión por los daños a los tractores y a otros tres meses por otra serie de actos delictivos, probablemente cometió estos delitos. ¿Por qué iba alguien a hacer todo ese esfuerzo, durante tantos años, escabulléndose de noche, procurándose (y, al parecer, ocultando cuidadosamente) equipo de camuflaje y gafas de visión nocturna, solo para hacerle la vida más difícil a su hermano?

Las disputas por herencias son conocidas por su potencial para desgarrar familias. Aparentemente, las disputas tienen que ver con el dinero. En realidad, en el fondo, todo se reduce a la envidia. Tiene todos los ingredientes esenciales. ¿Comparación con una persona concreta que deja a una de las partes en clara desventaja? Comprobado. ¿Las circunstancias son directamente relevantes para la propia vida de la persona? Sí. ¿Que el rival tenga un estatus socioeconómico similar? Sí. ¿La ventaja se percibe como difícil de conseguir, injusta e inmerecida? Comprobado.

El dinero es solo una forma de llevar la cuenta. Las métricas mucho más importantes, las que realmente se meten en la piel de la gente pero son casi imposibles de cuantificar objetivamente, son las monedas sociales del amor y la aprobación. Cuando uno de los padres deja dinero o posesiones a un pariente y no a otro, el trasfondo de envidia es evidente: querían

---

[44] Esta declaración se publicó el 18 de agosto de 2008 en el *Evening Standard*.

y aprobaban a uno más que a otro. Como resultado de lo que se lee entre líneas, los actos de vileza entre familiares alimentados por la envidia a causa de testamentos en disputa son aterradoramente comunes y pueden tener consecuencias absolutamente devastadoras. En la época en que se escribía este libro, un joven mató a puñaladas a su madre y a su hermana poco después de enterarse de que su difunto padre —uno de los fundadores de la famosa tienda londinense de bocadillos 24 horas, Beigel Bake, en Brick Lane— le había excluido del testamento. Unos años antes, tras fallecer el propietario del exclusivo club nocturno Annabel's, en la plaza Berkeley de Mayfair, se supo que había dejado a su nieto de dos años 103 millones de libras, mientras que su hijo solo recibió un millón. El hijo interpuso inmediatamente una demanda para impugnar el testamento. La lista de este tipo de historias es interminable…

Las disputas por la herencia son tan propensas a causar dolor y angustia entre los familiares que sobreviven al fallecido que muchas personas de alto nivel han optado por dejar completamente claro, desde el principio, que sus hijos no se quedarán con nada después de su muerte. Anita Roddick, fundadora de Body Shop, donó todo su dinero a obras benéficas. La estrella del rock Sting ha declarado que sus tres hijas y sus tres hijos no recibirán ni un céntimo de su fortuna, estimada en 180 millones de libras. Bill y Melinda Gates solo dejarán 10 millones de dólares a cada uno de sus hijos, una miseria teniendo en cuenta los miles de millones que tienen en el banco. Dado el poder de la envidia maliciosa para inspirar comportamientos que van de lo meramente irritante a lo francamente asesino, parece totalmente sensato tomar medidas para mitigarla. Sin embargo, su capacidad para inspirar comportamientos malévolos es solo el lado oscuro de la envidia. También tiene un lado luminoso…

Envidia benigna

La envidia puede no sentar bien, pero el comportamiento que inspira no siempre acaba en lágrimas. Cerrar la brecha que te separa de un compañero que disfruta de algún tipo de ventaja sobre ti siempre puede lograrse de una de estas dos maneras: elevándote a ti mismo o tirando de él hacia abajo.

Aristóteles, como siempre, fue de los primeros en describir una forma virtuosa de envidia en la que, habiendo observado las ventajas de la otra persona, una persona puede sentirse inspirada para estudiarla y tratar de emular su ejemplo. Esta forma de envidia puede impulsarnos a imitar las cualidades admirables de compañeros que consideramos mejores que nosotros. En las últimas décadas, un puñado de estudios han demostrado este fenómeno en el lugar de trabajo. Se ha comprobado que los sentimientos de envidia aumentan la motivación laboral, mejoran el rendimiento en el trabajo y provocan admiración y deseo de aprender del objeto de la envidia. Se trata de una envidia benigna. Puede incitarnos a la acción, centrar nuestros esfuerzos en áreas en las que nuestras habilidades son insuficientes y motivarnos para elevarnos a través del trabajo duro. Siempre que acabe obligándonos a redoblar nuestros esfuerzos para alcanzar el mismo nivel que aquellos con los que nos comparamos, la envidia puede ser una virtud.

Pero incluso la envidia benigna puede tener repercusiones negativas si va demasiado lejos. En algunas personas, normalmente las hipercompetitivas, puede inspirar un nivel de motivación que desemboca en la adicción al trabajo. Los resultados generales no suelen ser ideales para quienes dan prioridad al trabajo en detrimento de todos los demás aspectos de su vida. Dicho esto, la envidia benigna puede resultar muy útil para muchas personas a las que les repele la perspectiva del trabajo duro (véase el capítulo V). De hecho, podría proporcionarles el impulso que necesitan para ponerse manos a la obra. Si la respuesta a los sentimientos de envidia en los perezosos es una motivación extra, podría esgrimirse como un garrote con el que golpear a Belphegor en la cabeza y mantener a raya las tentaciones de la pereza. Debido a estas complejidades, la envidia es uno de los vicios cardinales más confusos.

Afortunadamente, no se activa cada vez que notamos una disparidad entre nosotros y los demás. Menos mal, porque, como señala Max Ehrmann en su poema «Desiderata»: «Siempre habrá personas mejores y peores que uno mismo» (este poema se encuentra en los anexos, p. 329). Sentir envidia de muchas personas diferentes todo el tiempo sería agotador y muy posiblemente catastrófico. Las poderosas influencias de los medios de comunicación modernos lo saben muy bien y hacen todo lo posible por sacar provecho de esta fuerza tan motivadora de la naturaleza humana.

PUBLICIDAD, *BRAGBOOK* Y GASTO DE LOS CONSUMIDORES

La envidia se utiliza a diario para obtener beneficios en todo el mundo. La industria publicitaria lleva siglos haciéndolo. Sus tácticas flagrantes para estimular la codicia de las masas incluyen la exhibición de sus productos en modelos escandalosamente bellas, estrellas de cine y de la música inconfesablemente guays, así como la cuidadosa colocación de productos en los platós de películas y series de televisión populares. Conseguir que nuestras celebridades favoritas promocionen determinados productos nos anima a verlos con mejores ojos. Se aprovecha el poder motivador de la envidia benigna. El mensaje implícito en las campañas publicitarias de gran presupuesto es que, comprando cualquier producto deseable que exhiban los famosos, podemos acortar distancias entre ellos y nosotros. Y aunque la envidia suele ser más poderosa cuando nos comparamos con personas de un entorno similar, la ventaja de utilizar a famosos es que parte de nuestro afecto hacia ellos puede desplazarse al reloj, la línea de ropa o el artículo de lujo.

El apoyo de los famosos no es nada nuevo. La monarquía británica lleva colaborando en la venta de vajillas desde la década de 1760, cuando Wedgwood obtuvo por primera vez el sello real de aprobación. Dos siglos y medio más tarde, el actor de Hollywood George Clooney (todos los hombres quieren ser él, todas las mujeres quieren estar con él) firma un contrato de cuarenta millones de dólares con Nespresso para ser embajador de su marca. Los hombres envidiamos en secreto su encanto, su sofisticación y su atractivo; lo único que tenemos que hacer para acortar distancias con él es comprar una cafetera. Aunque no funcione, al menos cumpliremos el sueño de tener un café de barista en casa o en la oficina. Las mujeres suspiran por su atractivo y encanto, así que de cualquier forma su asociación con la marca ayuda a diferenciarla de las demás la próxima vez que se encuentren buscando una nueva cafetera. A finales del siglo XX, el mundo del patrocinio de famosos estaba dominado por estrellas de la música, el deporte y el teatro, pero últimamente la tendencia ha cambiado. Hoy en día, los *influencers* más solicitados son las estrellas de las redes sociales. Pero, antes de examinar este fenómeno, debemos explorar la capacidad de las redes sociales para estimular la envidia.

Mientras que la publicidad parece hacer todo lo posible por avivar intencionadamente el fuego de la envidia, en las redes sociales se trata más bien de un accidente de diseño. Como en todo lo social, la gente tiene una tendencia natural a presentarse bajo una luz favorable. Si vamos a una fiesta, tenderemos a vestirnos con nuestras mejores galas, en lugar de aparecer con lo que solemos ponernos para holgazanear por casa un domingo por la mañana. La tendencia a querer causar una impresión positiva significa que hay una tendencia natural a exagerar cuando utilizamos las redes sociales para conectar con amigos y compañeros (Facebook es el ejemplo más obvio). Estos prejuicios inherentes hacen que las redes sociales se conviertan más en un escaparate de lo más destacado que en una representación fiel de lo que realmente ocurre en nuestras vidas. Esto puede dar a la gente la falsa impresión de que los demás disfrutan de una calidad de vida mucho mejor que la nuestra. Publican con entusiasmo cuando hay buenas noticias que compartir, una observación divertida o algún tipo de éxito del que presumir. Se callan cuando todas las noticias son aburridas, las observaciones mundanas o se ven acosados por el fracaso. Y para empeorar las cosas, cuando publican, enmarcan las fotos de noches emocionantes, comidas deliciosas, alojamiento de vacaciones y actividades de una manera que hace que todo parezca mucho mejor de lo que realmente fue. Todo lo malo se omite cuidadosamente. Las redes sociales filtran la vida real de esta manera, eliminan lo malo y amplifican lo bueno, lo que puede acabar dejando a la gente con la clara, aunque falsa, impresión de que la vida de los demás es muy superior a la suya.

Como sabemos, la envidia se estimula más por la comparación hacia arriba a través de una brecha estrecha que de una enorme. En este sentido, los servicios de redes sociales que nos conectan con nuestros amigos y familiares, como Facebook, deberían ser más eficaces para estimular la envidia que los que se utilizan para conectar con personas más allá de nuestros círculos sociales, como Twitter. Ciertamente, Facebook tiene el potencial de ser mucho más potente en su capacidad de generar envidia que los periódicos sensacionalistas y las revistas que documentan las escapadas de los famosos. Dado que las redes sociales distorsionan la realidad de forma dramática por la tendencia natural de las personas a aparentar más éxito, popularidad o felicidad de la que realmente tienen, es difícil pensar en una herramienta más adecuada para catalizar la envidia. Pero ¿se apoya esta sospecha en datos concretos?

Algunas personas que pasan mucho tiempo en Facebook, sobreexponiéndose así a la vida de los demás, son más propensas a sentirse deprimidas, pero esto no le ocurre a todo el mundo. Parece depender de cómo lo utilice la gente. Para quienes utilizan Facebook de forma interactiva, para estar en contacto con amigos y familiares con más regularidad de lo que lo harían de otro modo, el impacto psicológico puede ser incluso ampliamente positivo. Si realmente les hace sentirse más conectados socialmente, también puede aumentar su autoestima. Este no es el caso de quienes pasan el tiempo en Facebook como espectadores, mirando las actualizaciones de otras personas sin participar mucho. Estos son los acechadores y los mirones. Estas personas acaban sintiéndose deprimidas cuando su uso habitual de Facebook les provoca sentimientos de envidia. Es de suponer que esto es especialmente problemático para quienes puntúan alto en la escala de envidia disposicional, independientemente de lo interactivos que sean en su uso de las redes sociales.

Queda por ver si la correlación positiva entre la envidia de Facebook y la depresión entre los *lurkers* significa que el compromiso intensivo con las redes sociales provoca realmente un aumento de los síntomas de depresión. Es posible que ambas cosas estén causadas por algo completamente distinto. Es un tema que se está investigando y debatiendo ferozmente, pero desde luego no está fuera de lo posible. Mientras esperamos las pruebas contundentes de los estudios longitudinales que se necesitarían para demostrar la causa y el efecto, todo lo que tenemos mientras tanto son pruebas anecdóticas.

Hace unos años, un par de buenos amigos míos borraron sus cuentas de Facebook cuando la constante comparación con los demás empezó a desanimarlos, y la situación mejoró considerablemente para ellos. El mejor consejo para quienes han llegado al punto de consultar compulsivamente las redes sociales varias veces por hora sin ningún motivo en particular es que experimenten con la reducción de la participación. Si no te sientes muy feliz con tu vida, cualquier esfuerzo por reducir el número de comparaciones sociales al día debería, en teoría, ayudar a reducir la envidia y, por tanto, el sufrimiento social general. Inténtalo. Hazlo en frío y a ver qué pasa.

En enero de 2017, *Marketing Week* publicó una lista de los 20 *influencers* más buscados de 2016. Personalmente, solo reconocí a una de las 10 primeras, y eso solo porque era la mismísima reina de los *selfies*: Kendall Jenner. A ver qué tal: 1) Hailey Baldwin, 2) Vogue Williams, 3) Kendall Jenner, 4) Iris Apfel, 5) Karlie Kloss, 6) Gigi Hadid, 7) Bella Hadid, 8) Stephen Curry, 9) Emily Ratajkowski, 10) Ashley Graham. ¿Cuántos de estos nombres has reconocido? ¿Dónde están las estrellas de cine? Ni una sola estrella del pop, ¿cómo puede ser? Bueno, hoy en día, todo depende del poder de las redes sociales. Si tienes unos cuantos cientos de miles de seguidores en Twitter y Facebook, el contrato es tuyo. La modelo Hailey Baldwin, descendiente de la dinastía de actores Baldwin, tiene más de un millón de seguidores en Twitter y más de 300 000 en Facebook, y apareció en campañas publicitarias de Guess, Tommy Hilfiger, H&M y Ugg a lo largo de 2016. Vogue Williams es una modelo irlandesa que saltó a la fama en las redes sociales gracias a diversas apariciones en *realities* como *Dancing with the Stars* y *Bear Grylls: Misión sobrevivir*.

La razón exacta por la que las estrellas de las redes sociales, en su mayoría modelos, han empezado a desplazar a las celebridades tradicionales en el ámbito de la influencia es objeto de debate. Los ídolos del deporte, que durante años fueron los modelos para influir en los consumidores, se han visto desplazados en la clasificación por los ninjas de pura cepa de las redes sociales. La estrella británica de la natación Rebecca Adlington ocupa el puesto 11, el futbolista Christiano Ronaldo el 17 y los baloncestistas Stephen Curry y Shaquille O'Neal el 8 y el 19, respectivamente. No se trata solo del número de seguidores. Tiene mucho más que ver con la eficacia con la que las estrellas crean la ilusión de intimidad con sus seguidores a través de un flujo constante de actualizaciones sobre sus actividades diarias. Si consiguen reducir la percepción de la distancia que nos separa de ellos, consiguen tres cosas. Se sienten más familiares, gustan más y el poder de la envidia aumenta, todo de un plumazo. La promesa implícita es la misma de siempre: poseyendo cualquier objeto deseable que ellos tengan, podemos cerrar la brecha entre ellos y nosotros. La diferencia es que el uso eficaz de las redes sociales ha hecho que la distancia entre la estrella y el consumidor sea más estrecha que nunca, lo que significa que los sentimientos de envidia son más fuertes y, por tanto, cualquier cosa que se les fotografíe sujetando, vistiendo o usando vuela de las estanterías virtuales.

FRACASO ÉPICO

Una forma popular de entretenimiento en el mundo de las redes sociales es el *epic fail*. Se trata de personas corrientes que intentan presentarse de forma positiva en las redes sociales, pero caen de bruces, a menudo literalmente. La comedia cómica es popular desde hace siglos. En la Edad Media, cuando el bufón fingía hacerse daño, los miembros de la corte real se reían a carcajadas, tras haber experimentado empáticamente parte del dolor del bufón, seguidos de una oleada de alivio por no ser ellos los que sufrían la humillación de saltar como idiotas. El placer que nos produce presenciar la desgracia ajena se explotó a partir de los años veinte en las películas de los Hermanos Marx y Charlie Chaplin, y se vive en los teatros desde siglos antes de que se inventara la cámara de cine. A partir de finales de los años cuarenta, incluso el público podía convertirse en la estrella del espectáculo. Series de televisión como *Candid Camera*, que utilizaban complicados montajes y cámaras ocultas, captaban la humillación de la gente corriente para deleite de las familias que las veían en sus salones. La omnipresencia de las cámaras de vídeo domésticas a finales del siglo xx permitió a los ciudadanos participar también en el espectáculo, enviando imágenes de sus percances domésticos a programas de televisión como *You've Been Framed*. Y ahora que todo el mundo lo graba todo con su *smartphone* y lo cuelga en Internet, programas como *RudeTube* presentan los vídeos más vistos de YouTube, en los que la mayoría de las veces la gente se causa algún tipo de daño sin darse cuenta. No nos cansamos de verlo.

Esto nos remite a la lista de san Agustín de los males asociados a la envidia, que incluía la «alegría causada por la desgracia del prójimo». En nuestros días, en lugar de ser algo que la gente hace todo lo posible por evitar para salvar sus almas, parece haberse convertido en una de nuestras formas de entretenimiento más queridas. El placer de presenciar la desgracia ajena se conoce como *schadenfreude*. La traducción literal del alemán al español es «daño-gozo». Mientras que la envidia que sentimos al presenciar el éxito de un rival implica sentimientos de desagrado, la *schadenfreude* refleja el deleite ante su fracaso.

Arthur Schopenhauer opinaba que «sentir envidia es humano, saborear la *schadenfreude* es diabólico»; sin embargo, no todo el mundo piensa así. Aunque nos reímos fácilmente de cualquiera que sufra un pequeño accidente que podría habernos ocurrido a nosotros mismos, puede ser especialmente satisfactorio cuando las personas a las que envidiamos —aquellas que nos provocan sentimientos de dolor social en virtud de su superioridad— sufren un golpe de desgracia. Personalmente, me encanta oír que el Chelsea FC ha perdido un partido, a pesar de que el equipo al que pertenezco se encuentra la mayoría de las veces en la liga inferior y, por tanto, ni siquiera participa en esa competición. Probablemente porque, por mucho que cantemos «Somos, con diferencia, el mejor equipo que el mundo ha visto jamás», lo cierto es que el Chelsea es mucho mejor. Así que es *schadenfreude* lo que me hace sonreír cuando oigo que nuestros rivales locales han sufrido una vergonzosa derrota. No es algo atípico. Los apasionados aficionados al deporte de todo el mundo se deleitan con la noticia de que un equipo rival ha sufrido derrotas, vergüenzas y desgracias, sobre todo cuando su propio equipo no es el favorito. Del mismo modo, para cualquiera que trabaje fuera del sector bancario y gane un salario modesto, puede ser intensamente satisfactorio oír que se castiga a financieros deshonestos por prácticas laborales deshonestas. Tras la caída de Enron,[45] millones de norteamericanos se alegraron al enterarse de que los miembros de su consejo de administración habían sido condenados a largas penas de cárcel por maquillar las cuentas para ocultar grandes pérdidas y crear la ilusión de que generaba enormes beneficios. Nos gusta ver caer a los de arriba.

Desde el punto de vista de la psicología evolutiva, disfrutar de la desgracia de un superior tiene sentido. Durante la mayor parte de la historia de la humanidad, cuando vivíamos en grupos de un tamaño más manejable, la vida se definía por un acceso limitado a unos recursos escasos y había una lucha constante por la supervivencia. En estas circunstancias, más para un miembro dominante del *InGroup* significaba menos para ti. Si alguien superior en la jerarquía sufría una desgracia, podía ser una gran noticia para ti y los tuyos. Así es como la psicología evolutiva explica cómo surgió este diabólico placer.

Una diferencia importante entre la envidia y el *schadenfreude* es que, mientras que la envidia tiende a operar en pequeñas diferencias en el orden jerárquico, el *schadenfreude* es posible en disparidades mucho mayores de riqueza. Tal vez sea así como la prensa sensacionalista ha convertido nuestro voraz apetito por la desgracia ajena en un gran negocio. Detallar la caída en desgracia de deportistas, estrellas del pop y cualquier otra persona que el público en general pueda percibir como inmensa e

---

[45] Empresa energética estadounidense multimillonaria que se hundió en 2001 tras revelarse un importante fraude contable.

injustamente mejor situada que los demás está destinado a ser bien recibido por los lectores, dado el placer que provoca. Sin embargo, la envidia y el *schadenfreude* siguen compartiendo un vínculo íntimo.

Los estudios neurocientíficos que investigan el *schadenfreude* han revelado que, cuando nos enteramos de que la suerte de un rival ha empeorado, se produce un aumento de la actividad del estriado ventral. Esto se interpreta generalmente como el origen de la satisfacción que sienten las personas cuando se enteran de la desgracia de otros. Al mismo tiempo que el estriado ventral se vuelve más activo, también se observa una reducción de la actividad en la ínsula anterior. Hasta ahora hemos considerado la ínsula anterior principalmente en términos de sus respuestas a estímulos aversivos. Pero muchos estudios de resonancia magnética que investigan las áreas cerebrales implicadas en la generación de nuestros poderes de empatía también han implicado sistemáticamente las activaciones de la ínsula anterior en la capacidad de sentir el estado emocional de los demás. Por tanto, para experimentar el placer de la *schadenfreude,* es posible que primero haya que suprimir la ínsula anterior —para reducir nuestra capacidad de empatizar— antes de que sea posible sentir placer por la desgracia ajena.

El estudio original sobre la envidia también investigó hasta qué punto los mismos cien voluntarios experimentaban *schadenfreude* al enterarse de la desgracia de un rival. Se llegó a la conclusión de que, cuanto mayor era el grado de envidia que una persona experimentaba al oír descripciones de la superioridad de un rival, mayor era la intensidad de la actividad desencadenada por la *schadenfreude* en el estriado ventral al oír hablar de su caída.

Sentir placer por la desgracia fortuita de un rival es una cosa, pero provocar activamente su perdición es otra muy distinta. Concluiremos este capítulo con una triste historia real sobre cómo la envidia disposicional puede inspirar diabólicos actos de violencia. En las últimas décadas, Estados Unidos se ha visto azotado por una oleada de asesinatos en masa por imitación. Estos ataques suelen caracterizarse por individuos perturbados que cogen distintas armas y salen con la intención expresa de matar a un gran número de personas inocentes, de forma más o menos indiscriminada. En 2014, Elliot Rodger mató a sus tres compañeros de casa y luego condujo por la ciudad, disparando tranquilamente a jóvenes en el campus de la Universidad de California en Santa Bárbara y sus alrededores. Según un «manifiesto» de 100 000 palabras que envió a amigos, familiares y a su psicoterapeuta, afirmó haber sido impulsado a este horrible acto de violencia por abrumadores sentimientos de envidia.

Cuando la ventaja de un rival se percibe como injusta —ya sea por su apariencia superior, como en el caso de Blancanieves y su malvada madrastra, por su posición de autoridad, como en el caso del abanderado de Otelo, Iago, o por su riqueza, como en el caso de los hermanos granjeros Griffin—, la envidia maliciosa puede asomar su fea cabeza. A veces, cuando la envidia se ha gestado y fermentado en la mente de una persona durante muchos años, pueden empezar a surgir elaboradas fantasías sobre métodos malévolos para nivelar el terreno de juego provocando la caída de sus rivales. El deseo de sentir la satisfacción asociada a la *schadenfreude* puede incluso inspirar terribles actos de violencia como los cometidos por Elliot Rodger en Estados Unidos y Mary Konye en el Reino Unido.

La envidia que Mary Konye sentía por Naomi Oni se enconó durante muchos años, llegando a manifestarse como lo que el fiscal jefe en su juicio describió como una «obsesión». Pero la gota que colmó el vaso y desencadenó su deplorable acto de violencia parece haber sido un insulto que hirió profundamente la autoestima de Mary Konye. Una prueba presentada durante el juicio, y que ayudó a convencer a los miembros del jurado de que este crimen merecía una pena de doce años de prisión, es decisiva en este caso. Resulta que, poco después de arrojar ácido a la cara de su amiga, Mary Konye subió a su cuenta de WhatsApp una foto de Freddy Krueger,[46] acompañada de las siguientes palabras: «¿Quién se parece ahora a un personaje de *Wrong Turn*?». *Wrong Turn* es el nombre de una película de terror en la que aparecen diversos personajes desfigurados. Al parecer, Naomi Oni había comparado el aspecto de Mary Konye con estos personajes durante una discusión anterior, lo que puso de manifiesto el motivo de su devastador plan. Esto nos lleva al último pecado mortal, posiblemente el más destructivo de todos: la ira.

---

[46] Freddy Krueger es el terrorífico protagonista de la película de terror *Pesadilla en Elm Street*.

CAPÍTULO VIII
IRA

«Estaba enfadado con mi amigo:
Le dije a mi ira, mi ira terminó.
Estaba enfadado con mi enemigo:
No lo dije, mi ira creció».

William Blake, «Árbol venenoso»

Ahora entramos en la guarida de Satanás, el príncipe del infierno asignado por el obispo Binsfeld al pecado de la ira. El suyo es el reino de la ira excesiva, la agresión y la violencia. Cuando se trata del potencial de causar daño separando a las personas en lugar de unirlas, la ira es sin duda incomparable. Al fin y al cabo, la muerte es la fuerza definitiva para separar a una persona de sus seres queridos y, de todos los pecados capitales, la ira es el que más rápidamente lleva a la gente a la muerte.

El deseo de hacer daño a los demás se presenta en las variedades de cabeza caliente y cabeza fría. El daño que causan puede ser físico o psicológico. Y Satán rara vez actúa solo; los otros pecados capitales siempre están dispuestos a echar una mano. La envidia y la lujuria conspiran para desencadenar fantasías violentas en los cerebros de los amantes despechados. La envidia y la codicia desatan la ira en las batallas por los recursos más codiciados. Los conflictos se producen tanto a pequeña como a gran escala: entre individuos, entre familias en luchas de sangre multigeneracionales, entre vecinos por la valla del jardín y entre naciones en disputas por las fronteras. A menudo, el motivo subyacente no es otro que el orgullo herido. Incluso las guerras religiosas que se han librado a lo largo de la historia y hasta nuestros días no son más que luchas entre diferentes *InGroups* por ver quién tiene el mejor amigo imaginario.

Los daños asociados a la muerte no se limitan a la pérdida de la vida. Son los amigos y familiares de los difuntos los que pagan el mayor tributo emocional, al tener que llorar su pérdida y arreglárselas sin ellos. Los daños de la ira tampoco se limitan a la muerte. Pueden manifestarse de tal forma que toda la vida de una persona se convierta en una pesadilla. La violencia doméstica puede dejar a la pareja y a los hijos en un estado de miedo constante. Las víctimas de acoso en la escuela y en la comunidad local pueden tener tendencias suicidas y acabar con cicatrices psicológicas que duran toda la vida.

Según el ritmo lógico que hemos seguido a lo largo de esta exploración de los vicios cardinales, es posible que ya tengas una idea de lo que viene a continuación. Siempre hay algo positivo que decir sobre estos horribles y malévolos comportamientos, un aspecto del que no podemos prescindir; algo que proporcionó a nuestros antepasados una ventaja de supervivencia a lo largo de muchas generaciones y que sigue dando dividendos hasta el día de hoy. Si tenemos en cuenta que los impulsos de ira nos obligan a pasar directamente a la línea de fuego de la agresión ajena, a pesar del claro peligro que esto podría suponer para nuestras perspectivas de supervivencia; si no se obtuviera ningún beneficio, seguramente se habría eliminado del acervo genético humano hace mucho tiempo.

Los humanos somos notoriamente belicosos. Dada la propensión de nuestra especie a acumular muchos más recursos de los que necesitamos a corto plazo (capítulo VI), resulta que la relación coste/beneficio de la violencia interhumana es especialmente alta en comparación con otros mamíferos. Los costes potenciales pueden ser devastadoramente altos, pero los beneficios potenciales son extraordinarios. Si al matar a un rival humano se consigue el control de un excedente de alimentos, herramientas, ropa, armamento y, por tanto, poder, por no mencionar el refugio, la tierra y la posibilidad de tener descendencia con el contingente femenino de la granja invadida, los beneficios potenciales pueden superar incluso los enormes riesgos. Las lesiones graves y, muy posiblemente, la muerte son precios muy altos a pagar por el fracaso, pero, cuando la ganancia inesperada que surge de una conquista triunfante tiene el potencial de producir suficiente poder y recursos para conferir una ventaja de supervivencia a través de muchas generaciones sucesivas, todavía puede valer la pena a largo plazo. Cuando la riqueza y el poder del *InGroup* aumentan lo suficiente como para mejorar incluso las posibilidades de sus tataranietos de transmitir con éxito sus propios genes, las ventajas de una estrategia tan arriesgada son evidentes. Si tienes dudas, piensa en lo que supuso para las perspectivas de supervivencia del ADN de Gengis Kahn (véase el capítulo IV, p. 116).

La propensión a la confrontación agresiva y a la violencia, tan evidente en todo el reino animal, se ha mantenido como parte esencial de la naturaleza humana. Esto no significa que tengamos que actuar según nuestros impulsos agresivos para prosperar. La sociedad moderna ha utilizado varios trucos para reducir la confrontación agresiva con más éxito que nunca en la historia de nuestra especie. Pero aún conservamos estos impulsos en nuestro repertorio conductual y siguen teniendo un impacto significativo en el comportamiento diario de las personas.

Se trata de un tema vertiginosamente vasto, por lo que es necesario ser disciplinado a la hora de centrarse en los aspectos de la ira más relevantes para la cuestión que nos ocupa. En nuestra exploración de por qué cometemos los actos agresivos que sabemos que no debemos hacer, lidiaremos con esos casos de cuándo las expresiones de ira son socialmente apropiadas y cuándo no lo son. Intentaremos comprender el papel que desempeña el comportamiento agresivo para ayudarnos a definir los límites de un comportamiento aceptable y para reunir el valor necesario para enfrentarnos a nuestros miedos. Nos interesará saber de dónde procede la ira en el cerebro y si existen diferencias consistentes en la estructura y el funcionamiento de los cerebros de quienes pueden contener su agresividad y quienes no.

CHOQUE DE TRENES

¿Cuándo fue la última vez que te enfadaste? ¿Esta mañana? ¿Ayer? ¿El mes pasado? ¿No lo recuerdas? En mi caso, fue anteayer.

Me dirigía en tren a Brighton, en la costa sur de Inglaterra, para rodar algunos episodios de *Secrets of the Brain*.[47] Resulta que había estado trabajando en este episodio durante el viaje, así que, cuando llegamos a la estación, la mesa del vagón estaba cubierta de papeles y libros de ciencia que tardé un poco en recoger. Acabé siendo el último pasajero en bajar. Como había llegado con tiempo de sobra, me entretuve, lo admito desde el principio.

El revisor entró en el vagón, se acercó a mí por el pasillo, me miró brevemente mientras recogía mis cosas y, acto seguido, se bajó del vagón y desapareció. Un par de minutos más tarde estaba listo para salir y me dirigí a la salida, pero, cuando pulsé

---

[47] Una serie científica que presento en Insight TV.

el botón para abrir las puertas, no ocurrió nada. Pronto se me ocurrió que podría haberse activado el mecanismo de bloqueo de todas las puertas del vagón, pero me pareció improbable por dos razones: no se había anunciado que el tren se ponía fuera de servicio y el revisor me había mirado directamente y no había dicho nada. Así que supuse que tendría tiempo de sobra antes de que el tren volviera a llenarse de pasajeros y emprendiera el viaje de vuelta. Me dirigí rápidamente al siguiente vagón, desconcertado pero no alarmado. Pulsé el primer botón de «abrir puertas» que encontré, pero fue en vano. Una vez agotadas todas las explicaciones posibles y convencido de que el tren probablemente estaba fuera de servicio, eché a correr. Esprintando hasta el tercer vagón, con el miedo y la indignación a flor de piel, finalmente me adelanté al revisor y conseguí pulsar el botón de «abrir puertas» antes de que pudiera desactivarlo también. Mientras corría por el pasillo, empecé a sentirme cada vez más estúpido. Cuando por fin conseguí bajar del tren, estaba totalmente indignado.

No se me ocurría ni una sola explicación razonable de por qué aquel hombre, una persona a la que nunca había puesto los ojos encima, parecía haberme atrapado intencionadamente en el tren. ¿Por qué alguien haría algo así? ¿Cómo podía mirarme a los ojos, no advertirme de lo que iba a hacer unos instantes después y recorrer todo el tren, cerrando las puertas de un vagón tras otro, sabiendo perfectamente que me dejaría tirado? La idea de que lo hubiera hecho a propósito avivaba mi furia. Pero me contuve, recordándome que, nunca se sabe, podría haber sido un error inocente. Los accidentes ocurren.

Al salir del tren, me lo encontré y le describí lo ocurrido desde mi punto de vista y, con toda la calma que pude, le pedí explicaciones. Murmuró algo así como: «Bueno, señor, los pasajeros tienen tres minutos para salir del tren...». Rápidamente quedó claro que sabía exactamente lo que estaba haciendo. Ninguna disculpa, solo una débil excusa. Sin ninguna explicación razonable que contuviera mi ira, le dije lo que pensaba en términos inequívocos.

Desatar un torrente verbal de insultos contra un completo desconocido no es mi conducta habitual. De hecho, detesto los enfrentamientos e intento evitarlos siempre que puedo. ¿Por qué perdí la calma en esta ocasión? Dado que estaba escribiendo este capítulo en ese momento, pasé mucho tiempo reflexionando sobre lo que me hizo perder la cabeza. Pero, antes de entrar en materia, consideremos los orígenes biológicos de la ira y el papel que desempeña en la delimitación de las fronteras sociales.

La ventaja de la ira

La ira tiene su lugar en el repertorio emocional de todo ser humano sano y equilibrado. David Hume llegó a afirmar que «la ira y el odio son pasiones inherentes a nuestra estructura y constitución. La falta de ellas, en algunas ocasiones, puede ser incluso prueba de debilidad e imbecilidad».

La ira es una respuesta emocional típica al sentirse amenazado. En este sentido, puede considerarse un mecanismo de defensa. La agresividad puede ayudar a las personas a superar su miedo y a defenderse cuando son maltratadas por otros, en lugar de tolerar dócilmente un comportamiento hostil. La ira también puede proporcionar la motivación para adoptar una postura contra las transgresiones morales, provocando la intervención incluso cuando la persona en cuestión no está directamente implicada. Puede inspirar a las personas a responsabilizar a otras por su conducta antisocial, a trazar una línea en la arena y desalentar la repetición de ese comportamiento en el futuro. La ira puede desempeñar un papel vital en la regulación de la conducta en la sociedad, porque cuando no proporciona un antídoto contra el miedo natural de la gente a la confrontación, puede producirse una espiral de silencio. Si nadie se atreve a enfrentarse a un comportamiento antisocial, la victimización y la opresión pueden extenderse a pesar de la desaprobación generalizada. Así pues, la ira puede utilizarse con fines prosociales a nivel individual y de grupo. Empieza a desempeñar un papel importante en las primeras etapas del desarrollo infantil.

La ira es una de las siete emociones básicas universales,[48] cuyos primeros destellos empiezan a surgir en los bebés entre los cuatro y los seis meses de edad. Estas emociones son universales en el sentido de que surgen a esta edad en todos los bebés humanos, nazcan donde nazcan, como indica la expresión facial distintiva que acompaña a cada emoción. La ira suele expresarse en circunstancias en las que el bebé se encuentra con un obstáculo que le impide alcanzar un objetivo deseado. Se cree que sirve para proporcionar energía extra que ayude al bebé a superar el obstáculo y, a veces, a conseguir ayuda externa para superarlo. De los seis a los doce meses de edad, en lugar de ser fugaces, estas expresiones de ira pueden mantenerse durante períodos más largos y desencadenarse en una mayor variedad de circunstancias.

La ira puede inducirse de forma fiable sujetando a un niño por los brazos o quitándole un juguete entretenido. De hecho, ni siquiera es necesario quitarle el juguete por completo. Si un juguete que antes hacía ruido cuando el niño pulsaba un botón deja de funcionar inesperadamente, a menudo se produce una respuesta de enfado. En esencia, la ira es una respuesta típica cuando se ha perdido el control sobre el entorno. Uno de los propósitos de la expresión de ira es influir en los demás de forma que se pueda restablecer el control.

La ira también es beneficiosa para los padres, siempre que se utilice con moderación y en el contexto adecuado. Las muestras de agresividad pueden servir para disuadir a los ni-

---

[48] Las otras, por si aún no las ha memorizado, son: alegría, curiosidad, sorpresa, miedo, tristeza y asco.

ños de situaciones peligrosas. Si un niño pequeño se aleja en dirección al tráfico, un rápido cambio en el tono emocional, de una suave persuasión a un airado ladrido de «¡PARA!», puede ser suficiente para evitar el desastre y hacer que el niño errante se detenga en seco. Las expresiones de ira pueden ser un medio eficaz de definir los límites entre los comportamientos aceptables y los que no lo son.

Mi tío se enfada con muy poca frecuencia, por lo que yo sé. En las raras ocasiones en las que he sido testigo de su enfado en las últimas cuatro décadas, se le nota algo en la cara. Su labio superior se contrae, dejando ver un solo diente canino que advierte de su furia inminente. En una ocasión particularmente memorable en la que intervino para proteger a un miembro de la familia, fui testigo de cómo intimidaba al agresor, que le sacaba una cabeza y tenía la constitución de un muro de ladrillo, para que se acobardara sin más ayuda que lo que yo llamo cariñosamente su «cara de rabia». Ni siquiera tuvo que levantar la voz.

Cuando esta clásica señal de amenaza de los mamíferos —el gruñido del carnívoro— aparecía en su cara, mis hermanos y yo siempre sabíamos que nos habíamos pasado de la raya. Siempre dejábamos de hacer lo que estuviéramos haciendo. Era un excelente elemento disuasorio, porque ver esa expresión de ira primigenia en la cara de un hombre normalmente tan tranquilo, apacible y paciente creaba un contraste poderoso y eficaz. Nunca tuvo que recurrir a un comportamiento agresivo porque la sola amenaza, pintada con tanta crudeza en su rostro, bastaba para obtener la respuesta deseada cuando nos comportábamos de forma especialmente revoltosa y desobediente.

A la luz de todo esto, mi propio arrebato de ira en la estación de Brighton tiene más sentido. Cuando pulsé el botón para abrir las puertas de un vagón tras otro, me habían quitado el control. Me sentía atrapado, indefenso y vulnerable. Una vez confirmado que, en lugar de tratarse de un desafortunado accidente, probablemente me habían puesto en esa situación de forma intencionada, se apoderó de mí el deseo de castigar al revisor por lo que consideré una mala conducta por su parte. Quería que supiera que se había pasado de la raya. Sentía que había sido víctima de una injusticia. Reprenderle me pareció justificado y apropiado. Quería que se arrepintiera de sus actos para que reflexionara antes de hacerle lo mismo a otra persona en el futuro.

Para ser brutalmente honesto, el hecho de que me hubiera hecho sentir estúpido probablemente también fue un factor importante. Mi orgullo había quedado herido por lo que yo percibía como su intención de ponerme en ridículo sin motivo aparente. Quería herir sus sentimientos como él había herido los míos: ojo por ojo. Infantil, lo sé, pero quizá «infantil» por una buena razón. Mirando hacia atrás, mientras corría por el vagón con mis niveles de pánico en constante aumento, recuerdo claramente que pensé: «No me había sentido así desde la escuela primaria». Mientras pensaba esto, recordé el patio de mi antiguo colegio, donde un invierno, durante unas semanas, los malvados niños del curso superior se ensañaron conmigo a diario. Nada demasiado grave, solo media docena de ellos lanzándome bolas de nieve con duros trozos de hielo incrustados en el centro. Esto ocurrió en todos los recreos durante una semana, en plena ola de frío. Hay que admitir que se trata de algo bastante suave en comparación con las experiencias de acoso de mucha gente, pero a mí me asustaba igualmente. Aquel día, en el tren de Brighton, los zarcillos de esos recuerdos lejanos de victimización intencionada se habían enroscado asfixiantes en mi garganta y mi pecho.

Mostrar mi indignación con ese hombre fue una satisfacción innegable. Liberé las emociones contenidas y sentí que había trazado una línea en la arena que podría beneficiar a otros en el futuro. Tenía la sensación de haber neutralizado la pequeña injusticia que había sufrido. Sin embargo, el deseo de castigar una injusticia percibida puede tener consecuencias mucho más graves que una simple reprimenda verbal. El deseo de vengarse puede inspirar actos de violencia física realmente horribles, como vimos en el último capítulo con Mary Konye. Y, como todos sabemos muy bien, la ira a veces puede ir incluso más allá, motivando a la gente a cometer asesinatos.

IMAGINA A UN ASESINO

¿Qué te viene a la mente cuando piensas en el típico asesino? ¿Un hombre? ¿Ojos sospechosos? ¿Poco arreglado? ¿Malencarado, tal vez? ¿Pelo revuelto? Vestimenta desaliñada. Tal vez algunos tatuajes, una cicatriz o dos en el rostro, piercings inusuale… ese tipo de cosas. En términos de capacidad mental, probablemente estás pensando en alguien cuya inteligencia está por debajo de la media. Alguien que puede haber tenido dificultades en la escuela debido a una constelación de problemas de aprendizaje, una vida familiar difícil, problemas de disciplina, abandono de la escuela e inevitablemente dar con el grupo equivocado. Sea lo que sea lo que te haya venido a la mente, es muy probable que un profesor universitario no sea el tipo de persona en el que estabas pensando.

En 2016, Hengjun Chao, antiguo profesor adjunto de la Facultad de Medicina Icahn de Mount Sinai, salió en su coche de su casa en Tuckahoe y se dirigió al centro de Chappaqua, ambos en el estado de Nueva York. Se detuvo frente a Lange's Little Store and Delicatessen, sacó una escopeta, apuntó a la entrada y apretó el gatillo. Alcanzó tanto a un transeúnte inocente como a su objetivo, el profesor Dennis Charney, decano de la Facultad de Medicina de Mount Sinai, un neurobiólogo de renombre mundial cuyo historial de publicaciones incluye numerosos trabajos en los que detalla sus investigaciones sobre los trastornos del estado de ánimo y la ansiedad. ¿El motivo? Chao había sido despedido de un puesto de investigación a las órdenes del profesor Charney siete años antes por falsificar datos científicos. Afortunadamente, Charney se recuperó. Las víctimas de otra académica estadounidense, la doctora Amy Bishop, de la Universidad de Alabama, no tuvieron tanta suerte.

En 2010, a los cincuenta minutos de una reunión del departamento de Biología a la que la doctora Bishop asistía regularmente, sacó tranquilamente una pistola y mató a tiros a tres de sus colegas. La decana de estudios de posgrado, Debra Moriarity, se metió debajo de la mesa para protegerse y advirtió que estaba lo bastante cerca como para intentar agarrar a Bishop por las piernas y tirarla al suelo. Bishop se apartó y, apuntando con la pistola directamente a la cabeza de Moriarity, apretó el gatillo tres veces. Afortunadamente para la doctora Moriarity, el arma se encasquilló y solo por eso sobrevivió para contarlo. Además de las personas a las que mató, entre ellas su jefe, Gopi Podila, otros tres colegas resultaron heridos antes de que el arma se encasquillara. El 24 de septiembre de 2012, la doctora Bishop fue condenada a cadena perpetua, sin posibilidad de libertad condicional.

¿Por qué una persona inteligente, licenciada nada menos que en la Facultad de Medicina de Harvard, cometería un triple asesinato, claramente premeditado, delante de muchos testigos que la conocían personalmente? El motivo estaba muy claro: unos meses antes le habían denegado la titularidad y estaba cumpliendo el plazo de preaviso de un año. La titularidad es un puesto vitalicio muy codiciado en el mundo académico y la decisión sobre a quién debe ofrecerse uno de estos raros y codiciados puestos la toman otros miembros del claustro de profesores. Es la recompensa definitiva que se concede a unos pocos afortunados tras muchos años de duro trabajo y de incertidumbre perpetua. Un bloguero de *Psychology Today*, que había pasado por la misma experiencia aplastante de ser rechazado para la titularidad, lo describió como «ser despedido por tus colegas».

Las cárceles del mundo están repletas de hombres que han cometido actos espontáneos de violencia en un momento de locura, sin preocuparse aparentemente por las consecuencias. Todos estamos familiarizados con el concepto de la gente que arremete con ira, en el impulso del momento, sin pararse a pensar en el resultado a largo plazo. Pero, cuando una persona aparentemente inteligente elabora un plan cuidadosamente pensado que implica cometer un asesinato a sangre fría a la vista de muchos testigos, resulta algo más chocante. La parte de estas trágicas historias que más sorprende a la gente es por qué alguien cometería un crimen del que no tiene ninguna posibilidad de salir impune. ¿Qué llevaría a alguien a hacer algo tan estúpido? En el caso de Bishop, no se trata tanto de que no esperemos que una mujer sea propensa a sentimientos de agresividad, sino más bien de que la rabia femenina suele expresarse de una forma más sutil que la violencia física bruta. Las investigaciones sobre las diferencias de género en la agresividad indican que los hombres tienen una fuerte tendencia a ser directos y violentos, mientras que las mujeres tienden a expresiones indirectas y no violentas. Sin embargo, cuando está intoxicado por el pecado de la ira, cualquiera puede sentirse inspirado por una violencia terrible, independientemente de su sexo o inteligencia.

ORÍGENES DE LA IRA

Los hombres cometen actos de violencia con mucha más frecuencia que las mujeres. De hecho, el 90 % de los asesinatos son cometidos por hombres. Dada la clara diferencia entre las tendencias masculinas y femeninas hacia la violencia, lo primero que suele venir a la mente cuando se busca un probable culpable biológico es la testosterona. A mitad de la gestación, los testículos del feto masculino producen una oleada de testosterona que orienta el desarrollo del cerebro hacia un comportamiento más agresivo. En el feto femenino también puede producirse un aumento de testosterona de origen diferente, con resultados similares. Una enfermedad conocida como «hiperplasia suprarrenal congénita» hace que las glándulas suprarrenales produzcan una oleada de testosterona que empuja el neurodesarrollo femenino por la senda de la masculinización. Estas mujeres tienden a ser mucho más agresivas que sus compañeras cuando llegan a la edad adulta. También está el aumento de las hormonas sexuales masculinas que se produce durante la adolescencia, que tiende a ir en paralelo con el aumento de los niveles de agresividad. Pero, si bien desempeña un papel clave en el aumento de la estatura, el peso y la musculatura de los hombres, su participación en el desencadenamiento de la agresividad en la edad adulta no está tan clara.

Las intervenciones que intentan reducir los niveles de testosterona en hombres adultos propensos a la violencia nunca parecen dar los resultados esperados. La explicación más probable es que el principal impacto de la testosterona en los niveles de agresividad tiene lugar en una fase anterior del desarrollo del cerebro. Una vez que se ha construido un cerebro agresivo, reducir los niveles de testosterona suele tener poco impacto en la tendencia de la persona a la violencia. Cuando una persona llega a la edad adulta, el papel que desempeña la testosterona en la formación de un temperamento agresivo ya se ha completado, por lo que reducirla en ese momento no parece tener mucha importancia.

Aunque los intentos de reducir el comportamiento violento con agentes antitestosterónicos suelen ser ineficaces, no ocurre lo mismo a la inversa. Un estudio realizado por Harrison Pope y sus colegas de la Facultad de Medicina de Harvard administró agentes potenciadores de la testosterona, o un placebo, a cien hombres para determinar si sus niveles de agresividad aumentaban. La preocupación era que el abuso de esteroides que conducía a niveles muy elevados de testosterona podría ser responsable de inducir una agresividad incontrolada en culturistas y atletas. Aunque el efecto de la testosterona elevada fue un poco irregular, en 8 de los 50 hombres a los que se administró la hormona real se produjo un aumento notable o moderado de los niveles de agresividad.

Pasando a las áreas cerebrales implicadas en la agresión, la integridad de ciertos subcompartimentos de la amígdala parece ser fundamental. Esta estructura es famosa por su papel en la generación de sentimientos de miedo y ansiedad en respuesta a las amenazas. Hay dos casos humanos en los que un tumor que presionaba la amígdala estuvo implicado en una conducta extremadamente violenta. El primero fue el de Ulrike Meinhof, responsable de varios robos a mano armada y atentados con bomba a finales de los años sesenta y principios de los setenta en su calidad de cofundadora de la banda terrorista de Alemania Occidental Grupo Baader-Meinhof. El otro fue Charles Whitman, que en 1966 abrió fuego en el campus de la Universidad de Texas en Austin, matando a 16 personas, habiendo asesinado ya a su esposa y a su madre ese mismo día. Como veremos más adelante, cuando analicemos algunas de las enfermedades psiquiátricas que suelen asociarse a niveles desproporcionados de agresividad y comportamiento violento, la amígdala suele estar implicada, pero rara vez de forma aislada.

Otra zona cerebral crucial para los sentimientos de ira y las expresiones de agresividad es el córtex cingulado anterior (CCA). Desde la década de los setenta se sabe que la estimulación eléctrica de la amígdala o del CCA puede desencadenar expresiones de ira en animales de experimentación. A la inversa, la ablación de estas estructuras —dañándolas intencionadamente mediante cirugía— suele provocar una reducción de las expresiones de ira. En los últimos tiempos, estas investigaciones más bien rudimentarias se han complementado con numerosos experimentos no invasivos de imagen cerebral.

Para estudiar la agresividad en el laboratorio, los investigadores han inventado varios métodos ingeniosos para excitar a sus voluntarios. Estos métodos aprovechan invariablemente el hecho de que aumentar los niveles de frustración de las personas acaban por empujarlas a manifestar sentimientos de ira intensa. Los métodos van desde insultarlas directamente, frustrarlas con una tarea imposible o hacer que se electrocuten las unas a las otras. La enloquecedora «tarea de restar puntos» es muy popular. Pedir a los voluntarios que resuelvan anagramas imposibles para los que no hay soluciones correctas parece ser también uno de los favoritos. Pero el paradigma de agresión de Taylor (PAT) se lleva sin duda la palma por su capacidad para provocar los sentimientos más parecidos a la ira.

La tarea PAT consiste en que un par de voluntarios se propinen mutuamente dolorosas descargas eléctricas de intensidad variable. Cada vez que una persona considera que la descarga que acaba de recibir ha sido más fuerte que la que proporcionó a su pareja anteriormente, los niveles de indignación aumentan en consecuencia. La diferencia en la intensidad de la descarga que cada persona decide infligir a su pareja, en comparación con la recibida en la ronda anterior, se utiliza como indicador indirecto de su deseo actual de venganza.[49]

Los estudios en los que se utilizó la resonancia magnética para controlar los niveles de actividad en todo el cerebro mientras se participaba en la tarea PAT revelaron de forma fiable activaciones en el CCA cuando los participantes se sentían agresivos. Lo mejor de todo es que la magnitud de la activación en el CCA parecía reflejar el grado en que la persona estaba motivada para aumentar la fuerza de su próximo castigo.

---

[49] Este escenario me recuerda a un juego favorito de la infancia al que solía jugar con mi mejor amigo durante las vacaciones escolares. Solo teníamos un par de guantes de boxeo, así que cada uno se ponía uno y nos turnábamos para golpearnos suavemente en la cara. Era un juego de confianza. Tú no me pegas demasiado fuerte y yo no te pego demasiado fuerte. Siempre iba a más. Cada uno de nosotros parecía sentir que el otro había usado más fuerza. Parece que nos encontramos con nuestra propia versión del paradigma de agresión de Taylor. No es de extrañar que siempre acabáramos llorando.

Esto es especialmente interesante, dado que, como vamos a ver, las perspectivas religiosas sobre lo que hace que la ira sea tan diabólica se toman muy en serio el tema de la venganza. El CCA parece ser el principal candidato para ser la fuente de estos mismos impulsos. Ten en cuenta que estas activaciones en particular no se encuentran en el CCAd que se ha mencionado repetidamente en capítulos anteriores, sino justo debajo de él.

PERSPECTIVAS HISTÓRICAS DE LA IRA

Los dioses, en general, no siempre han dado el mejor ejemplo en lo que se refiere a la ira. Más bien parecen propensos a la agresividad. El Dios judeocristiano no era reacio a expresar su descontento con actos de violencia despiadados. Los dioses griegos, Apolo, el peor de todos, parecían estar siempre infligiendo violentos castigos a cualquiera que se les opusiera o simplemente los disgustara. En el libro sagrado hindú, el Bhagavad Gītā, Vishnu, en su avatar de Krishna, le explica al príncipe Arjuna que su deber religioso, como guerrero y rey, es matar a sus enemigos, nada menos. Está claro que la agresividad no siempre está mal vista por la religión.

El concepto de «ojo por ojo», mencionado en el Antiguo Testamento, puede parecer a primera vista que sanciona la violencia. De hecho, el judaísmo moderno interpreta estos versículos como una guía sobre cómo se debe compensar a las personas por una pérdida. Se trata de limitar el alcance de la indemnización al valor de la pérdida y garantizar que la compensación solicitada no la supere. El propio Jesús fue un paso más allá y proclamó que, en lugar de buscar recompensa alguna, el buen cristiano debería poner la otra mejilla. Este planteamiento ayudaría sin duda a evitar la escalada de represalias que suele observarse en la tarea del PAT.

San Gregorio Magno emitió su juicio sobre la diferencia crítica entre la ira buena y la mala de la siguiente manera: «Hay una ira que es engendrada por el mal, y hay una ira engendrada por el bien. La precipitación es la causa del mal, el principio divino es la causa del bien». Esta definición de la cólera virtuosa es evidentemente interesada. Solo por eso, resulta tentador descartarla por completo. Dicho esto, la sugerencia de que la precipitación podría ayudar a explicar el lado oscuro de la ira es de mayor interés. La implicación de que el umbral a partir del cual la ira se convierte en pecado tiene que ver en parte con lo bien meditado que esté un acto de agresión podría ser digna de consideración. Sugeriría que la decisión precipitada, impulsiva y a corto plazo de atacar es viciosa, pero no lo es tanto si se medita cuidadosamente.

Aristóteles describió la ira como «un deseo ardiente de devolver el dolor». Unos siglos más tarde, Séneca definió la ira como «la más horrenda y frenética de todas las emociones», y explicó las decisiones irracionales tomadas por aquellos que se hallan presos de una ira incontrolable como una forma de «locura breve». Una vez más, esto parece sugerir que el vicio de la ira se encuentra en sus manifestaciones impulsivas. Continuó enumerando las muchas formas en las que la ira puede nublar nuestro juicio, haciéndonos «ajenos a la decencia, indiferentes a los lazos personales, obstinados y decididos a cualquier cosa una vez iniciada, cerrados al razonamiento o al consejo, agitados con pretextos sin fundamento, incapaces de discernir la justicia o la verdad».

En lugar de seguir la línea de razonamiento de Séneca y san Gregorio Magno, centrémonos en las implicaciones de la noción aristotélica del impulso irresistible de ajustar cuentas. Santo Tomás de Aquino fue inequívoco al señalar con el dedo acusador el impulso de venganza en su explicación del pecado de la ira: «Si uno desea vengarse de cualquier manera contraria a la razón, por ejemplo, desear el castigo de alguien que no lo ha merecido, o más allá de sus merecimientos, o de nuevo contrario al orden prescrito por la ley, o no para el fin debido, a saber, el mantenimiento de la justicia y la corrección de los defectos, entonces el deseo de ira será pecaminoso, y esto se llama ira pecaminosa».

Esto convertiría el pecado de ira en un deseo de venganza desproporcionado con respecto al acto que lo provocó. Si bien el «ojo por ojo» podría considerarse razonable, ir más allá sería entrar en el terreno del comportamiento pecaminoso. Apliquemos este razonamiento a los ejemplos de agresión que hemos considerado antes. Mi arrebato contra el empleado de la estación estaba motivado, según admito, por el deseo de «devolver el dolor», por lo que se ajusta a la definición de Aristóteles. Los espectadores podrían haber calificado mi conducta de «breve locura, ajena a la decencia», ya que probablemente no tendrían ni idea de qué injusticia había provocado mi respuesta emocional. Desde luego, me miraron raro. Era culpable de ira, de eso no hay duda. En cuanto a si cometí el pecado de la ira, creo que santo Tomás me habría eximido. Podría decirse que mi respuesta no fue ni «más allá de sus merecimientos» ni «contraria al orden prescrito por la ley». En cambio, nuestros profesores de Estados Unidos podrían tener problemas. Considerando si su deseada venganza era o no proporcional a la injusticia percibida, claramente no lo era. Si existiera un demonio como Satanás esperando en el infierno para castigar las transgresiones del pecado de la ira según las especificaciones de Dante, Amy Bishop y Hengjun Chao bien podrían encontrarse siendo salvajemente atacadas por sus compañeros pecadores por toda la eternidad.

Dados los mensajes contradictorios que nos han llegado de fuentes religiosas y filosóficas, en esta ocasión tendremos que buscar más lejos para saber en qué casos expresiones perfectamente aceptables de ira se convierten en vicio. La cuestión de si una determinada respuesta agresiva ante una injusticia percibida es moralmente correcta o incorrecta no solo concierne a estas dos disciplinas. El sistema de justicia penal tiene que tomar decisiones de este tipo a diario. Así que vamos a echar un breve vistazo a lo que el mundo de la jurisprudencia tiene que decir sobre la ira.

¿Cuánto es demasiado?

En 1999, el granjero británico Tony Martin inició sin querer un gran debate sobre el derecho a defender la propiedad en el Reino Unido cuando mató a tiros a un chico de dieciséis años que había entrado en su casa de Norfolk con intención de robar. Cuando el caso se juzgó en los tribunales,[50] inicialmente se consideró que había respondido con fuerza excesiva y fue enviado a prisión para cumplir cadena perpetua por asesinato. Tres años más tarde, en un caso distinto, un hombre llamado Fred Hemstock disparó contra un coche que merodeaba sospechosamente por sus tierras, en una granja aislada de Lincolnshire, y llenó de perdigones el vientre de uno de los hombres sentados en el interior del coche, cuya extirpación requirió muchas horas de cirugía. Cuando se juzgó el caso del señor Hemstock, el jurado lo declaró inocente de todos los cargos. En ambos casos se disparó un arma, lo que provocó que el cuerpo de una persona se llenara de trozos de metal. En el primer caso, alguien murió, en el otro, simplemente resultó herido. ¿Es eso lo que marcó la diferencia crítica cuando cada agresor llegó a ser juzgado ante un tribunal?

La ley nos permite cometer actos de violencia potencialmente mortal en el contexto de la protección de nosotros mismos, de nuestros seres queridos y de nuestros bienes. Se sanciona cierto grado de violencia, pero debe ser proporcional al delito que se comete contra nosotros. En el caso de Tony Martin, disparó a quemarropa a un niño, por lo que se consideró que su intención era matar, una respuesta desproporcionada a un intento de robo. En el caso de Fred Hemstock, disparó contra un coche parado, cuyo interior estaba oscuro, por lo que no podía saber con seguridad si

---

[50] En apelación, los cargos se redujeron a homicidio involuntario y la pena de prisión se ajustó en consecuencia. En realidad, solo acabó cumpliendo tres años de reclusión a discreción de su majestad.

estaba ocupado o no. No se consideró que sus acciones transmitieran una intención de matar y se consideraron proporcionadas a la situación a la que se enfrentaba. Fue absuelto.

La ley trata acciones violentas similares de forma diferente según las circunstancias exactas en que se produjeron. Una consideración clave cuando un juez delibera sobre una sentencia apropiada es la intención. Se considera que el delito es peor si una persona tiene la intención de disparar a matar, con el objetivo justo delante, que si dispara a ciegas a un coche, donde la intención específica es menos clara. Otra consideración, como ya se ha dicho, es si la respuesta a una situación es proporcional o exagerada. Otra consideración se refiere al estado mental del autor en el momento del delito. La ley distingue entre actos de violencia impulsivos y cometidos en el momento, y actos a sangre fría y planificados de antemano. Contrariamente a la opinión de san Gregorio, la versión impulsiva se considera menos severa, no más.

La lógica de esto gira en torno a si es probable o no que la persona condenada represente una amenaza en el futuro. Cualquiera es capaz de un comportamiento violento cuando está fuera de sí por la ira o el miedo. Si un delito se comete en circunstancias inusuales que inducen un momento de «locura breve», por lo demás completamente fuera de lo normal, se suele considerar improbable que la persona vuelva a hacerlo y se le suele imponer una pena más leve que a alguien con un largo historial de conducta violenta. Sin embargo, si el mismo delito se cometió en circunstancias similares, pero en el contexto de un acto de violencia planeado con calma y cuidadosamente urdido, la condena será mucho más severa, de ahí que Amy Bishop reciba cadena perpetua sin libertad condicional.

Otro factor importante a la hora de evaluar la gravedad de un delito es la salud mental a largo plazo del acusado. Algunos adultos se consideran más responsables de sus actos que otros. Varias afecciones psiquiátricas están asociadas a una agresividad excesiva, por lo que es a ellas a las que nos dirigimos a continuación en busca de pistas sobre las causas neurológicas de la agresividad problemática.

RESONANCIA MAGNÉTICA EN UN CAMIÓN

Amy Bishop no sacó su pistola de improviso y empezó a disparar a sus colegas en un arrebato de ira. Durante el juicio se presentaron pruebas que demostraban que había estado practicando tiro durante varias semanas antes de vengarse. Del mismo modo, Hengjun Chao no llevaba su escopeta en el coche cuando se dirigió a Chappaqua aquel fatídico día. Llevaba años rumiando la injusticia de la que se sintió víctima cuando fue despedido por falsificar datos. No sacó la pistola en un momento de «locura transitoria» el día en que Dennis Charney lo despidió; el ataque se produjo siete años después de que lo despidieran. En ambos casos, los actos de violencia se cometieron de forma fría y calculada. En este sentido, comparten similitudes superficiales con la violencia psicopática, en contraposición a la furia impulsiva y explosiva habitual en las reyertas de pub, el gamberrismo futbolístico y las peleas callejeras. Aunque, que yo sepa, no hay pruebas fehacientes de que Bishop o Chao sean psicópatas, el estudio del funcionamiento del cerebro psicopático puede proporcionar una visión útil de un estado mental que conduce al crimen premeditado y a sangre fría.

Una proporción muy elevada de delincuentes que cumplen penas de prisión por actos violentos tienen un diagnóstico de psicopatía.[51] En el sistema penitenciario estadounidense, las tasas de psicopatía se estiman entre el 25 % y el 45 %. Esto ha

---

[51] No debe confundirse con la psicosis, que implica delirio paranoide y alucinaciones auditivas. Las personas psicóticas (con psicosis) tienen dificultades para comprender con precisión la realidad. Los psicópatas (con psicopatía) comprenden perfectamente la realidad, pero tienen grandes dificultades para entender los sentimientos de los demás.

proporcionado un tema fantástico para una serie muy ambiciosa de estudios de imagen por resonancia magnética para entender qué diferencias muestran los cerebros de los psicópatas violentos. Kent Kiehl se formó con Robert Hare —el hombre que inventó el sistema oficial para medir la psicopatía que se utiliza actualmente en todo el mundo— y aceptó un puesto en la Universidad de Nuevo México, que quería financiar un ambicioso proyecto de investigación para escanear los cerebros de los psicópatas violentos. El profesor Kiehl encargó a Siemens la construcción de un escáner de resonancia magnética según sus especificaciones en Alemania, lo envió a Estados Unidos y lo introdujo en la Penitenciara del oeste de Nuevo México en la parte trasera de un camión. Antes de hablar de lo que encontraron en los cerebros de los psicópatas, es importante aclarar un error muy común: no todos los psicópatas están destinados a cometer delitos violentos.

La psicopatía no siempre se asocia a una agresividad descontrolada. A pesar de la popularidad de los asesinos psicópatas de las películas, las novelas policíacas y las noticias de gran repercusión, muchos son, de hecho, ciudadanos perfectamente respetuosos con la ley. Un alto porcentaje de las personas que ocupan los puestos más altos de las carreras policiales, militares, jurídicas e incluso quirúrgicas muestran los rasgos distintivos de la psicopatía, sin llegar a cometer nunca los actos delictivos que dan fama a los psicópatas. Las tasas de psicopatía entre el público en general rondan el 1 %, por lo que estamos rodeados de ellos y, sin embargo, muchos son miembros responsables y productivos de la sociedad. Todos los psicópatas, violentos o no, comparten la característica de un profundo distanciamiento emocional. La falta de emociones conscientes hace que no les afecten las horribles escenas de violencia y sufrimiento que nos dejarían atónitos al resto de nosotros. Tanto si el psicópata comete los crímenes como si lucha contra ellos, puede permanecer emocionalmente indiferente incluso ante las experiencias más atroces.

En un mundo ideal, un experimento para encontrar las áreas cerebrales críticas que generan una propensión a la violencia psicopática compararía a los psicópatas violentos con los no violentos. Desgraciadamente, solo se suele identificar a los violentos, en virtud de que se ven atrapados en el sistema de justicia penal. Como no causan ningún daño a nadie, o al menos no son descubiertos cometiendo ningún delito, los no violentos no suelen ser objeto de escrutinio científico. Por desgracia, el mundo no es perfecto, así que tendremos que trabajar con lo que tenemos.

Durante la última década, el profesor Kiehl y sus colegas han utilizado su escáner de resonancia magnética portátil para identificar varias diferencias importantes en los cerebros de los psicópatas violentos en comparación con los sujetos de control no psicópatas. Encontraron diferencias funcionales en las respuestas del córtex cingulado anterior (CCA) y de la amígdala a imágenes y sonidos emocionalmente perturbadores. Ambas estructuras producían una respuesta más débil en los psicópatas que en sus homólogos no psicópatas. Un estudio separado determinó que las amígdalas en los cerebros psicopáticos son físicamente más pequeñas y parecen ser disfuncionales en términos de su capacidad para desencadenar la cascada fisiológica habitual que prepara a una persona para hacer frente a estímulos aversivos. No es de extrañar que los psicópatas parezcan no tener miedo. El propio sistema cerebral que orquesta la respuesta del miedo es física y funcionalmente deficiente. Es interesante especular sobre lo que podría haber estado pasando en las amígdalas de Chao y Bishop en el momento en que apretaron el gatillo. Mientras se desquitaban, ¿estaban tranquilos y calmados como un psicópata? ¿O estaban sus amígdalas produciendo las respuestas habituales ante tales circunstancias, haciendo que les sudaran las palmas de las manos y sus corazones bombearan furiosamente como cualquier otra persona que se encontrara en una situación tan desesperada?

En cuanto a las diferencias estructurales, los psicópatas suelen presentar un volumen reducido de tejido en varias regiones del córtex orbitofrontal (COF). Esto es especialmente interesante porque podría explicar algunas de las disfunciones en su capacidad para tomar decisiones bien razonadas. Lo último que se ha pensado, a partir de estudios en humanos y animales, es que las partes laterales del COF —más próximas a los lados que a la línea media del cerebro— contienen redes de neuronas que representan el valor previsto de cada posible curso de acción. Y, como ya se comentó en un capítulo anterior (véase el capítulo V, p. 135), el córtex orbitofrontal medial (COFm) integra esto con otras consideraciones contextuales importantes, como los resultados recientes de decisiones similares, el estado emocional actual y las consecuencias probables a largo plazo, para permitir que se tome una decisión final. La reducción del volumen tisular, y, por tanto, de la capacidad de cálculo, en el córtex orbitofrontal medial de los cerebros psicópatas podría explicar por qué sus decisiones no parecen tener en cuenta factores importantes como las consecuencias a largo plazo de sus elecciones.

De los muchos problemas implicados en el cerebro psicopático, dos son de especial interés aquí. En primer lugar, los psicópatas están gravemente incapacitados en cuanto a su capacidad de empatía emocional, por lo que no sienten desaliento emocional al contemplar acciones que puedan causar daño a otros. En segundo lugar, no parecen preocuparse por las consecuencias futuras de sus acciones. Mi teoría favorita es que estos déficits están fundamentalmente entrelazados: tienen cero empatía por su yo futuro.

Entendemos la empatía como la capacidad de sentir lo que sienten los demás. En muchos sentidos, nuestro yo futuro es casi tan diferente de nuestro yo actual como otra persona. Todos luchamos por preocuparnos tanto por nuestro yo futuro como por nuestro yo actual. Por eso ahora comemos comida poco sana en exceso, aunque sepamos que eso significará engordar más adelante. Por eso mantenemos relaciones sexuales con personas que no son nuestro cónyuge, aun sabiendo que las traiciones a la confianza suelen ser insalvables a largo plazo. Por eso no nos molestamos en hacer ejercicio, aunque sabemos que hace mucho más probable un ataque al corazón más adelante. Mientras que nosotros, los no psicópatas, podemos llegar a arrepentirnos de las acciones de nuestro yo pasado una vez que nos encontramos gordos, divorciados o con un marcapasos, este no es el caso del psicópata. No solo su profunda falta de empatía parece aplicarse tanto a su yo futuro como a otras personas, sino que ni siquiera les importa su destino cuando les toque pagar el castigo por sus acciones pasadas. Después de todo, la falta de remordimientos es una característica clave de la psicopatía.

Al igual que los psicópatas criminales normales, Chao y Bishop no se preocuparon en absoluto por las consecuencias de sus actos de violencia. Ambos eran personas muy cultas que tuvieron tiempo de sobra para pensar en las posibles repercusiones de lo que pretendían hacer. Debían de saber que los llevaría a la cárcel, pero sencillamente su futuro les daba igual. ¿Podría el colapso de su sueño de hacer carrera en el mundo académico haberse manifestado en un fallo del COFm? ¿Podría haberse perturbado tanto que su «ardiente deseo de devolver el dolor» se hiciera tan poderoso que la recompensa prevista asociada a la ejecución de su venganza pareciera merecer la pena aunque ello supusiera pasar el resto de sus vidas en prisión? No tenemos forma de saberlo con seguridad, pero es una posibilidad fascinante.

DE LA FRIALDAD AL MAL GENIO

Nuestra búsqueda de los eslabones neurológicos débiles que podrían ayudar a explicar el comportamiento iracundo nos lleva desde los ámbitos de la enfermedad psiquiátrica que se caracteriza por una violencia fría y calculada hasta los que implican una ira ardiente, impulsiva y explosiva. En nuestra búsqueda de pistas sobre cómo surge la tendencia a la agresividad excesiva, estudiaremos cómo influye en los niveles de ira la capacidad de detectar con precisión las emociones de los demás, una condición en la que la agresividad se dispara constantemente y buscaremos las áreas cerebrales que podrían estar implicadas en ayudarnos a regular nuestra ira a diario.

En psiquiatría, el estilo de agresión «frío y calculado» que se observa normalmente en los psicópatas se describe como agresión «proactiva» o «instrumental», porque la violencia se utiliza como medio para conseguir un fin. La versión «impulsiva» se denomina agresión «reactiva», porque la conducta violenta no suele alcanzar ningún objetivo discernible.

Los niños expuestos regularmente a abusos físicos, psicológicos o sexuales a menudo se ven empujados por un camino de neurodesarrollo hacia la agresividad reactiva. La exposición repetida a situaciones amenazadoras de la vida real en su experiencia diaria va reconfigurando gradualmente sus cerebros en un esfuerzo por adaptarse a las exigencias de ese entorno. El resultado es que se vuelven hipervigilantes ante las amenazas, en otras palabras, están constantemente en guardia. Esto es exactamente lo opuesto a las respuestas insuficientes de la amígdala en el cerebro psicópata, que tiende a dejarlos impasibles incluso ante escenas horribles.

Una vez que se han producido las adaptaciones de la amígdala, la persona en cuestión acaba teniendo grandes dificultades para percibir con precisión los estados emocionales de otras personas. En circunstancias normales, la amígdala produciría una respuesta fiable ante rostros enfadados o asustados. Esto es útil porque la ira en la cara de una persona indica que podría ser una amenaza directa y el miedo en la cara de una persona sugiere que podría haber detectado algún tipo de peligro cercano. En cualquier caso, a la amígdala le resulta útil activar la respuesta de lucha o huida para prepararse para la acción. El problema es que, en las personas con amígdalas hiperreactivas, incluso las expresiones faciales neutras desencadenan una fuerte respuesta, lo que hace que el cuerpo y el cerebro pasen a las estaciones de acción. Cuando esa persona siente los cambios fisiológicos en su cuerpo que la preparan para la confrontación —el ritmo cardíaco elevado, la respiración más rápida, el estado de alerta activado, etc.—, a menudo concluye que debe de estar amenazada, por lo que sus niveles de agresividad empiezan a aumentar. Esto podría explicar por qué tantos actos de violencia no provocados empiezan con comentarios como: «¿Qué crees que estás mirando?».

El trastorno explosivo intermitente (TEI) consiste en episodios repetidos de agresividad y violencia repentina e impulsiva y normalmente desproporcionados en respuesta a una mínima provocación mínima. Las personas con TEI suelen tener rabietas sin motivo aparente y son propensas a incidentes de ira al volante y maltrato doméstico. Este trastorno se asocia a una elevada excitación emocional —las personas con TEI también suelen malinterpretar las expresiones faciales y el lenguaje corporal, como se ha descrito anteriormente— en combinación con dificultades para inhibir su agresividad cuando esta empieza a aumentar.

Un reciente estudio de imágenes cerebrales investigó el control de los impulsos en tres grupos diferentes de hombres jóvenes: un grupo estaba diagnosticado de TEI, otro era adicto a la cocaína y el tercero estaba formado por sujetos de control sanos. Se descubrió que dos subregiones del CPFdl (córtex prefrontal dorsolateral) eran más activas en las personas con TEI cuando no lograban controlar sus respuestas impulsivas, en comparación con los otros dos grupos. Lo más interesante es que las respuestas en una de estas dos subregiones se correlacionaban positivamente con la propensión de una persona a reaccionar agresivamente en todos los grupos.[52] En otras palabras, esta su-

---

[52] Según una medida estandarizada de agresión.

249

bregión del CPFdl «relacionada con la agresividad» era más activa cuanto más agresiva era la persona en su vida cotidiana, independientemente de si se trataba de un paciente de TEI, un cocainómano o un sujeto de control. Esto sugiere que esta misma área probablemente desempeña un papel importante cuando alguien pierde la calma, ya tenga una enfermedad psiquiátrica, una adicción o ninguna de las anteriores.

Otro grupo de personas famosas en el mundo de la psiquiatría por tener grandes dificultades para controlar sus arrebatos agresivos son los ancianos que padecen los efectos de la demencia lobar frontotemporal (DLFT). Sin embargo, no todas las personas con DLFT son propensas a este síntoma en particular, sino solo un subconjunto de ellas. Los estudios que han escaneado los cerebros de un gran número de personas con DLFT, algunas propensas a la agresividad y otras no, revelaron que solo cuando ciertas partes del córtex prefrontal dorsomedial (CPFdm)[53] están comprometidas parecen producirse estos ataques explosivos de ira. Esto sugiere que el CPFdm puede contener circuitos neuronales que permitan a cualquier persona en la que estas regiones funcionen normalmente regular con éxito su agresividad. Sería interesante evaluar esta región en personas que intentan mejorar su capacidad para controlar la ira.

GESTIÓN DE LA IRA

Mantener nuestro lugar en el orden jerárquico requiere que tengamos la capacidad de expresar ira para hacernos valer. Pero para seguir siendo un miembro bienvenido del *InGroup* también tenemos que ser capaces de controlar nuestra agresividad a menos que sea absolutamente necesario. Esta habilidad

---

[53] El córtex prefrontal medial (CPFm) se encuentra en la superficie interna del cerebro, donde los hemisferios izquierdo y derecho se rozan justo detrás de la frente. La parte dorsal del CPFm (CPFmd) es simplemente la franja del CPFm cercana a la parte superior de la cabeza.

es tan importante, o más, que la capacidad de expresar la ira. Teniendo en cuenta las consecuencias potencialmente letales de la expulsión del *InGroup* en la época de nuestros antiguos ancestros, las presiones de selección evolutiva que incentivaron el desarrollo de áreas cerebrales que nos permitieran «mordernos la lengua» a menos que un arrebato fuera estratégicamente aconsejable eran claramente esenciales.

Quien se pelea con alguien más grande, más agresivo y con más recursos puede verse eliminado del acervo genético. Aunque no acabe involucrado en un acto de violencia, ceder a la tentación de enfrentarse airadamente también supone el riesgo de arruinar su reputación. La reputación se construye a lo largo de toda la vida, pero basta un arrebato malintencionado para dejarla por los suelos. Como los encuentros agresivos son amenazadores, tienden a activar la amígdala. Esto hace que los arrebatos agresivos sean más memorables que otras interacciones sociales, por lo que la gente no los olvida rápidamente. En otras palabras, las personas tienden a guardar rencor hacia el agresor. La capacidad de gestionar adecuadamente la agresividad es fundamental para unir a las personas en lugar de separarlas.

Las áreas del córtex prefrontal que parecen desempeñar un papel importante en nuestras habilidades para controlar la ira —incluidas, entre otras, el CPFdm/CPFdl— se encuentran entre las últimas partes del cerebro en alcanzar la maduración completa. En muchos casos, este proceso no se completa hasta que la persona alcanza la veintena. En algunas personas, las experiencias adversas de la vida impiden que estas áreas cerebrales lleguen a desarrollarse plenamente. Una mala regulación de la agresividad es potencialmente letal, pero la amenaza de un enfrentamiento violento desaconsejable no se limita al propio individuo impulsivo o calculador, a veces puede tener ramificaciones para todo su *InGroup* e incluso para las siguientes generaciones.

La historia está plagada de ejemplos de enemistades entre familias que han tenido que pagar el precio de un enfrentamiento espontáneo e imprudente que tuvo lugar entre antepasados en la noche de los tiempos. Basta con que una amígdala hipersensible interprete erróneamente una expresión facial neutra como una amenaza, en combinación con un circuito CPFdm/CPFdl comprometido que haga que una persona sea incapaz de controlar su temperamento, para tener entre manos una venganza que podría durar mucho tiempo. En el siglo XIII hubo sangrientas rivalidades durante años entre familias nobles italianas; en el siglo XIV, entre clanes escoceses; en el siglo XVII, entre facciones rivales de samuráis japoneses; y tan recientemente como a finales del siglo XIX, en Estados Unidos había familias enfrentadas como los Hatfield y los McCoy. En lugar de las electrocuciones por venganza que vimos en los experimentos de PAT, estas disputas implicaban a miembros de una familia, clan o secta samurái que cometían asesinatos para vengar asesinatos anteriores que eran a su vez actos de venganza.

Incluso en los tiempos relativamente pacíficos del mundo occidental actual, estos instintos tribales siguen manifestándose a través del fanatismo futbolístico. El fútbol inglés se convirtió en sinónimo de violencia a finales del siglo XX, cuando los seguidores de equipos rivales se reunían en lugares preestablecidos para enfrentarse en las calles y en las gradas. Desde el punto de vista de la neurociencia, se podría argumentar que estas personas habían entrenado eficazmente sus amígdalas para volverse hipersensibles a los colores enemigos. La visión de la camiseta de un equipo rival era suficiente para desencadenar una poderosa respuesta de lucha o huida que desembocaba en violencia semana tras semana. Aunque los problemas asociados al vandalismo han disminuido en los últimos tiempos, estos instintos permanecen en los hinchas más acérrimos.

En el reciente atentado terrorista perpetrado en el puente de Londres en junio de 2017, un hombre llamado Roy Larner se enfrentó a cuatro hombres armados que habían irrumpido en el mercado de Borough para apuñalar a ciudadanos inocentes más o menos al azar con enormes cuchillos pegados a sus muñecas. Enfrentándose a los cuatro a la vez, con sus propias manos, salvó muchas vidas aquella noche al distraer la atención de los atacantes y dar a la policía un tiempo precioso para llegar.[54] ¿Qué desencadenó la agresividad de Roy Larner, que le permitió vencer su miedo y reunir el increíble valor necesario para enfrentarse a cuatro hombres furiosos armados con cuchillos de caza gigantes, a pesar de estar completamente desarmado? Uno de los terroristas llevaba una camiseta del Arsenal, lo que llevó a Roy a levantarse y gritar: «¡Que os jodan, soy del Millwall!» mientras se lanzaba de cabeza a luchar contra el viejo enemigo.

La ira y la agresividad tienen aspectos positivos y negativos. Cuando se utiliza con moderación, puede servir para señalar la transgresión de los límites del comportamiento aceptable, sin necesidad de recurrir necesariamente a la agresión física. Incluso los actos de violencia pueden ser social y legalmente aceptables, pero solo en el contexto de la defensa contra un acto delictivo y solo cuando sean proporcionales a las circunstancias imperantes. Esto puede ser a veces una zona gris, y juzgar si se cumplen o no estas condiciones es un reto diario para los tribunales.

Donde la agresión puede etiquetarse inequívocamente como diabólica es cuando constituye un deseo de venganza desproporcionado. Como vimos en el estudio PAT, el mejor candidato que tenemos para un área cerebral que genera el impulso de vengarse reside en el CCA: cuanto más fuerte es la activación, mayor es el grado de represalia. Todos hemos experimentado lo que se siente cuando los niveles de actividad de esta zona se disparan y empiezan a dominar nuestro estado

---

[54] Todos los atacantes fueron abatidos en menos de diez minutos tras el inicio de los ataques.

de ánimo general. La rumiación furiosa sobre una injusticia percibida puede cocerse a fuego lento durante largos períodos de tiempo hasta que finalmente se desborda en actos de venganza que a menudo son bastante escandalosos. Cuando la olla proverbial hierve, nos encontramos muy motivados para vengarnos de los nuestros y hacer que se arrepientan de lo que han hecho. Cuando la gente está bajo la influencia de la ira, el deseo de venganza es extremadamente miope; apenas tiene en cuenta las probables consecuencias a largo plazo. El dominio de Satanás hace que a la gente le importe poco el destino de su yo futuro. Lo único que les importa es vengarse de la injusticia que han sufrido. En este sentido, esta agresión instrumental parece tener similitudes con la violencia psicopática. Sin embargo, con sus dificultades con la empatía y sus amígdalas comprometidas, los psicópatas pueden causar daño tranquilamente a los demás porque no tienen el repertorio habitual de emociones que naturalmente nos disuaden al resto de nosotros de hacer cosas terribles a otras personas. Su circuito disfuncional de toma de decisiones también hace que sea poco probable que el psicópata tenga en cuenta los inevitables castigos futuros que tendrá que soportar. Por otra parte, lo más aterrador de los que caen en el pecado de la ira, personas como Amy Bishop y Hengjun Chao, es que son capaces de tomar las mismas decisiones miopes y cometer actos de violencia despiadados, a pesar de tener cerebros aparentemente normales.

CAPÍTULO IX
SALVAR NUESTRAS ALMAS

«La mente es su propio lugar y, en sí misma.
puede hacer un Cielo del Infierno,
un Infierno del Cielo».

John Milton, *El paraíso perdido*

En este capítulo vamos a considerar algunas ideas y técnicas que podrían ayudar a reducir los daños causados por los siete pecados capitales en nuestras propias vidas y en la sociedad en general. Lamentablemente, no hay curas milagrosas. Lo siento. Al menos, no en el sentido de soluciones permanentes que funcionen de la noche a la mañana. Sin embargo, hay formas de entrenar el cerebro para resistir a la tentación con más eficacia, suponiendo que la persona en cuestión tenga la suficiente determinación para aplicarlo en su vida diaria. Una solución completa y permanente tardaría meses, si no años, en dominarse. Para los impacientes, hay algunos trucos a nuestra disposición para alejarnos suavemente de las decisiones egoístas y acercarnos a las opciones prosociales. Juntos pueden ayudarnos a reforzar nuestra sensación de ser parte aceptada de una comunidad y darnos acceso a todas las ventajas de ser un miembro estable de *InGroup*.

Navegar con éxito por la delgada línea que separa el vicio de la virtud es más un arte que una ciencia. La ciencia está empezando a ponerse al día, lentamente, y en el último capítulo echaremos un vistazo a algunas de las intervenciones futuristas más sofisticadas que se vislumbran en el horizonte y que algún día podrían ayudarnos a controlar mejor nuestros impulsos antisociales.

Por ahora, vamos a examinar cada pecado mortal por separado y a considerar las estrategias de las que disponemos ahora mismo para facilitar una mejor gestión de la tentación. Aplicar estas estrategias en nuestra vida diaria podría incluso ayudarnos a salvar nuestras almas, aunque no de una eternidad de sufrimiento a manos de los príncipes del infierno. Más bien, al ayudarnos a sentirnos más conectados con los demás, en lugar de aislados socialmente, podríamos mejorar nuestra calidad de vida mientras aún respiramos aquí en la Tierra.

El objetivo principal de los capítulos anteriores es utilizar la ciencia para arrojar algo de luz sobre por qué hacemos las cosas que sabemos que no debemos hacer. La esperanza es que, simplemente comprendiendo lo que ocurre en nuestros cerebros cuando luchamos por gestionar eficazmente nuestros impulsos más desagradables, ese conocimiento por sí solo pueda ayudarnos a tomar mejores decisiones vitales. Seguir el rastro de migas de pan a través del vertiginosamente vasto laberinto de áreas de investigación interconectadas ha deparado algunas sorpresas por el camino. Desde el sentido exagerado de la autoimportancia, pasando por la lucha contra los apetitos irresistibles por la comida y el sexo, respectivamente, el deseo insaciable de tener más, la tendencia a codiciar lo que otros tienen y desear fervientemente que pierdan su ventaja, hasta el impulso embriagador de venganza, hemos descubierto que ciertas áreas cerebrales han aparecido una y otra vez.

¿Podrían ser estos los epicentros neuronales de los comportamientos antisociales que san Gregorio Magno agrupó en los siete pecados capitales? ¿O se trataría de una simplificación excesiva? Si la lucha contra nuestros demonios se basa en el mismo conjunto de deficiencias cognitivas, ¿resolver el problema cerebral subyacente podría ayudar a superar todos los vicios dañinos? Si san Gregorio tenía razón cuando afirmó que la soberbia es el pecado capital, los enfoques que reducen las tendencias narcisistas podrían limitar todos nuestros impulsos antisociales.

Antes de continuar, un breve descargo de responsabilidad. Ten en cuenta que, como neurocientífico, no tengo formación médica alguna. Los lectores que estén preocupados por enfermedades mentales en toda regla deberían buscar el consejo de un médico de cabecera, un psiquiatra o un psicoterapeuta clínico y dar prioridad a ese consejo sobre cualquier cosa que lean aquí. El asesoramiento psicológico tiene a su disposición una variedad de enfoques respaldados por abundantes datos que indican dónde aporta beneficios. En comparación, en este capítulo encontrarás algunas corazonadas científicamente fundamentadas sobre estrategias que podríamos considerar para ayudarnos a refrenar algunos de nuestros impulsos más desagradables. Estos enfoques podrían ser útiles para ayudarnos a recuperar el control en situaciones en las que sabemos exactamente lo que no debemos hacer y, sin embargo, lo hacemos. Para saberlo con seguridad, habría que probarlas en ensayos clínicos a gran escala, de doble ciego, diseñados para estudiar la eficacia de estas ideas en el control de los síntomas de cada vicio capital.

Teniendo esto en cuenta, consideremos siete categorías de estrategias que podrían ayudarnos a tomar decisiones más prosociales y menos antisociales.

Lancear a Lucifer

Dada la actual epidemia de narcisismo que parece hacer estragos en el mundo occidental, es vital que intentemos identificar y neutralizar los factores clave responsables de acabar con nuestra humildad. ¿Qué tiene el mundo moderno que produce condiciones tan fértiles para que Lucifer amplíe su base de seguidores año tras año? Los investigadores estadounidenses que llamaron la atención del mundo sobre la epidemia de narcisismo[55] han sugerido la siguiente lista de posibles culpables:

- Los famosos son ahora los modelos más influyentes.
- Las redes sociales en línea son el patio de recreo de los narcisistas.
- Prácticas de crianza conducen a un sentido equivocado de la autoestima.
- Enfoques erróneos para fomentar la autoestima en la educación.

Intentar cambiar la crianza, la enseñanza y la regulación de los medios de comunicación en línea no es tarea fácil. Hay tantos elementos en movimiento que conseguir que todas las partes vean la luz y avancen de forma coordinada hacia la creación de un entorno que reduzca el narcisismo en lugar de fomentarlo supone un reto enorme, pero no insuperable.

Como vimos en el capítulo sobre la soberbia (véase el capítulo II, p. 58), cuando se trata de la crianza de los hijos, las trampas se encuentran en ambos extremos: tanto los enfoques negligentes como los excesivamente atentos pueden ser problemáticos. Un buen primer paso sería concienciar sobre este tema, quizá incluyéndolo en el programa de estudios del Na-

---

[55] Por ejemplo, *La epidemia del narcisismo*, de Jean M Twenge y W. Keith Campbell.

tional Parenting Trust. Se podría inculcar a los padres desde el principio la importancia de proporcionar a sus hijos amor y apoyo incondicionales, junto con instrucciones coherentes sobre el comportamiento aceptable e información precisa sobre cuándo se han cumplido las normas y cuándo no.

Uno de los principales factores implicados en la epidemia de narcisismo fueron los planes de finales del siglo XX dirigidos a aumentar la autoestima de los niños. El tiro les salió por la culata, porque los niños recibían elogios para que se sintieran bien consigo mismos, pero independientemente de si se habían esforzado mucho o no, y de si su comportamiento había sido bueno o malo. El objetivo era que se sintieran valorados, pero los niños esperaban que se les elogiara independientemente de su conducta. No es de extrañar que se dispararan los índices de prepotencia y autoimportancia.

El valiente nuevo mundo de la tecnología multimedia se ha desarrollado a un ritmo tan vertiginoso que quienes tienen el poder y la responsabilidad de legislar simplemente no pueden seguirle el ritmo. Por un lado, es emocionante y liberador, pero, por otro, deja un vacío sin regulación en el que todo vale. Cuando Endemol creó *Gran Hermano* en 1999 y vendió el formato por todo el mundo, John de Mol no podía saber que la telerrealidad iba a proliferar a tal velocidad que acabaría deformando en pocos años las perspectivas culturales sobre qué comportamientos son socialmente aceptables. Cuando se lanzó Facebook en 2004, Mark Zuckerberg y sus cofundadores no podían imaginar que acabaría siendo un entorno en el que los comportamientos narcisistas se amplificarían con tanta eficacia. En menos de un par de décadas, presumir y exagerar cada experiencia y logro positivos ha pasado de estar mal visto y activamente desaconsejado, a ser aceptado como una parte bienvenida y a veces incluso necesaria de la vida diaria en las redes sociales. Ahora que empezamos a vislumbrar cómo las redes sociales y la telerrealidad pueden estar influyendo en el comportamiento y las aspiraciones del mundo real, puede que haya llegado el momento de pensar seriamente si debemos dejar que estos fenómenos sigan su curso o intervenir para luchar contra la creciente ola de narcisismo. Pero, antes de que empecemos a presionar a Ofcom para que formule nuevas normas, o intentemos convencer a las escuelas de que introduzcan iniciativas de prevención del narcisismo en las diferentes asignaturas, vamos a tener que resolver los detalles de causa y efecto. Mientras tanto, quizá tenga sentido empezar a centrarnos en cómo podemos reducir nuestras propias tendencias narcisistas.

Supéralo

En los últimos años, la práctica de la meditación se ha estudiado intensamente y su impacto positivo en la salud mental está ampliamente respaldado por un amplio corpus de investigación científica, hasta el punto de que ahora está disponible en el servicio nacional de salud. Un estudio reciente publicado en *Nature Reviews Neuroscience*, en el que se resumen los resultados de más de veinte estudios de imágenes cerebrales sobre el impacto de diversas formas de meditación, concluye que la práctica de la atención plena no solo es beneficiosa para la salud física y mental, sino que también mejora la función cognitiva. Un principio clave de muchas formas de meditación consiste esencialmente en abandonar la perspectiva subjetiva, que sitúa al yo en el centro mismo de cada pensamiento, emoción y experiencia sensorial, y en su lugar practicar regularmente el hábito de adoptar una perspectiva más objetiva. Las pruebas indican que, cuanto más tiempo practica la meditación una persona, más disminuyen sus niveles de cortisol. Dado que, cuanto más alta es la puntuación de una persona en el inventario de personalidad narcisista, más elevados tienden a ser sus niveles de cortisol, este efecto por sí solo podría ser beneficioso para el narcisista medio y tal vez incluso mitigar la influencia perjudicial que tienen sobre las personas que los rodean. Practicar la meditación con regularidad y a largo plazo (ambos requisitos previos para el cambio neuroplástico) repercute en la estructura y la función de varias áreas cerebrales que podrían ser muy relevantes para gestionar el pecado del orgullo.

Varios estudios sobre imágenes cerebrales de la meditación de atención plena han descubierto cambios en partes del córtex frontopolar implicadas en la metaconciencia. La metaconciencia es la capacidad humana de reflexionar sobre los sentimientos y pensamientos que nos vienen a la cabeza. Una estrategia clave en muchas prácticas de meditación consiste en animar a las personas a cultivar un estado mental libre de prejuicios, en el que cualquier pensamiento o sentimiento que surja de forma espontánea en sus cabezas simplemente se reconozca (en lugar de bloquearse), y luego se permita que vuelva a salir de la mente. Practicar con regularidad estos hábitos de pensamiento puede ser de gran ayuda para promover el bienestar, ya que erradica gradualmente los comentarios negativos e inútiles que acompañan a muchas personas a lo largo de su vida.

La «rumiación» se refiere a la presencia de pensamientos negativos sobre acontecimientos vitales, tanto recientes como históricos, a menudo durante períodos prolongados. Estos patrones de pensamiento tienden a ser autocríticos y se sabe que son una característica fundamental de muchos estados mentales no saludables. Las personas tienden a lamentarse de su propia conducta pasada o a centrarse en las indiscreciones de otras personas, por ejemplo, pensando: «Ojalá no hubiera hecho eso, ¿qué pensarán ahora de mí?». Si modificamos sutilmente la forma en que utilizamos nuestras habilidades de metaconciencia, todos podemos aprender a utilizarlas para reducir, en lugar de exacerbar, nuestro dolor social. Dado que los narcisistas son especialmente propensos a sentir dolor social, la atención plena puede ser una forma muy eficaz de abordar el pecado de la soberbia.

Los profundos sentimientos de soledad y aislamiento —a menudo derivados de la convicción, aprendida en la infancia, de que la persona narcisista no tiene valor intrínseco— pueden conducir a la estrategia de mitigación de la angustia que esto causa mediante la búsqueda perpetua de la admiración de los demás. Los sentimientos fugaces de satisfacción que se desencadenan cuando los narcisistas reciben halagos, respaldo u otras formas de apoyo social proporcionan un alivio temporal del dolor social, pero no hacen nada para tratar la causa subyacente. Podría decirse que, en primer lugar, sería mejor eliminar el excesivo dolor social generado en el CCAd (córtex cingulado anterior dorsal) de los narcisistas. Varios estudios de imágenes cerebrales de la meditación han concluido que esta tiene el potencial de inducir cambios físicos en todo el CCA y en los tractos de materia blanca que permiten que la activación del CCA sea modulada por el CPF (córtex prefrontal). Esto implica que la práctica de la meditación mejora la capacidad de autorregulación emocional del practicante. Si alguien con una puntuación alta en el inventario de personalidad narcisista quisiera tomar medidas para reducir su experiencia de dolor social, la atención plena debería (tras semanas o meses de práctica diaria) ayudarlo a desarrollar las vías cerebrales para una mejor gestión emocional, reducir la rumiación y depender menos de los comentarios positivos de los demás. Esto sería estupendo para ellos y los convertiría en una carga menos pesada para sus amigos, familiares y compañeros de trabajo. Como consecuencia, sus relaciones podrían mejorar, lo que les permitiría beneficiarse de la seguridad que da sentirse un miembro realmente aceptado de un *InGroup*.

Aunque la meditación requiere mucha práctica antes de inducir cambios cerebrales tan beneficiosos, existe una solución relativamente rápida que podría reportar dividendos mientras tanto. En realidad, el dolor social puede abolirse con un fármaco que suele utilizarse para reducir el dolor físico. Como se mencionó en el capítulo II (p. 53), las áreas cerebrales centrales que se activan cuando las personas experimentan dolor físico muestran un solapamiento considerable con las que intervienen cuando sienten dolor social. El fármaco en cuestión reduce la actividad en estos núcleos cerebrales y se sabe desde hace tiempo que tiene un efecto beneficioso sobre el dolor físico. Mientras que los diversos analgésicos opiáceos, como el opio, la morfina y la heroína, inducen un subidón químico potencialmente adictivo, además de adormecer el dolor, esta clase concreta de droga no lo hace. No se trata solo de enmascarar el dolor emocional con sensaciones de placer, sino de reducir las activaciones cerebrales que generan la sensación de dolor. Por tanto, es ampliamente segura para el consumo general.

Un sorprendente conjunto de investigaciones demuestra que este fármaco (el paracetamol, un analgésico de venta libre de uso habitual) puede reducir la percepción del dolor social. Este efecto se demostró tanto si la percepción del dolor se medía subjetivamente mediante autoinforme, como objetivamente utilizando resonancia magnética. Los participantes a los que se prescribió un régimen de paracetamol durante tres semanas declararon experimentar menos sentimientos de dolor en respuesta a la exclusión social, y en otro experimento se observó una menor actividad en las áreas cerebrales asociadas al dolor social (el CCAd y la ínsula anterior). Si el dolor social que forma parte cotidiana de la experiencia vital de un narcisista pudiera reducirse mediante el uso profiláctico de un analgésico convencional,[56] entonces también podrían disminuir sus tendencias antisociales.

Se han observado correlaciones positivas entre el narcisismo y las adicciones al ejercicio, las redes sociales, el alcohol, el juego y las compras compulsivas, todos ellos problemas de control

---

[56] Es decir, si el fármaco se utiliza con antelación para disminuir la actividad de las áreas cerebrales que crean el dolor social antes de que se induzca realmente.

de impulsos. Estos comportamientos pueden reflejar intentos de reducir o distraer la atención de los sentimientos amplificados de dolor social del narcisista. Sería interesante comprobar si el paracetamol tiene algún efecto sobre estos comportamientos. Si los narcisistas no sintieran su dolor social tan intensamente, tal vez el deseo de hacer ejercicio compulsivamente, tuitear, beber, apostar o ir de compras podría evaporarse.

Un enfoque más extremo para tratar el narcisismo excesivo podría implicar el uso de la estimulación cerebral profunda (ECP), pero, por supuesto, esto solo sería apropiado para aquellos en los que estuviera causando problemas importantes. Esto se debe a que la ECP implica la implantación quirúrgica de electrodos en áreas cerebrales disfuncionales con el fin de aplicar corrientes eléctricas débiles en lugares muy específicos. Se han realizado miles de estos procedimientos en todo el mundo, y han aliviado de forma duradera los síntomas de personas con enfermedad de Parkinson avanzada, trastorno obsesivo compulsivo grave y otros problemas neurológicos. También se ha logrado cierto grado de éxito al implantar electrodos en el CCAd de personas que padecen diversos problemas relacionados con el dolor crónico. Si algún día se demuestra que la terapia con paracetamol es útil para controlar los síntomas del narcisismo, a través de la reducción de los sentimientos de dolor social, la ECP podría ser el siguiente paso lógico en la búsqueda de una terapia eficaz para tratar los casos graves.

Podría decirse que el uso terapéutico de drogas psicodélicas podría algún día contribuir a acelerar el proceso de reducción del ego hiperactivo de una persona. Por controvertido que pueda parecer, varios estudios científicos serios han investigado el uso de sustancias alucinógenas como la psilocibina —el principio activo de las setas mágicas—, administradas en compañía de consejeros especialmente formados, para ayudar a aliviar los síntomas de las personas que sufren depresión grave.

Aunque se podría pensar que un viaje con setas sería lo último que se le daría a un enfermo mental, muchos pacientes han experimentado alivio de sus debilitantes síntomas depresivos, a veces por primera vez en décadas. Y lo que es mejor, el alivio suele ser bastante duradero, de seis a ocho semanas en algunos casos, y eso después de una sola sesión. A pesar de que la droga solo permanece en su organismo a niveles psicoactivos durante unas horas, puede inducir un cambio fundamental en su perspectiva y visión de la vida que se mantiene mucho después de que desaparezcan los efectos psicodélicos.

La razón por la que una forma tan inusual de terapia podría resultar útil para el narcisismo es que se sabe que las drogas psicodélicas inducen experiencias que hacen sentir como si los límites entre el yo y el mundo exterior se derritieran. Lejos de asustar, la gente suele describir esta experiencia como una conexión profunda no solo con otras personas, sino con el universo en su conjunto. Es cierto que todo esto puede sonar un poco extraño, pero no se trata solo de los testimonios de entusiastas de las drogas recreativas fuera de sí en un festival de música; son personas corrientes, la mayoría de las cuales no soñaría con tomar drogas psicodélicas en ninguna otra circunstancia. La disolución del ego es un efecto científicamente reconocido de las drogas psicodélicas. Y como el narcisismo es un estado mental especialmente centrado en el ego, hay muchas razones para creer que, cuando se administran en las circunstancias adecuadas, es decir, con el apoyo de un asesor psicológico especialmente formado, como en los estudios sobre la depresión, aquellos que sufren las consecuencias de altos niveles de narcisismo pueden beneficiarse de la experiencia de sentirse íntimamente conectados con los demás. Antes de salir corriendo al campo a recoger setas (que, por cierto, pueden ser mortales, ya que muchas de las que se confunden fácilmente con las «mágicas» son muy tóxicas), sería sensato esperar a que se realicen los estudios pertinentes y se publiquen en revistas especializadas. Una vez que los protocolos de la terapia con psilocibina para la depresión se hayan refinado y adaptado para la investigación del narcisismo, hay muchas posibilidades de que resulte útil. Estaremos atentos a esta posible alternativa.

Vencer a Belcebú

Comer en exceso con regularidad conduce directamente a varias enfermedades bastante desagradables. Por el contrario, la restricción calórica protege el cerebro y ralentiza el proceso de envejecimiento al reducir los niveles de inflamación que, de otro modo, empezarían a interferir en las funciones cognitivas. Limitar la ingesta diaria de alimentos reporta enormes beneficios, pero es más fácil decirlo que hacerlo. La tarea se ve dificultada por las poderosas fuerzas del marketing, empeñadas en sacar provecho de nuestra debilidad por la indulgencia.

Una vez establecido el hábito de comer en exceso, es muy difícil cambiarlo, por lo que es mejor inculcar hábitos más saludables lo antes posible. La adolescencia es un período de mayor obsesión por uno mismo, pero también una etapa en la que los jóvenes comienzan a indignarse ante la injusticia social. Durante estos años, los adolescentes a menudo empiezan a tener sentimientos profundos sobre «grandes temas», expresando sentimientos contra el calentamiento global, la experimentación con animales, las armas nucleares, la destrucción ecológica y la extinción de especies, por nombrar solo algunos. La razón de que esto ocurra en la adolescencia es que se alcanza la etapa del neurodesarrollo en la que pueden empezar a adoptar una perspectiva que va más allá de sus propios intereses, los de su familia y los de la cultura a la que pertenecen. También es la etapa en la que los jóvenes se vuelven hipersensibles a todo tipo de injusticia percibida y desarrollan el anhelo de encontrar un sentido más profundo a la vida.

Resulta que toda esa angustia adolescente puede aprovecharse para modificar su actitud ante la comida basura. Cuando se les presentan pruebas de las cínicas estrategias de las multinacionales alimentarias, suelen sentirse indignados. Demostrando que las empresas se benefician del aumento de nuestras cinturas y que conocen muy bien las consecuencias para la salud, la comida basura puede pasar de ser vista como una fuente de tentación inocente a un vil escándalo. Sorprendentemente, esto puede acabar induciéndoles a reducir su consumo diario de alimentos poco saludables ricos en grasas y azúcares. Teniendo en cuenta que los adolescentes son famosos por sus dificultades para resistirse a sus impulsos, ¡esto parece poco menos que un milagro!

La fibra alimentaria podría ser la campeona aún no reconocida en la lucha contra nuestras ansias de glotonería. Durante muchos años, la importancia del consumo de fibra se ha centrado exclusivamente en su función de favorecer el tránsito intestinal. Pruebas recientes apuntan a un beneficio mucho más importante de este componente básico de las frutas, verduras y cereales integrales cargados de nutrientes. Resulta que, aunque no podemos absorber ningún nutriente de la fibra (porque las enzimas intestinales humanas no pueden descomponerla), es muy buena para nosotros. Alimenta a las llamadas bacterias intestinales buenas, que producen varios productos químicos de desecho, algunos de los cuales viajan hasta nuestro cerebro para hacernos sentir saciados antes.

Bajar de la montaña rusa del azúcar es algo que todos debemos hacer si queremos vivir hasta una edad avanzada y, de paso, mantener el cerebro en buenas condiciones. Hay pruebas fehacientes de que una dieta rica en azúcar es muy perjudicial para la salud del cuerpo y del cerebro. Por eso, considere la posibilidad de renunciar a su tazón matutino de cereales procesados con alto contenido en carbohidratos, bollería danesa, patatas fritas o tostadas con mermelada, y optar en su lugar por cereales integrales no procesados, como gachas de avena, muesli o granola. Esto no solo proporciona una buena dosis de fibra para calmar el hambre, sino también un montón de hidratos de carbono de liberación lenta que liberan sus moléculas de azúcar en el torrente sanguíneo de forma gradual, en lugar de hacerlo de una sola vez. Los hidratos de carbono de liberación rápida provocan un gran chorro de insulina del páncreas para hacer frente a la avalancha de azúcares en el torrente sanguíneo. Pero esto significa que se elimina tanta glucosa del torrente sanguíneo que acabas quedándote sin azúcares (y sin energía, sin paciencia, etc.) una hora más tarde. En comparación, las opciones de liberación lenta no provocan una liberación tan grande de insulina, lo que permite mantener un nivel moderado de glucosa en sangre para abastecer al cuerpo y al cerebro durante toda la mañana. Esto ayuda a evitar el hábito de buscar tentempiés deliciosos pero poco saludables para reponer los niveles de azúcar en sangre a lo largo del día.

Consumir habitualmente alimentos nutritivos, con carbohidratos de liberación lenta y alto contenido en fibra, para mantener los niveles de energía y hambre más equilibrados a lo largo del día, es solo la mitad de la batalla. Reducir la exposición a las tácticas de marketing diseñadas específicamente para hacer que el consumo diario de alimentos procesados parezca deseable y asequible desempeña un papel fundamental en la batalla por mantener a raya a Belcebú, el demonio de la glotonería elegido por el obispo Binsfeld. Comer a diario comida para llevar o platos precocinados baratos del supermercado no favorece el mantenimiento de un IMC saludable y no es un acto inofensivo. Así que, cuando aparezcan anuncios de comida rápida en la pantalla del televisor, cambia de canal. Cuando aparezcan en la pantalla del ordenador, cambia de página web. Si al volver a casa pasas por delante de tu restaurante de comida rápida favorito, toma el camino más largo para evitarlo. En el supermercado, no pases por el pasillo de los postres, dulces y pasteles. Puede que todo esto suene un poco exagerado, pero es vital apartar los ojos, los oídos y la nariz de las influencias que están diseñadas para desgastar gradualmente tu determinación. Cada exposición te acerca un paso más a ceder a las ganas de comer algo dulce y graso, ya que nuestro cerebro ha desarrollado una preferencia por estos gustos. Si permites que esos alimentos entren en tu casa, los comerás en algún momento. La única forma de resistirse a la gula es no comprar alimentos irresistibles.

Abrazar a un amigo, amante, familiar o incluso a la mascota provoca la liberación de la neurohormona oxitocina. Esto genera sentimientos de confort y ayuda a crear confianza entre los miembros del *InGroup*. Cuando la oxitocina se inyecta directamente en el cerebro, es un potente anorexígeno: nos impide sentir hambre. Lo hace uniéndose a los receptores del hipotálamo ventromedial, reduciendo temporalmente el valor de recompensa de la comida y haciéndonos sentir menos hambrientos. Así que todos deberíamos considerar la opción de buscar afecto físico, en lugar de tentempiés, cuando intentamos resistir la tentación de comer en exceso. A menudo, cuando comemos, lo que realmente buscamos es comodidad, por lo que las fuentes alternativas de oxitocina —un abrazo o simplemente una buena charla con un amigo que nos dé la sensación de conexión humana— podrían proporcionarnos las sensaciones de seguridad que realmente anhelamos.

Si duermes mal, tomarás malas decisiones alimentarias al día siguiente. Si duerme mal a menudo, podrías empezar a engordar. Por extraño que pueda parecer, para mejorar los hábitos alimentarios, una de las mejores cosas que puedes hacer es tomar medidas inmediatas para mejorar la «higiene del sueño». Si tu dormitorio es un lugar donde lo único que haces es dormir, leer o practicar sexo, al cabo de un par de semanas, tu cerebro ajustará sus expectativas sobre lo que ocurre en ese espacio concreto. Pero, si pasas de diez a treinta minutos jugueteando con tu *smartphone* en la cama justo antes de irte a dormir cada noche, entonces tu cerebro se preparará inconscientemente para recibir estímulos cuando te acuestes, en lugar de prepararse para desconectar y dormir. Además, cada mensaje de texto, correo electrónico, búsqueda en Internet, publicación en Facebook, tuit, foto de Instagram y aplicación que utilizas provoca una pequeña dosis de cortisol en tu glándula suprarrenal. El efecto acumulativo de todas estas pequeñas oleadas de cortisol es que aumentan tus niveles de vigilancia precisamente en el momento en que realmente quieres lo contrario, dormirte hasta la mañana siguiente. Hablaremos más de este asunto en las siguientes páginas.

Si te despierta con regularidad en mitad de la noche, te convendría empezar a eliminar cada una de las posibles causas de la perturbación que te impide mantener la inconsciencia durante siete u ocho horas cada noche.

- Visión: si se filtra luz en la habitación, puede que necesites persianas opacas.
- Audición: usa tapones para los oídos.
- Tacto: asegúrate de estar cómodo y de tener un colchón y unas sábanas suaves.
- Olfato: prueba a rociar la habitación con aromas calmantes como el aceite de lavanda.

Cuando nos despertamos en mitad de la noche, no solemos recordar cuál ha sido la causa, así que es posible que tengamos que hacer un poco de trabajo detectivesco. Si nada de esto cambia las cosas tras un par de semanas de experimentación, lo más probable es que la culpa la tenga tu *smartphone*.

Piensa en esto: te despiertas en mitad de la noche. No sabes por qué. Tal vez has dado tantas vueltas en la cama que te has quedado en una posición que corta el riego sanguíneo a una extremidad. Tal vez ha habido un fuerte ruido en el exterior que te ha despertado, pero no lo suficiente como para que recuerdes lo que ha pasado. Sea cual sea la causa del brusco despertar, ahora estás despierto, así que ¿qué haces? La mayoría de la gente en esta situación mira su *smartphone*. Mala idea.

La razón por la que los teléfonos inteligentes son el principal enemigo del sueño, y, por tanto, de nuestra cintura, va mucho más allá del toqueteo antes de acostarse y de retrasar nuestro descenso al sueño (aunque estos son factores). Cuando nos despertamos en mitad de la noche para ver la hora en un *smartphone*, es imposible no echar un vistazo a los iconos que indican la presencia de uno o diez mensajes sin leer. De todos los correos electrónicos, mensajes de texto, notificaciones de redes sociales y llamadas perdidas sin contestar, algunos podrían ser importantes, pero en realidad todos pueden esperar a la mañana siguiente. La mera posibilidad de que haya algo urgente entre el spam envía una inyección de cortisol al torrente sanguíneo y al cerebro, sacándolo del modo de reposo.

Los niveles de cortisol aumentan de forma natural, lenta pero segura, a lo largo de la noche, de modo que por la mañana estamos ligeramente estresados. Esto nos prepara para levantarnos y ponernos en marcha. De hecho, nos ayuda a liberar la energía que necesitamos para levantarnos de la cama y afrontar cualquier reto que se nos presente. Sin embargo, cuando se desencadena un pico de cortisol a mitad de la noche, puede resultar difícil volver a conciliar el sueño, lo que significa que acabamos sintiéndonos un poco agotados por la mañana. Es posible que esto haya ocurrido durante tanto tiempo que ya no recuerdes lo que se siente al levantarse descansado. Pero no tiene por qué ser así.

En cuanto a la secreción intempestiva de cortisol, no hay nada como un *smartphone* para preocuparnos innecesariamente por nada en mitad de la noche. En cuanto a la idea de poder ignorar los mensajes en espera, olvídalo. El desconocimiento hace que la mente dé vueltas a todas las posibilidades de lo que puede estar esperando. Si quieres dormir mejor, debes ser valiente y dejar tu móvil más allá del umbral de la puerta de tu habitación. Si no, tu sueño seguirá perturbado y tus esfuerzos diurnos por comer sano se verán perpetuamente frustrados por el cansancio que has olvidado que no es algo normal de la vida cotidiana.

Todos hemos oído alguna vez el consejo de que cuando vayamos al supermercado «nunca compremos con hambre». El motivo es que las hormonas del hambre, como la grelina, disparan el valor de recompensa previsto para los alimentos hipercalóricos. Cuando los niveles de glucosa en sangre son bajos, nuestra capacidad para resistir a la tentación de los alimentos hipercalóricos se reduce drásticamente. Esto se debe en parte a la grelina, pero también a que las regiones del CPFdl (córtex prefrontal dorsolateral) implicadas en el ejercicio de nuestra capacidad de autocontrol son menos capaces de ejercer una influencia sobre las áreas cerebrales del COF (córtex orbitofrontal) que sopesan los valores de recompensa previstos de diversos alimentos. La desconexión funcional entre estas áreas cerebrales hace que las personas sean más propensas a sobrevalorar lo dulce o lo graso y a actuar siguiendo el impulso de satisfacer la gratificación inmediata por encima de elecciones más sensatas a largo plazo. Tomar tentempiés de liberación lenta de hidratos de carbono veinte o treinta minutos antes de ir a comprar o de elegir lo que vamos a comer puede cambiar todo esto, ya que aportar un poco más de azúcar en el momento oportuno reduce los niveles de las hormonas del hambre justo antes de tomar una decisión y ayuda a recargar la glucosa en sangre para que el cerebro disponga de los recursos adecuados para alimentar las áreas que apoyan las elecciones alimentarias disciplinadas. En concreto, al aumentar la disponibilidad de glucosa en el CPFdl, este puede ejercer una mayor influencia sobre el COF, lo que permite tomar decisiones alimentarias más inteligentes. Si nos aseguramos de que solo tenemos un hambre moderada en el momento de elegir los alimentos que vamos a consumir, tendremos más posibilidades de elegir a favor de objetivos saludables a largo plazo, en lugar caer en la tentación de la gratificación inmediata.

Por último, la gente suele tomar mejores decisiones al principio del día. Así que elige antes lo que vas a cenar antes. Es más, esta «fatiga de decisión» se produce más rápidamente cuantas más decisiones tiene que tomar una persona. Que las elecciones sean sencillas o complejas parece no suponer ninguna diferencia. Por eso, después de un duro día de toma de decisiones, es mucho más probable que nos encontremos devorando una tableta de chocolate del tamaño de toda la familia cuando la idea original que teníamos en mente era solo tomar uno o dos trozos. ¡Hombre prevenido vale por dos!

EVITAR A ASMODEUS

La lujuria es el pecado capital que probablemente más ha cambiado desde que se señaló por primera vez como causa de conflictos sociales. Durante gran parte de la historia de la humanidad, las enfermedades de transmisión sexual y los embarazos no deseados fueron fuente de mucho sufrimiento humano, sobre todo para los bebés no deseados. Desde la invención de métodos anticonceptivos eficaces, especialmente métodos de barrera como el preservativo, estos resultados negativos se han reducido drásticamente (suponiendo que se utilicen correctamente). Los daños inducidos por el pecado de la lujuria que vamos a considerar incluyen los delitos sexuales, el adulterio y las influencias perturbadoras del uso excesivo de la pornografía. Examinaremos lo que hay en el arsenal para ayudar a protegernos contra cada uno de estos males libidinosos sucesivamente.

Para reiterar el tema general del capítulo sobre la lujuria, las personas no tienen ningún control consciente sobre lo que les excita sexualmente, mientras que actuar sobre esos sentimientos de excitación sexual es un asunto completamente distinto. Cuando actuar de acuerdo con estos impulsos tiene muchas probabilidades de poner en peligro a otras personas, existen compuestos farmacéuticos para calmar la libido. En cuanto a los impulsos sexuales que no son delictivos, pero que podrían causar graves daños a las relaciones, no podemos sino insistir en la importancia de adoptar una perspectiva a largo plazo para enmarcar la tentación de engañar de una manera que haga que actuar según esos impulsos parezca una estupidez y, por tanto, más fácil de resistir.

Estamos muy lejos de una cura milagrosa que ayude a eliminar la amenaza que suponen los depredadores sexuales. Los fármacos que se suelen administrar a los delincuentes sexuales para reducir su libido distan mucho de ser ideales y los datos científicos que avalan su uso no siempre son muy sólidos. Comprenden tres clases diferentes de fármacos. Los primeros son versiones artificiales de hormonas femeninas, como la medroxiprogesterona. Es lo que se le recetó al profesor de cuarenta años al que un tumor cerebral provocó impulsos sexuales incontrolables, tras ser acusado de abuso sexual de menores. Estos fármacos suelen recetarse a las mujeres como método anticonceptivo oral o como terapia hormonal sustitutiva en la menopausia. Las pruebas del impacto de estos fármacos en los hombres sugieren que conducen a la abolición de los comportamientos sexuales desviados en uno o dos meses de tratamiento. Sin embargo, esto tiene un precio, ya que se asocia a efectos secundarios en una proporción significativa de hombres, sobre todo aumento de peso y dolores de cabeza. El principal problema de estos efectos secundarios en este contexto es que pueden interferir en el cumplimiento terapéutico, es decir, en la voluntad de la persona de tomar el fármaco.

La segunda clase de fármacos que se administran habitualmente a los delincuentes sexuales son los inhibidores selectivos de la recaptación de serotonina, un tipo de antidepresivo en el que la supresión de la libido es un efecto secundario bien conocido. Se recomiendan para adolescentes que muestran signos tempranos de desviación sexual porque los efectos son relativamente leves. Esta medicación se administra con la esperanza de que ayude a evitar el desarrollo de mayores problemas de regulación del comportamiento sexual en la vida adulta.

Un tercer tipo de fármacos, los análogos de la hormona liberadora de gonadotropina, se dirigen al hipotálamo para suprimir la liberación de una hormona que viaja por el torrente sanguíneo hasta los testículos para aumentar la producción de la hormona sexual masculina testosterona. Originalmente, estos fármacos se fabricaron para ayudar a tratar el cáncer de próstata, una enfermedad agravada por la presencia de testosterona. Al cabo de un mes de tratamiento, la testosterona circulante se reduce a un nivel que solo suele alcanzarse mediante la castración. La incidencia de fantasías sexuales desviadas cae en picado, al igual que el comportamiento sexual en general, y el perfil de efectos secundarios es mejor que el de las alternativas.

Se ha previsto que, en los próximos años, será posible detectar a aquellas personas cuyas inclinaciones sexuales pongan en peligro a los niños, basándose en las respuestas de su cerebro a una batería normalizada de imágenes pornográficas. ¿Y entonces? ¿Los encerramos como medida de precaución? ¿Los obligamos a tomar drogas para castrarlos químicamente? ¿O exigirles que se sometan a cirugía cerebral para incapacitarlos permanentemente para producir las hormonas sexuales masculinas? Hay grandes obstáculos éticos que superar antes de que podamos tomar medidas para proteger a los niños de los pedófilos que aún no han actuado según sus impulsos libidinosos. Si no han cometido ningún delito, pero su cerebro produce una respuesta sexual a la pornografía infantil, pero no a la adulta, ¿qué debemos hacer? Son preguntas muy difíciles y no hay respuestas sencillas. Pero una cosa parece clara. Los sentimientos de repugnancia de la sociedad hacia las personas con impulsos pedófilos, independientemente de que estos impulsos se hayan llevado a la práctica o no, están llevando a estas personas a esconderse y a entrar en la red oscura, en lugar de acudir a clínicas que podrían ayudarlas a controlar sus impulsos. Esto parece muy peligroso.

Ahora pasaremos al adulterio. Acostarse con la pareja de un amigo nunca es aconsejable. Una perspectiva a largo plazo sobre las consecuencias de una decisión así es fundamental para reunir el poder necesario para resistir el señuelo de la tentación de Asmodeo. La traición destruye la confianza, simple y llanamente. Sí, hay ejemplos de personas que perdonan a sus parejas por una indiscreción, pero la confianza, una vez traicionada, nunca puede recuperarse del todo. Y la confianza es la base del éxito de toda relación duradera.

Todo el mundo tiene la posibilidad de engañar a su pareja. Hasta que no ocurra, es solo una posibilidad teórica. Podría ocurrir, pero nunca ha ocurrido. En ese momento, hay motivos para ser optimista y suponer que la situación no cambiará. En cambio, en el momento en que alguien engaña a su pareja, todo cambia porque realmente tiene antecedentes. A partir de ese momento ya no es solo teóricamente posible, sino que ha ocurrido de verdad. Las probabilidades de que algo vuelva a pasado son muy diferentes de las que se asocian a que algo suceda por primera vez.[57] Puede parecer una distinción sutil, pero es enorme. Cuando un acto de infidelidad no sancionada ha ocurrido una vez, las probabilidades de que vuelva a ocurrir parecen mucho mayores. Desde la perspectiva de la persona cuya confianza ha sido traicionada, probablemente se sentirá estúpida y muy posiblemente lamentará haber sido tan ingenua como para creer que nunca pasaría. Ahí es donde se produce el daño permanente. Una vez que una persona experimenta el golpe aplastante de la traición, es difícil recuperarse totalmente de él.

Cuando nos sentimos tentados por frutos sexuales prohibidos, Asmodeus emplea todo tipo de juegos mentales en un es-

---

[57] Si nos remontamos al capítulo de la ira, esto sigue una lógica similar a la que se sigue en derecho, donde las penas de prisión impuestas a quienes tienen antecedentes de delitos violentos son más duras que las que se imponen a quienes se salen de lo habitual.

fuerzo por aliviar las objeciones: «No significará nada». «Solo es sexo». «Tengo un apetito sexual insaciable y necesito esto». O el clásico: «Lo que no saben no puede hacerles daño». Las relaciones sobreviven a la infidelidad, pero, una vez revelado el engaño, quedan dañadas. Y eso es en lo que hay que centrarse cuando Asmodeus presenta oportunidades para engañar a alguien. El pensamiento con el que puedes vencer a Asmodeus es: «Si vas allí, la confianza muere». Sin confianza no puede haber intimidad real, así que la infidelidad roba intimidad a las relaciones, incluso cuando consiguen persistir.

En los raros casos en los que el engaño permanece oculto durante muchos años, las mentiras implicadas en la creación del engaño causan daños de todos modos. La gente siempre piensa que será capaz de ocultar la verdad a su pareja, pero siempre hay algo que acaba por delatarla. Puede ser la propia culpa enconada de la persona, o incoherencias en su historia encubierta, o la intervención de un tercero para revelar la mentira; nadie se sale con la suya para siempre. Ese es el otro palo con el que se puede golpear a Asmodeus. Cuando surge el embriagador señuelo del adulterio, la forma más eficaz de resistir la tentación es recordar que la confianza tarda años en construirse, pero un solo acto de lujuria en destruirse, porque la traición rara vez permanece en secreto para siempre.

El consumo excesivo de pornografía ejerce una influencia destructiva al fomentar actitudes negativas hacia el uso del preservativo y perspectivas deformadas sobre lo que constituye la mejor práctica en la intimidad sexual en la vida real. Está claro que no es práctico intentar cambiar una industria que en general no está regulada. El enfoque más eficaz sería probablemente pensar en mejores formas de restringir el acceso y aconsejar a la gente sobre cómo usarlo de forma que se reduzcan los daños. En cuanto al acceso, la forma más eficaz de abordarlo sería penalizar a los proveedores de Internet. En última instancia, controlan el flujo de datos. Si quisieran restringir el acceso a la pornografía gratuita en línea, tienen todo el poder para hacerlo. El problema es que, si una empresa lo hiciera, todo el mundo se iría a la competencia, así que haría falta coordinación para que fuera eficaz.

El desarrollo gradual de una compulsión adictiva al porno puede hacer que las parejas sexuales de la vida real sean inadecuadas para satisfacer los deseos sexuales. Dados los enormes beneficios de una vida sexual sana para el bienestar humano, se trata de una situación verdaderamente terrible. Si una persona consume pornografía a diario y su rendimiento sexual en la vida real se resiente por ello, puede alegrarle oír que tras unas pocas semanas de abstinencia del porno recuperará la libido. Dado lo arraigado que está el hábito del porno en muchas personas, es mucho más fácil decirlo que hacerlo. Muchos tendrán verdaderos problemas para resistir la tentación en los primeros días. Saber que es posible restablecer un comportamiento sexual normal dejando de ver porno durante unas semanas puede animar a la gente a intentarlo. El impacto de la pornografía en la cultura en general es mucho más problemático.

La pornografía muestra una amplia variedad de actos que hacen poco por fomentar los vínculos a largo plazo, que es posiblemente el aspecto más valioso del acto sexual más allá de la procreación. Las cámaras del porno están obsesionadas con captar la penetración, porque eso es lo que demanda el mercado. Cuando se muestran los aspectos del acto sexual que tienen un impacto positivo en el vínculo a largo plazo (abrazos, besos y caricias), normalmente se pasan por alto. Así que los aspectos del encuentro sexual que producen los dividendos más importantes en una relación de la vida real están siendo sistemáticamente pasados por alto tanto por los directores del porno como por el consumidor. Cuando los jóvenes reproducen servilmente lo que ven en la pantalla en sus propias habitaciones, no conocen otra cosa y lo aceptan como norma. ¿Cuál es la solución? Cualquiera que quiera aumentar sus niveles de vasopresina y oxitocina para aprovechar el poder del sexo en la creación de vínculos a largo plazo, en lugar de centrarse exclusivamente en el subidón de dopamina del orgasmo, haría bien en tomar los consejos sexuales del tantra en lugar de YouPorn.

Reprendiendo a Belphegor

Pasemos ahora a la pereza, la forma insidiosa que se disfraza astutamente de laboriosidad. Para esas legiones de esclavos digitales, cautivados por algoritmos bellamente diseñados que les atraen para que inviertan interminables horas de su tiempo libre entrecerrando los ojos ante las pantallas, pero que no les llevan a cumplir ningún objetivo significativo, el primer paso es dejarlo. Mejor aún, poner el *smartphone*, la tableta y el portátil en una habitación completamente distinta, en silencio. Hay pruebas que sugieren que el mero hecho de tener un móvil al alcance de la mano reduce la memoria de trabajo en un 10 % y la inteligencia fluida en un 5 %.

Si intentas guardar tu tecnología y reaparece milagrosamente en tus manos, puedes plantearte invertir en algo como una *K-Safe*. Se trata de cajas de plástico resistentes con una tapa que se puede cerrar y que se controlan mediante un temporizador de cuenta atrás. Girando el dial de la parte superior de la tapa, el temporizador inicia una cuenta atrás de entre un minuto y diez días, y mantendrá cualquier tentación a buen recaudo hasta que el temporizador llegue a cero. Lo más impresionante de esto, si mi experiencia te sirve de algo, es que una vez que sabes que no puedes entrar en esa caja durante un período de tiempo determinado, acabas por olvidarla por completo. Si se te ocurre recuperar el contenido, el mero hecho de saber que no puedes acceder te permite olvidarlo rápidamente y dedicarte a otra cosa. También acabas pensando con mucho cuidado durante cuánto tiempo encierras el móvil cada vez.

Este escenario guarda un asombroso parecido con el antiguo mito griego de Odiseo. Sabiendo que el irresistible canto de las sirenas había llevado a muchos capitanes antes que él a estrellar sus barcos contra las rocas, ordenó a su tripulación que lo ataran al mástil antes de pasar por el arrecife para poder escuchar su encantadora música, pero sin poder hacer nada ante la tentación de acercarse para ver mejor.[58] Meter la fuente de tus deseos compulsivos en una caja con cerradura de tiempo tiene un efecto similar, ya que te hace impotente para actuar ante la tentación que sabes perfectamente que te asaltará más adelante. A la hora de gestionar todas nuestras tentaciones, merece la pena pensar como Odiseo siempre que sea posible.

Todos luchamos de vez en cuando contra la tentación de holgazanear, pero hay variaciones considerables en la forma en que cada uno responde cuando surge el impulso de eludir nuestras obligaciones. La falta de higiene digital, que afecta a quienes son más esclavos que amos de su tecnología, desvía un tiempo valioso del trabajo útil a cuentagotas a lo largo del día. Todo lo que hay que hacer para empezar a ahogarse en un océano ilimitado de procrastinación es desbloquear el móvil o la tableta y ya está. Si puedes emplear la estrategia de mantenerte físicamente separado de tu teléfono durante una hora cada vez, manteniendo la tentación de consultarlo compulsivamente fuera del alcance de tu mano, te darás cuenta de que puedes continuar trabajando después de cada breve descanso con más facilidad. Habrás reentrenado tu cerebro para que vuelva a ser capaz de mantener la atención, después de haber desbaratado previamente estas capacidades con tu incesante multitarea mediática. Navegar por Internet y consultar las redes sociales suele ser más interesante que trabajar, pero mirar al vacío no lo es. Así que, si lo único que te separa del

---

[58] Las sirenas eran mujeres hermosas pero peligrosas que atraían a los marineros hacia las rocas con su hermoso canto. Odiseo ordenó astutamente a la tripulación que tapara sus oídos con cera para evitar escuchar el canto de las sirenas.

aburrimiento es más trabajo, entonces te parecerá una opción más atractiva que cuando tienes el *smartphone* siempre a mano. Cuanto más se dedica la gente a soñar despierta, más da rienda suelta a su creatividad inherente, así que, aunque pases más tiempo mirando al espacio, eso podría resultar positivo. La naturaleza aborrece el vacío.

También puedes plantearte comprar una cuerda de saltar. Si cada vez que pierdes las ganas de seguir trabajando, en lugar de juguetear con el móvil o perder el tiempo en Internet te levantas y te pones a saltar a la comba, al menos te beneficiarías de hacer algo de ejercicio mientras holgazaneas. Es lo que se conoce como «combinación de virtudes». Si haces algo que te dé energía física cada vez que sientas la tentación de aflojar con el trabajo mentalmente agotador que tienes que hacer, habrás convertido astutamente la tentación de cometer el vicio capital de la pereza en algo realmente virtuoso. Esto no solo te da un descanso limitado en el tiempo del trabajo mental (solo puedes saltar durante un tiempo antes de empezar a tropezar con tus pies), sino que la estimulación física también induce la liberación de hormonas energizantes para despertar tu cerebro cansado, recargar tu atención y ayudarte a centrarte cuando vuelvas al trabajo real.[59] Un estudio publicado a principios de 2018 demostró que solo diez minutos de ejercicio moderado eran suficientes para producir mejoras medibles en la cognición inmediatamente después.

Todo el mundo tiene una pasión, algo que, en el fondo, le resulta intrínsecamente gratificante. El problema es que no todo el mundo sabe cuál es su pasión. Mientras tanto, esas personas suelen pasar su tiempo libre viendo la televisión, películas y

---

[59] Si saltar a la comba no te parece una forma viable de tomarte un descanso en tu lugar de trabajo, considera lo siguiente: si es aceptable que algunos de tus colegas se tomen unos minutos periódicamente para salir a la calle y llenar sus pulmones de humo o vapear, ¿por qué no puedes dedicar unos minutos cada hora a hacer girar una cuerda de saltar por el aire?

vídeos de YouTube de animales bonitos haciendo tonterías. El problema es que así se pasa más tiempo tirado en el sofá, lo cual, como sabemos, es mucho más mortal de lo que parece.

Por lo general, las aficiones implican una secuencia de acciones que permiten alcanzar algún tipo de objetivo final. Pero la principal fuente de diversión de una afición es el placer que produce realizar la secuencia de acciones, más que alcanzar el producto final. Un coleccionista, por ejemplo, invierten mucho tiempo y esfuerzo en buscar nuevas piezas para su colección. Si alguna vez «completara» su colección, su trabajo habría terminado y su afición estaría muerta. ¿Qué haría entonces para sentirse satisfecho con su tiempo libre? Las aficiones que dan más alegría nunca se acaban. Los amantes del senderismo siempre encontrarán otro lugar donde practicarlo. Los que pintan siempre encontrarán algo más que pintar. Quien ama el deporte, mientras el cuerpo se lo permita, siempre tendrá ganas de practicar otro deporte. Los que tocan un instrumento musical siempre encontrarán otra pieza musical que dominar. Las aficiones son intrínsecamente gratificantes porque implican hacer algo en pos de un objetivo, pero no se centran totalmente en el resultado final. La televisión y las películas están cuidadosamente construidas para ofrecer una secuencia de momentos de recompensa específicamente diseñados, pero hacen todo el trabajo por nosotros, robándonos una enorme fuente de satisfacción potencial. El placer es mayor cuando nos esforzamos por conseguir una recompensa que cuando nos la dan.

Existen varios medicamentos que pueden mejorar los síntomas de la apatía. Por el momento, no se distribuyen gratuitamente a personas que son perezosas, lo cual no sería ético. Pero hay varias clases de fármacos que, en teoría, podrían utilizarse para aumentar los niveles de motivación de las personas. Las anfetaminas, como el metilfenidato, suelen recetarse a niños con trastorno por déficit de atención con hiperactividad (TDAH) para ayudarles a concentrarse. Estas sustancias se compran cada vez más en el mercado negro para quienes quieren utilizarlas, no con fines médicos, sino para obtener una ventaja competitiva sobre sus rivales. Otra de las llamadas «drogas inteligentes», el modafinilo, creada originalmente para uso militar con el fin de ayudar a soldados, marineros y pilotos a reducir la lentitud cognitiva que se produce cuando se carece de sueño al final de un largo turno de trabajo, se ha abierto camino en el ámbito laboral civil. Una encuesta anónima realizada por la revista científica *Nature* en 2012 indicaba que el 20 % de los académicos habían utilizado, o utilizaban regularmente, estas drogas inteligentes para aumentar su productividad. Esto plantea la posibilidad de que, en un futuro no muy lejano, tomarse una pastilla de metilfenidato o modafinilo después de comer no parezca más polémico que tomarse una taza de café. El problema es que, a diferencia del café, estas otras drogas inteligentes no se han inventado hasta hace un par de décadas, por lo que no tenemos forma de saber cuáles pueden ser los efectos secundarios no deseados de su consumo durante largos períodos de tiempo. Mientras tanto, empresarios, jugadores de póquer en línea y académicos se arriesgan a mantener a raya la pereza con estas sustancias relativamente novedosas, que deberían darnos las respuestas a la pregunta de cómo puede afectar a los humanos su consumo a largo plazo más pronto que tarde. Dependiendo de los resultados, podríamos plantearnos dárselas tanto a los perezosos crónicos como a los enfermos mentales.

Puede que no sea necesario recurrir a las drogas. Muchas de las personas que sufren una falta drástica de motivación nunca han experimentado lo que es no tener ningún control sobre lo que les ocurre en la vida. Les falta perspectiva para darse cuenta de lo afortunados que son por tener opciones. Mientras tanto, a menudo se sienten desanimados porque la vida no les ha repartido una mano mejor, se quejan de lo malas que son sus perspectivas profesionales y se lamentan de todo lo que parece conspirar para hacerles la vida tan difícil. Este tipo de personas perciben el «locus de control» como algo externo: el mundo controla su destino. Lo que necesitan es desarrollar un locus de control interno, tomar las riendas de su destino. Este es un ingrediente vital de la motivación.

En ausencia de una enfermedad psiquiátrica, la falta de motivación en la sociedad suele girar en torno a la falta de perspectiva, de oportunidades percibidas o de experiencia relevante. Los niños de Belphegor que entran en esta categoría podrían ser enviados a zonas de guerra. No para luchar, sino como voluntarios. Experimentar de primera mano los verdaderos horrores que la gente de los campos de refugiados de todo el mundo tiene que sufrir a diario podría darles una perspectiva muy necesaria sobre las oportunidades y comodidades básicas que dan por sentadas. Para muchas personas en el mundo de hoy, tener la certeza absoluta de que mañana habrá agua limpia para beber y alimentos para comer sería como un sueño hecho realidad. La mayoría de los que lean este libro, en cambio, probablemente den por sentada la idea de abrir el grifo y que salga a borbotones una cantidad ilimitada de agua potable. Para muchas de estas personas, un intercambio de vida haría maravillas para desterrar a Belphegor de vuelta a su lúgubre guarida. Pasar algún tiempo ayudando a personas que consiguen mantenerse optimistas y motivadas, a pesar de carecer por completo de opciones en la vida, puede resultar inspirador. Como mínimo, comprender lo dura y corta que puede ser la vida en otros lugares del mundo podría cambiar su enfoque de la vida en casa. El recuerdo de tales experiencias puede aumentar los niveles de dopamina en su cuerpo ventral estriado lo suficiente como para que, a su regreso, empiecen a perseguir objetivos significativos.

Está claro que a los perezosos les resulta poco práctico (por no decir peligroso) viajar a lugares del mundo asolados por la guerra solo para comprender lo afortunados que son en realidad. Una de las grandes esperanzas de la próxima revolución de la realidad virtual es que permita a la gente viajar a lugares lejanos sin ni siquiera tener que salir de casa. Está claro que esta tecnología también tiene el potencial de empeorar la pereza, en lugar de mejorarla, al disuadir a la gente de salir de casa. Sin embargo, bien utilizada, tiene una enorme capacidad[60] para permitir a la gente corriente sentirse como si estuvieran en medio de una zona de guerra real, o explorar libremente las favelas de Río de Janeiro, los fumaderos de crack de Detroit o los barrios marginales de Calcuta; experimentar las vistas y los sonidos de la pobreza de la vida real. La tecnología de realidad virtual está cada vez más al alcance del consumidor cotidiano y a precios mucho más asequibles que nunca, por lo que la posibilidad de utilizarla para que la gente se dé cuenta de lo afortunados que son y de las muchas oportunidades que tienen es real.

Mientras tanto, las personas que sufren una falta crónica de motivación podrían animarse a echar una mano más cerca de casa. El voluntariado en un comedor social, una residencia de ancianos o un albergue para personas sin hogar podría ampliar sus horizontes, o darles una idea de la profunda satisfacción que se puede obtener ayudando a los demás y proporcionarles una perspectiva más equilibrada de su propia situación. Quién sabe, quizá les dé el impulso necesario para levantarse del sofá y alejarse de Netflix el tiempo suficiente para investigar sus opciones más allá, en lugar de quedarse sentados esperando a que las oportunidades caigan en sus manos.

AMORDAZAR A MAMMON

La aplicación de breves ráfagas de estimulación magnética de alta frecuencia a través del cráneo para alterar partes específicas del circuito cerebral CPFdl que impulsa las decisiones codicio-

---

[60] Para saber más sobre lo que nos depara la realidad virtual, recomendamos encarecidamente el podcast *Voices of VR*.

sas puede no ser del agrado de todo el mundo, pero realmente podría ayudar a aflojar las garras de Mammon.[61] Es raro poder señalar un estudio específico que demuestre la eficacia de la estimulación cerebral para influir en la propensión de las personas a cometer un pecado mortal, pero según el trabajo de Leonardo Christov-Moore y sus colegas de la UCLA, una intervención de este tipo hace que las decisiones económicas de las personas sean más prosociales y menos egoístas. ¿Y lo mejor? Funciona devolviéndonos a nuestro estado por defecto, incapacitando áreas cerebrales que de otro modo intervendrían para anular nuestra naturaleza intrínsecamente prosocial. También se podría conseguir un resultado similar simplemente obligando a la gente a tomar decisiones financieras más rápidamente. Como sabemos por el trabajo de David Rand y sus colegas, que demostraron que las decisiones rápidas y espontáneas tienden a ser más prosociales, mientras que las lentas y deliberadas parecen dar tiempo a la gente para convencerse de las opciones más altruistas. Si pudiéramos preparar a la gente para que confiara más en sus intuiciones, en lugar de pensar demasiado la decisión hasta el punto de perjudicar a otras personas, el resultado podría ser más generosidad y menos egoísmo. Esta observación también puede explicar por qué los actos benéficos adoptan a menudo la forma de subastas, que tienden a fomentar decisiones rápidas y espontáneas.

Durante su ascenso a la cima del árbol capitalista, los jefes de Microsoft se mostraron ávidos de cuota de mercado y despiadados en su persecución. Utilizaron todos los trucos del libro. Algunos incluso dirían que escribieron el libro. Pero, después de haber aplastado a la competencia con tácticas no muy diferentes a los actos de avaricia flagrante, una vez que Bill

---

[61] Se refiere al método de estimulación de ráfaga theta para utilizar dispositivos de estimulación magnética transcraneal, que consiste en aplicar un campo magnético de 50 Hz una vez cada 200 milisegundos.

Gates y otros construyeron realmente sus fortunas, empezó a surgir un tremendo apetito de altruismo. ¿Por qué? Uno de los factores es que los actos ostentosos de generosidad pueden mejorar la posición social de una persona. Cuando uno ya es una de las personas más ricas y poderosas del planeta, ¿qué mejor manera de diferenciarse de los demás multimillonarios que competir con ellos en la munificencia? Mi donación benéfica es mayor que la tuya.

Afortunadamente, esto es algo más que una simple competencia. En realidad, dar es intrínsecamente gratificante. Hacer algo que ayuda a los demás genera una sensación agradable, al igual que recordar el acto de generosidad desinteresada. Varios estudios de resonancia magnética demuestran que ganar dinero aumenta la actividad en la vía de la recompensa y perderlo la disminuye. Pero, cuando se le quita el dinero a la persona en el escáner y se deposita en la cuenta de una organización benéfica digna, en lugar de una disminución de la activación del estriado ventral, se observa un aumento. Estas pruebas de que las donaciones benéficas son intrínsecamente gratificantes, a pesar de la pérdida neta para el individuo, son alentadoras cuando consideramos las perspectivas de éxito de la humanidad en la batalla contra Mammon. Estar naturalmente animado a ayudar a los demás tiene sentido para una criatura socialmente dependiente como el ser humano. Si se pudiera introducir a más personas en la experiencia de dar como recompensa en sí misma, en lugar de pasarse la vida luchando con uñas y dientes por el beneficio personal, podrían reducirse algunos de los daños colaterales causados por la codicia.

Sabemos que la oxitocina refuerza los vínculos entre los miembros del *InGroup*, pero también hay pruebas bastante sólidas de que aumenta la agresividad hacia los miembros del *OutGroup*. Otros estudios han descubierto que incluso podría desplazar la frontera entre el *InGroup* y el *OutGroup*. Aumentar los niveles de oxitocina en el cerebro de una persona, inyectándosela por la nariz, puede empujarla suavemente a tomar decisiones más cooperativas. Las resonancias magnéticas de los cerebros de las personas que participan en tareas neuroeconómicas que implícitamente ponen a prueba su avaricia han demostrado que aumentar los niveles de oxitocina en el cerebro disminuye el comportamiento avaricioso al reducir la activación de los lóbulos frontales que constituyen una parte clave de la red neuronal por defecto. Se cree que la disminución de la activación en esta zona hace que las personas sean menos codiciosas al reducir la sensación de distinción entre el yo y el otro, lo que nos lleva a una interesante investigación sobre imágenes cerebrales realizada con la ayuda de monjes budistas.

Mete a la mayoría de la gente en un escáner de resonancia magnética, hazles participar en un juego de intercambio económico y, cada vez que reciban el comportamiento codicioso de otra persona, sus cerebros se encenderán de forma que reflejen su aguda sensación de malestar. En exactamente las mismas circunstancias, si la persona del escáner resulta ser un monje budista experimentado, esto no ocurre. Sus redes de dolor emocional permanecen notablemente silenciosas, incluso cuando se les ofrece un reparto extremadamente injusto de la recompensa. A diferencia del resto de nosotros, sus elecciones durante el resto de la partida sugieren que siguen confiando en su socio comercial, incluso a pesar de las evidentes pruebas de lo contrario. ¿Toda esa meditación les hace blandos de cabeza? ¿Son simplemente glotones de castigo? ¿O está pasando algo más?

La práctica extensiva de la meditación de atención plena rompe gradualmente los límites mentales entre el yo y los demás de una manera no muy diferente a la que se experimenta mediante el uso de drogas psicodélicas. Mientras que la psilocibina (véase p. 265) se dirige a un receptor neurotransmisor muy específico[62] en todo el cerebro, causando típicamente

---

[62] Un receptor de neurotransmisor es la «cerradura» que se encuentra en la sinapsis (el espacio entre neuronas) en la que puede encajar y activarse la

alucinaciones sensoriales y otros efectos secundarios desorientadores, la meditación logra la disolución del ego solo con el pensamiento, por lo que no produce estas experiencias potencialmente perturbadoras. Aunque puede llevar toda una vida alcanzar la iluminación, hay muchas razones para creer que el comportamiento codicioso puede reducirse a lo largo del camino. Los estudios de resonancia magnética realizados en cerebros de monjes budistas experimentados han demostrado que, gracias a sus miles de horas de práctica, pueden reconfigurar las áreas cerebrales que crean nuestra sensación de división entre el «yo» y los demás. Las áreas cerebrales conocidas colectivamente como red neuronal por defecto (RND) —que muchos neurocientíficos[63] consideran ahora vitales para generar nuestro sentido del «yo»— suelen estar muy activas cuando los meditadores inexpertos y los que no meditan en absoluto se tumban tranquilamente en el escáner sin hacer nada. Sin embargo, en los cerebros de los monjes budistas experimentados, la RND permanece sorprendentemente tranquila cuando se dedican a la autorreflexión.

Si la oxitocina hace que las decisiones de las personas sean menos codiciosas y más prosociales al reducir la actividad de la RND (p. 180), y la actividad de la RND también puede reducirse a través de la meditación, entonces tal vez esta práctica pueda disminuir nuestra tendencia a tomar decisiones codiciosas, así como reducir el sufrimiento inducido por la codicia de otras personas. Si encontráramos la forma de obligar a la industria financiera a realizar meditación de atención plena

---

«llave» de un neurotransmisor específico liberado en la sinapsis. La psilocibina es inusual en el sentido de que solo se ajusta a uno de las docenas de tipos diferentes de receptores del cerebro a través de los cuales la serotonina ejerce sus efectos.

[63] Me topé por primera vez con este concepto en una entrevista que hice al neuropsicofarmacólogo y toda una leyenda viviente David Nutt, antiguo zar antidroga del Gobierno británico que fue despedido por equiparar los daños de la MDMA a los de la equitación.

a diario, podríamos ganar la guerra contra la avaricia. Dado que los problemas de salud asociados al estrés crónico abundan en el sector bancario, puede que esto no sea tan descabellado como parece. Goldman Sachs, JP Morgan y Barclays, por nombrar solo algunas, han invertido en cursos y retiros de *mindfulness* para su personal en un esfuerzo por reducir la tasa de agotamiento y enfermedades crónicas. Aunque la motivación de los bancos al ofrecer estos servicios es aumentar la productividad y reducir el tiempo de baja laboral por enfermedades relacionadas con el estrés, existe la esperanza de que, al incentivar a los banqueros para que aprovechen estas oportunidades, cualquier progreso que hagan en la disolución del ego podría disminuir su desmesurado deseo de más como efecto secundario bienvenido.

Reducir el ego podría desterrar el pecado de la avaricia, pero incluso una vez que se ha convencido a la gente para que pruebe la meditación, puede pasar mucho tiempo hasta que empiece a dar dividendos en términos de fomentar una visión más generosa de la vida. Podría ser más rápido y práctico convencer a la gente de que la búsqueda incesante de más dinero rara vez conduce a la felicidad. Aunque mucha gente suele suponer que más dinero significa más felicidad, los datos no respaldan esta suposición tan extendida. A partir de cierto umbral, no existe una correlación positiva entre ingresos y niveles de felicidad. El exceso de riqueza conlleva un exceso de estrés, y hay pruebas fehacientes de que a los ricos les cuesta más alcanzar la paz mental.

Tal vez contarles a nuestros hijos historias sobre la miserable vida de los «superricos» —aquellos cuyos saldos bancarios superan los veinticinco millones de dólares— podría empezar a contrarrestar la creencia generalizada de que todos nuestros problemas desaparecen por arte de magia si encontramos la forma de ganar más dinero. De ese modo, cuando se conviertan en adultos que han alcanzado niveles moderados de riqueza, podrían empezar a buscar terrenos más fértiles en los que sembrar las semillas de la satisfacción, en lugar de aspirar perpetuamente a una mayor riqueza.

Si más gente pudiera echar un vistazo de cerca a las burbujas hipercompetitivas en las que los superricos pasan en realidad su vida cotidiana, pronto podría resultar evidente que a menudo están más desconectados socialmente que los que tienen unos ingresos más moderados. Por ejemplo, en la escena de las citas, una queja habitual de los vástagos de los superricos es que siempre están preocupados por los motivos de la persona con la que están. «¿Me quiere de verdad o solo quiere mi dinero?», es una de sus preocupaciones habituales.

No tener que trabajar nunca más puede sonar muy bien, pero realizar algún tipo de trabajo significativo desempeña un papel fundamental a la hora de producir sentimientos de satisfacción en la gran mayoría de las personas. La promoción profesional, o simplemente la sensación de haber hecho un buen trabajo diario, son dos de los principales criterios que nos hacen sentir que progresamos día a día, año tras año. Sin embargo, son innumerables los ejemplos de hijos de ricos que eligen y ejercen una profesión sin entusiasmo. Al fin y al cabo, si uno no necesitara el dinero, es fácil entender que alguien se sienta tentado de abandonar el trabajo en cuanto se le pasa la novedad, después de discutir con un compañero o cuando las cosas se ponen difíciles.

Nadie tiene una perspectiva más clara de cómo la riqueza excesiva puede erosionar la calidad de vida en lugar de mejorarla que los millonarios que se han hecho a sí mismos: aquellos que partieron de la nada y lo consiguieron todo con su propio esfuerzo. La evidencia de que el hecho de haber nacido con dinero supone aumento de estrés, cinismo sobre los motivos de los demás y un agudo sentido del derecho, convence a menudo a los nuevos ricos de que transmitir su riqueza a sus hijos solo les haría un flaco favor a largo plazo. A medida que aumenta el número de millonarios que siguen los pasos de Sting y Anita Roddick y deciden regalar toda su herencia antes que arriesgarse a que corrompa el carácter y la ambición de sus hijos, el siguiente paso lógico es, sin duda, acabar con la aspiración de intentar ganar esos millones.

EVITAR LA ENVIDIA

La envidia, como hemos visto, puede inspirar algunos comportamientos verdaderamente horribles. El desafortunado hábito de compararnos constantemente con los demás y salir de ese proceso sintiéndonos inferiores es la causa fundamental del sufrimiento que hace que quienes tienen altos niveles de envidia disposicional hagan cosas tan terribles a otras personas. ¿La solución? Hacer todo lo que esté en tu mano para eliminar las situaciones que te incitan a compararte con los demás es un buen punto de partida.

Los antiguos griegos aceptaban la envidia como un hecho inevitable de la vida. Desarrollaron costumbres sociales para evitar la incitación a la envidia e incluso pusieron en marcha leyes diseñadas para eliminar sus consecuencias negativas en situaciones en las que la envidia podía ponerse fea. Por ejemplo, después de cada victoria en las grandes competiciones de atletismo, los vencedores solían obsequiar a la multitud con generosos regalos. El objetivo de este comportamiento era evitar las desagradables repercusiones que podrían surgir si el público envidiaba demasiado sus hercúleas proezas. El ejemplo de la antigua Grecia, que combinaba humildad y generosidad de espíritu para eludir posibles actos de envidia, puede ser muy valioso para mitigar la influencia antisocial de este vicio capital. El ostracismo era otra estrategia eficaz. Esta ley fue diseñada para extinguir la envidia creciente en las masas cuando se consideraba que una figura pública se había vuelto demasiado grande para sus botas. Las personas que infringían esta ley eran desterradas durante diez años para que se calmara la tensión, tras lo cual podían reincorporarse a la sociedad con todos los honores y se les devolvían todas sus posesiones.

Si quisieras reducir los sentimientos de envidia en tu vida, ¿quiénes serían tus cinco principales candidatos al ostracismo? Se me ocurren unas cuantas personas a las que no me importaría ver desterradas al desierto durante una o dos décadas. Lamentablemente, es poco probable que la ley del ostracismo se reintroduzca pronto en Europa, pero hay varias medidas que todos podemos tomar para reducir nuestra exposición a las influencias que despiertan fácilmente la envidia. Estudios recientes indican que, para quienes son propensos a la envidia, dejar Facebook mejora realmente el bienestar. Reducir la exposición a la telerrealidad y a los medios sensacionalistas centrados en los famosos probablemente también haría maravillas.

Otra forma útil de mitigar la envidia es dedicar más tiempo a pensar en lo que realmente ocurre a puerta cerrada en las vidas de aquellos a los que parece irles mejor que a nosotros. Es importante tener en cuenta que casi siempre comparamos nuestra vida con la de los demás, ya sea por lo que vemos en Internet o por lo que nos cuentan. Puede ser difícil descubrir la verdad sobre cómo es realmente la vida de aquellos que nos hacen sentir envidia de forma más aguda, es decir, aquellos que tienen un origen similar al nuestro y cuyos logros son específicamente relevantes para nuestras vidas, pero puede ser posible invertir nuestra tendencia a tomar al pie de la letra las ventajas percibidas de otras personas.

A los medios de comunicación les encanta crear la ilusión de que nos están dando un vistazo furtivo a la vida «real» de nuestras celebridades favoritas. Los mecanismos periodísticos filtran las historias de famosos para asegurarse de que nos exponemos a las que tienen más probabilidades de crear la mayor sensación de conmoción y asombro. Eso es lo que vende periódicos. Del mismo modo, los cotilleos que circulan en nuestros círculos sociales, las historias que oímos sobre rivales que nos hacen sentir envidia, distorsionan la verdad de forma similar y exactamente por las mismas razones. El cotilleo que más se difunde es el más sensacionalista, y la razón misma de que sea sensacionalista es que la verdad ha sido cuidadosamente filtrada, exagerada y embellecida para causar el mayor impacto, aumentando la probabilidad de que llegue a nuestros oídos. En otras palabras, los cotilleos más jugosos casi siempre no serán del todo ciertos. Ser consciente de la prevalencia de estas distorsiones de la realidad, no solo en los medios de comunicación, sino también en nuestra vida laboral y social cotidiana, es una gran estrategia para esquivar la envidia.

La indignación que sentimos cuando nos enteramos de los privilegios de los que disfrutan los famosos y de las increíbles sumas de dinero que ganan es uno de los principales factores que hacen que las historias de famosos sean noticia. Pero rara vez es la historia completa. Si investigamos activamente en las infancias traumáticas, las drogadicciones y las relaciones rotas que documentan los biógrafos de famosos, podemos romper la ilusión de que sus vidas son mejores que las nuestras. Si aplicamos el mismo razonamiento a las personas de nuestra vida cotidiana que nos hacen sentir inferiores, imaginando las enormes presiones a las que pueden estar sometidas, lo que las mantiene despiertos por la noche, sus problemáticas relaciones a puerta cerrada, sus continuos problemas de salud, puede que incluso nos permitan convertir nuestra envidia en simpatía.

En lugar de desear tener todos los beneficios de los que los envidiados disfrutan, o fantasear con que puedan sufrir algún tipo de horrible percance, al centrarnos en la influencia distorsionadora de los medios de comunicación y los cotilleos, podemos cortar por lo sano con el humo y los espejos que exageran las ventajas de otras personas. Cuando se hace con eficacia, pronto nos encontramos pensando que no desearíamos la maldición de su aparente éxito ni a nuestro peor enemigo. En lugar de admirar a famosos y rivales, pensando que son mejores, más felices, superiores a nosotros, podemos alimentar la perspectiva contraria. Por muy emocionante que pueda parecer su vida desde fuera, con un conocimiento más preciso de lo difíciles que suelen ser sus vidas y menos bombo y platillo de la prensa rosa, probablemente no nos cambiaríamos por ellos ni por todo el dinero del mundo.

¿Cuántas veces has oído a la gente decir palabras como: «Si me tocara la lotería esta semana, se acabarían todos mis problemas»? La ilusión, especialmente común entre las personas con bajos ingresos, es que más dinero equivale a mayor felicidad. Las pruebas, como ya se ha dicho, contradicen este punto de vista. Ganar la lotería, estadísticamente hablando, tiene más probabilidades de empeorar la vida que de mejorarla a largo plazo. El tipo de problemas que suelen tener los ganadores de lotería son las desavenencias con amigos y familiares, que de repente empiezan a mostrar más interés que nunca por la persona. Incluso la sospecha de que pueda haber un motivo oculto es suficiente para romper las relaciones. Un préstamo por aquí, una ayuda por allá, una entrada gratis para el partido o el espectáculo, otra pequeña donación al negocio en crisis. Saber que una persona ha ganado una gran cantidad de dinero puede generar envidia y luego resentimiento cuando esa persona no actúa con gran generosidad. Si piensas en los factores que desencadenan la envidia, tiene mucho sentido. ¿La persona es similar a ti en cuanto a antecedentes? Sí. ¿La ventaja que obtiene sobre ti es inmerecida? Pues ha tenido suerte, ¿no? Sí. Con la creciente paranoia del ganador de la lotería en un lado de la ecuación y el creciente resentimiento de sus amigos y familiares en el otro, la gente pronto empieza a pelearse y el tamaño de su *InGroup* disminuye gradualmente.

En cuanto a aquellos a los que envidiamos en el sentido antiguo, aquellos con los que sentimos que compartimos un entorno similar y, sin embargo, sus niveles de logro superan los nuestros, es posible otro enfoque. Es posible convertir gradualmente la envidia maliciosa en benigna. De ese modo, puedes utilizar su ejemplo para inspirarte a hacer cosas más grandes. Si te interesas por cómo han conseguido las ventajas que tienen sobre ti, puedes motivarte para encontrar formas de reducir la distancia emulando su ejemplo en lugar de planear su caída. Si haces un esfuerzo adicional para invertir en la formación o los recursos que puedas necesitar para elevarte a su nivel, en lugar de maquinar su desaparición, puede que incluso llegues a superarlos. También puede ser útil recordar que, cuando la gente llega a la cima, el único camino es hacia abajo. La gente que está en la cima lo sabe muy bien y el estrés que supone intentar mantener el dominio sobre la competencia puede comprometer gravemente su calidad de vida.

Aprende del ejemplo de quienes te dan envidia. Analiza qué hacen ellos que tú no haces y utilízalo para mejorar, en lugar de insultarlos a sus espaldas. A menudo es mucho mejor progresar de forma constante en lugar de sentarse en un pedestal vulnerable a la envidiosa mala voluntad de los demás.

MATAR A SATANÁS

Cuando se trata de lidiar con la ira, el bótox puede ayudar. Sí, el bótox en la cara. Un estudio de resonancia magnética realizado en Alemania en 2009 reveló que cuando las personas se someten a inyecciones cosméticas de bótox para paralizar los músculos faciales utilizados para fruncir el ceño, esto no solo dificulta su capacidad para adoptar una expresión facial de disgusto, sino que también les hace más difícil identificar las expresiones de enfado en los rostros de otras personas. De hecho, reduce las activaciones de la amígdala cuando se les presentan imágenes de caras enfadadas. Para entender por qué ocurre esto, es importante tener en cuenta que, cuando vemos a otras personas adoptar cualquier tipo de expresión facial emocional, automáticamente, y sin ser conscientes de ello, flexionamos suavemente los mismos músculos de nuestra cara. Esto nos ayuda a reproducir en nuestro cerebro la emoción que está sintiendo la otra persona, lo que nos permite empatizar con su estado de ánimo e interactuar con ella de forma congruente con su estado emocional. Sentir parte de la rabia que siente otra persona también puede servirnos para ponernos en la mentalidad adecuada para hacer frente a cualquier amenaza que ella haya detectado, pero nosotros no.

La reducción de la actividad de la amígdala inducida por las inyecciones de bótox en los músculos del entrecejo es prometedora porque, al menos en teoría, debería reducir la probabilidad de que las personas propensas a la ira identifiquen erróneamente las caras neutras como agresivas. Más pronto que tarde podría quedar claro si merece la pena explorar un método como este. Uno de los pocos efectos secundarios positivos de la difusión de las normas de los famosos entre el público en general es que, como ya hay tanta gente que opta por inyectarse voluntariamente toxina botulínica en la cara en aras de la vanidad, debería ser bastante fácil encontrar personas dispuestas a participar en un estudio para poner a prueba esta hipótesis. Ya puedes imaginarte los anuncios: «¿Tiene problemas de ira? Ofrézcase voluntario para este estudio y ganará cien libras, se sentirá menos enfadado y acabará pareciendo diez años más joven».

Si no te apetece paralizar permanentemente los músculos del entrecejo con toxinas bacterianas, puedes plantearte un entrenamiento en neurorretroalimentación. La neurorretroalimentación consiste en utilizar una u otra técnica no invasiva de imagen cerebral para obtener información en tiempo real sobre los niveles de actividad en cada momento de una de las diversas áreas del cerebro. El objetivo es dar a la persona la oportunidad de desarrollar, mediante ensayo y error, la capacidad de ejercer un control consciente sobre los niveles de actividad en áreas cerebrales específicas en un esfuerzo por lograr un beneficio terapéutico.

La neurorretroalimentación suele funcionar colocando electrodos en el cuero cabelludo que proporcionan información instantánea sobre la capacidad de una persona para controlar las ondas cerebrales conocidas como potenciales corticales lentos. Varios estudios han demostrado que puede ser una forma eficaz de ayudar a las personas a controlar su agresividad. Este entrenamiento no solo puede reducir la agresividad, sino también la impulsividad, en uno de los grupos de personas más difíciles de tratar: las personas con psicopatía grave que han sido encarceladas por sus delitos. Imaginemos lo que el entrenamiento para controlar aspectos concretos de la función cerebral con este tipo de tecnología podría hacer por alguien que no padezca una enfermedad mental grave y que simplemente quiera mejorar el control de su temperamento.

Investigaciones recientes han demostrado que una forma de neurorretroalimentación que utiliza la resonancia magnética, en lugar de electrodos en el cuero cabelludo, puede permitir a la gente corriente ejercer un control consciente sobre los niveles de activación de su amígdala. Aunque la tecnología del potencial cortical lento descrita anteriormente tiene la ventaja de ser relativamente barata y muy portátil, solo puede realizar mediciones en grandes porciones de la superficie cerebral simultáneamente. La resonancia magnética, aunque es mucho más cara y menos portátil, tiene la ventaja de permitir un seguimiento específico de la actividad en zonas profundas del cerebro, como la amígdala, por ejemplo. Está por ver si entrenar a una persona para que sea capaz de controlar la actividad de su amígdala se traduce realmente en una mejora de la gestión de la ira. Pero, dado que la amígdala está implicada en varias enfermedades psiquiátricas en las que los problemas de agresividad son un síntoma clave, el enfoque de la neurorretroalimentación mediante resonancia magnética parece muy prometedor.

De los muchos daños asociados a los que sufren actos de ira, el trastorno de estrés postraumático (TEPT) es quizá el más perturbador. Los síntomas incluyen la intrusión repetida y regular de recuerdos profundamente perturbadores en la experiencia cotidiana, la evitación persistente de todo lo relacionado con la experiencia traumática, cambios de humor e hipervigilancia. Estos síntomas suelen persistir durante muchos meses, o incluso años, después del suceso original. Varios cambios que se producen en el cerebro de las personas que padecen TEPT pueden explicar por qué estos recuerdos dolorosos se repiten con tanta frecuencia.

La amígdala se vuelve hiperreactiva en las personas con TEPT a través de un proceso de cambios estructurales físicos que se producen en respuesta al acontecimiento altamente estresante. Los estudios de imágenes cerebrales han descubierto que las amígdalas de las personas con TEPT son hiperreactivas y que partes del córtex prefrontal normalmente asociadas a la regulación de las respuestas emocionales están menos activas de lo habitual. Esto sugiere que la exposición a un suceso potencialmente mortal induce cambios biológicos que aumentan la capacidad de respuesta de las amígdalas a las amenazas e interfieren con los circuitos cerebrales de supresión del miedo que normalmente regulan esta actividad. Las áreas cerebrales que normalmente intervendrían para reducir la activación de la amígdala cuando no existe una amenaza real en el entorno se vuelven incapaces de ejercer influencia alguna. Como consecuencia, una persona con TEPT se encuentra en un estado perpetuamente hiperansioso, sintiéndose amenazada cuando no existe ningún peligro real, y acosada por recuerdos vívidos e intrusivos de la experiencia traumática que interfieren repetidamente en sus actividades cotidianas.

Desde el punto de vista del cerebro, que se esfuerza por minimizar la sorpresa para poder predecir con exactitud lo que ocurrirá en el futuro, esta hipótesis tiene sentido desde el punto de vista biológico. Si a un soldado le estalla una bomba en la cara mientras patrulla, está claro que la amenaza no estaba prevista. En este sentido, parece lógico un mecanismo biológico que aumente los niveles de vigilancia para compensar. Aunque un estado perpetuo de hipervigilancia es profundamente desagradable para el individuo, ayuda a evitar que se repita la terrible experiencia, aunque en detrimento de la calidad de vida cotidiana de la persona.

Diversas formas de terapia psicológica han demostrado su eficacia a la hora de reducir gradualmente la respuesta excesiva de la amígdala a estímulos potencialmente amenazadores, lo que ayuda a reducir la gravedad del estado crónico de ansiedad. Pero esto solo tiene éxito si el paciente es capaz de comprometerse adecuadamente con el proceso. Lamentablemente, cuando se pide a las víctimas del TEPT que recuerden el suceso como parte de su terapia, la avalancha de emociones negativas suele ser tan abrumadora que pueden tener verdaderos problemas para participar.

Si la experiencia profundamente desagradable se rememora en compañía de asesores especialmente formados mientras la víctima está bajo los efectos de la MDMA (también conocida como «éxtasis»), a menudo es más capaz de comprometerse con la terapia. Esta droga en particular tiene la capacidad única de hacer que las personas se sientan intensamente eufóricas y profundamente conectadas socialmente con los demás. Parece tener la capacidad de impedir la aparición de los sentimientos abrumadoramente desagradables que suelen desencadenarse cada vez que recuerdan el terrible suceso que causó el TEPT en primer lugar. Esto permite al terapeuta llevar al paciente a través del proceso de desterrar los síntomas del TEPT para que no interfieran en su vida diaria de forma más completa y satisfactoria. La ilegalidad de las llamadas «drogas de abuso» ha obstaculizado gravemente el progreso en este campo de investigación, pero últimamente se han producido avances mediante ensayos clínicos. Un ensayo clínico de fase II con 107 personas que habían sufrido TEPT durante una media de 17,8 años descubrió que de las 90 personas disponibles para una nueva evaluación 12 meses después, 61 ya no tenían TEPT. En comparación con los tratamientos anteriores, esta terapia es lo más parecido a una cura milagrosa que tenemos para aquellos cuyas vidas han dado un vuelco a causa del TEPT.

Por último, concluiremos este capítulo volviendo a la intervención que mencionamos al principio. La meditación de atención plena, como recordarás, es una forma eficaz de remodelar varias partes del cerebro, incluidas las áreas del córtex frontopolar implicadas en la metaconciencia y las partes del CCA que sabemos que son importantes para generar sentimientos de ira, dolor psicológico por la exclusión social y el deseo de venganza. Se ha comprobado que las intervenciones de *mindfulness* tienen una utilidad práctica considerable para mejorar la autorregulación de las tendencias agresivas, incluso en personas con discapacidad intelectual. Estas prácticas meditativas, a pesar de ser viejas noticias para el budismo, son el fenómeno más cercano que tenemos a una auténtica panacea, ya que proporcionan una amplia gama de beneficios resistentes a la tentación que empiezan a dar dividendos a lo largo del viaje, no solo cuando se llega al destino final. En los anexos (p. 331) encontrarás una serie de meditaciones guiadas gratuitas en línea que te ayudarán a empezar a desarrollar tus habilidades de atención plena desde el primer momento.

CAPÍTULO X
MÁS ALLÁ DE LA TENTACIÓN

E n este último capítulo se reúnen diversos aspectos de la ciencia del pecado con el fin de esclarecer un enfoque lógico, pragmático y basado en pruebas para resistir las tentaciones antisociales con las que (probablemente) ha estado luchando la humanidad desde que empezamos a vagar por la Tierra. Las revelaciones aportadas por la investigación científica sobre los orígenes del universo, nuestro planeta y la biología de la vida han hecho que la interpretación literal de los textos religiosos sea cada vez menos plausible para muchas personas. Como esto tiende a hacer que el sistema tradicional del palo y la zanahoria, proporcionado por el atractivo del cielo y la disuasión del infierno, resulte ineficaz para dirigir nuestro comportamiento hacia impulsos prosociales y alejarlo de los antisociales, este proyecto parece oportuno.

Consideraremos cómo las pruebas científicas que demuestran los beneficios de un enfoque prosocial de la vida, por encima de una actitud egocéntrica, podrían ayudar a orientar nuestras decisiones en una dirección que debería beneficiar a todos. Reflexionaremos sobre cómo una perspectiva neurocéntrica de las causas de los comportamientos antisociales que merecen la etiqueta de pecado o vicio podría ayudarnos a reinterpretar la conducta de otras personas de manera que nos ayude a tratarlas mejor y a reducir el sufrimiento que causan a otras personas. También nos permitiremos mirar hacia el futuro y pensar en las nuevas tecnologías que podrían echarnos una mano cuando los métodos alternativos no funcionen.

Paquetes de pecado

San Gregorio Magno estaba convencido de que la soberbia era la reina de todos los vicios capitales y, en el contexto de los ejemplos que hemos considerado hasta ahora, esta perspectiva parece tener cierto crédito. El daño al orgullo profesional seguramente desempeñó un papel en los actos de ira cuidadosamente premeditados de Amy Bishop y Hengjun Chao. Si añadimos la envidia a la mezcla, los tres juntos podrían explicar la motivación del ataque con ácido de Mary Konye y el vandalismo en la granja de Jonathon Griffin. De hecho, parece haber un considerable solapamiento entre los siete pecados capitales. Incluso puede darse el caso de que no exista un pecado capital puro. La soberbia puede ser solo la fuente más obvia de filtración de uno a los otros. Cuanto más profundizamos en cualquier acto individual de pecado, más evidencias encontramos de la influencia de otros.

El principal motivo para que una nación declare la guerra a otra puede ser a menudo más una cuestión de envidia o codicia que de ira. Como señaló Tucídides hace mucho tiempo: «La causa de todos estos males era el ansia de poder derivada de la codicia y la ambición; y de estas pasiones procedía la violencia de las partes una vez enfrentadas». Hablando de guerra, es improbable que la motivación de Genghis Khan para embarazar a más de quinientas mujeres se debiera úni-

304

camente a la influencia libidinosa de Asmodeus. Sin duda Lucifer también jugó un papel en alimentar este nivel desproporcionado de despilfarro. Una generosa ración de soberbia está seguramente implicada en una búsqueda tan ansiosa de conquistas sexuales.

Cuando la avaricia hace que se acumule una gran fortuna, la sensación de prepotencia resultante a menudo hace que la gente sienta que la mundanidad de las tareas cotidianas está por debajo de ellos. Contratan criadas para limpiar sus casas, cocineros para preparar sus comidas, chóferes para llevarles por la ciudad, jardineros para cortar el césped, niñeras para criar a sus hijos… ¿La codicia conduce inevitablemente al orgullo y la pereza?

Parece que hay mucho solapamiento entre los vicios cardinales. Se mezclan y fusionan fácilmente entre sí para formar estos paquetes de pecado. ¿Podría significar esto que están dirigidos por el mismo circuito cerebral? En nuestra búsqueda de sospechosos neuronales responsables de que las personas sean incapaces de controlar sus impulsos narcisistas, libidinosos, avariciosos, envidiosos o agresivos ha aparecido una y otra vez una determinada zona cortical. ¿Podría la motivación para cometer los siete pecados capitales surgir de una única red neuronal corrupta?

EL DOLOR DEL CONFLICTO

Cualquier buen detective que espere atrapar a los demonios de la tentación con las manos en la masa vigilaría de cerca el córtex cingulado anterior (CCA). Hace tiempo que se conoce el papel que desempeña el córtex cingulado anterior en la gestión de conflictos. Ya se trate de señales sensoriales, emocionales, conceptuales o morales, el CCA siempre parece estar implicado en la disonancia cognitiva. Se trata del malestar mental que sentimos cuando tenemos en mente dos o más creencias o ideas contradictorias al mismo tiempo, por ejemplo: «Soy una buena persona, pero esta persona me trata como si fuera despreciable». Ambas cosas no pueden ser ciertas, así que algo tiene que ser falso. La parte superior o dorsal del CCA, el CCAd, parece un candidato tan bueno como cualquier otro para ser la sede de la Ciudad del Pecado. Se ha implicado en un espectro tan amplio de comportamientos antisociales que incluso podría merecer un nuevo apodo. ¿Qué tal «corteza angustiada, agravada y conflictiva»?

El CCAd se ha visto implicado, a lo largo de varios capítulos, en muchas circunstancias en las que los comportamientos egocéntricos prevalecen sobre una actitud más prosocial. En uno de los pocos estudios que proporcionan una visión directa del solapamiento entre los pecados capitales se ha observado que el narcisismo (soberbia) repercutía en el deseo de venganza (ira), pero solo si la detección de una amenaza provocaba un aumento de la activación del CCAd. En otras palabras, cuanto más narcisista era la persona en cuestión, más probable era que infligiera un castigo desagradable a alguien que acababa de despreciarla si su experiencia de rechazo social generaba un aumento de la actividad en el CCAd. Esta actividad fue interpretada por los autores del estudio como el «desencadenante» del comportamiento antisocial, cuyo objetivo era reducir la percepción de una discrepancia entre el inflado sentido de autoimportancia del narcisista y la amenaza a ese sentido de autoimportancia que suponía el rechazo social. Esto sugiere que la actividad del CCAd no solo refleja la detección del conflicto y el procesamiento de la disonancia cognitiva, sino que es la causa misma de la decisión de tomar represalias. Dado que este comportamiento es esencialmente un acto de venganza, ¿podríamos conjeturar que, si la actividad en el CCAd de Bishop, Chao, Griffin y Konye se hubiera atenuado de algún modo, sus crímenes nunca se habrían cometido?

Esto puede ser ir demasiado lejos. Apuesto a que cualquier neurocientífico serio que se tropiece con este libro podría fantasear con estrangularme en este momento (lo que parece apropiado, dado el tema que estamos debatiendo). La razón por la que los hombres y las mujeres de ciencia de bien querrían verme eliminado es que sugerir seriamente que el CCAd debería rebautizarse como corteza angustiada, agravada y conflictiva sería agravar el grave problema de la tergiversación de la investigación en la prensa. Muchos escritores científicos ávidos de titulares caen en la trampa de la hipérbole: presentan una visión excesivamente simplista de la investigación para conseguir los titulares más impresionantes e impactantes posibles, excluyendo una descripción más equilibrada de las pruebas. A menudo se considera que la veracidad es menos importante que conseguir que la gente se siente y preste atención.

Lo cierto es que un gran número de pruebas acumuladas a lo largo de varias décadas, tanto estudios que investigan directamente las respuestas de neuronas individuales en primates no humanos como estudios que miden indirectamente las respuestas de grupos relativamente grandes de neuronas en cerebros humanos, sugieren que el CCAd es muy sensible a la dificultad de seleccionar entre opciones de comportamiento que se oponen directamente entre sí. En la mayoría de los estudios con primates no humanos se trata de elegir entre mirar a la izquierda o a la derecha para obtener la mejor recompensa en forma de zumo. En los estudios con humanos, a menudo se trata de averiguar cuál de las opciones ofrece la mayor recompensa en metálico, sopesada con la posibilidad de algún tipo de sanción social posterior. El grado de excitación de esta área cerebral parece girar en torno al grado de conflicto entre las distintas opciones disponibles.

Lo que sí se puede afirmar es que el CCAd desempeña probablemente un papel fundamental en todo tipo de conflictos de elección cotidianos. ¿Debo quedarme a tomar una copa más o volver a casa antes de que se haga demasiado tarde para coger el transporte público? ¿Debo volver a flirtear con ese ser humano tan guapo o, como ya tengo pareja, sería mejor evitar la tentación? ¿Echo un vistazo a la carta de postres como todo el mundo, o me mantengo firme y me arriesgo a tener que soportar la frustración de la envidia alimentaria, mientras continúo con mis vanos esfuerzos por conseguir ese cuerpo listo para la playa? El CCAd no es tanto la guarida en la que residen los distintos príncipes del infierno, sino más bien el campo de batalla en el que se enfrentan ángeles y demonios.

Dicho esto, es posible que el CCAd haya evolucionado en el cerebro humano para cumplir una función distinta a la de nuestros primos mamíferos. La vía de recompensa del cerebro humano responde ahora a incentivos económicos, aunque el dinero aún no se había inventado en la época en que el cuerpo estriado ventral y el córtex orbitofrontal desarrollaron por primera vez su capacidad para gobernar las decisiones. Pero, una vez que los humanos aprendemos que el dinero nos ayuda a conseguir otros bienes deseables, partes específicas de esta vía cerebral evolutivamente antigua pueden reentrenarse en nuestra especie para la tarea específica de maximizar la ganancia financiera. Del mismo modo, el papel que desempeña el CCA en la resolución de conflictos cognitivos sencillos evolucionó mucho antes de que desarrolláramos el concepto relativamente complejo de comportamientos culturalmente aceptables y comportamientos socialmente tabú. Pero, una vez que surgieron estos, una subdivisión específica del CCA —el CCAd— puede haber sido reutilizada en nuestra especie para tratar también esa forma de conflicto particularmente sofisticada y quintaesencialmente humana. Esta zona del cerebro parece haber adquirido una importancia crítica para que los humanos decidan qué hacer en situaciones en las que las consideraciones a favor del yo y a favor de lo social entran en conflicto directo de un modo que causa un profundo dolor social.

Consideramos cómo un vicio capital puede estar en la raíz de todos los demás: la soberbia, si suscribes el sistema gregoriano, y la avaricia, si eres partidario del punto de vista de san Pablo. Pero, si el orgullo y la avaricia provienen de una raíz neuronal común —un CCAd hiperreactivo, por ejemplo— para empujar las decisiones hacia el abismo antisocial, entonces ambos podrían tener razón. Cuando una persona narcisista ve amenazado su sentido de autoimportancia por acontecimientos que le provocan sentimientos de dolor social, su insaciable deseo de más puede ser una estrategia a la que se vea arrastrada para poder acumular un exceso de recursos que sirva como prueba tranquilizadora de su superioridad sobre los demás. Del mismo modo, los éxitos de una persona codiciosa en sus perpetuos intentos de obtener más riqueza pueden servir inevitablemente para aumentar su sentimiento de autoimportancia, derecho y vanidad.

POR QUÉ DEBEMOS IR MÁS ALLÁ DE LA TENTACIÓN

La sabiduría convencional nos dice que la economía requiere un crecimiento constante para prosperar. El problema es que, como todos sabemos en el fondo, este enfoque es insostenible a largo plazo. Impulsar la economía mundial al máximo, centrándose totalmente en la creación de riqueza a corto plazo, no solo fomenta comportamientos que tienden a separarnos en lugar de unirnos, sino que además tiene consecuencias que están destruyendo el planeta. Una de las mejores esperanzas para motivar a la gente a refrenar sus impulsos egoístas es conseguir que valoren más la vida después de la muerte. No en el sentido de una vida después de la muerte —la mayoría de la gente moderna, educada y con mentalidad científica ya no cree en eso—, sino en el sentido de preocuparse por la perspectiva de la vida en la Tierra después de que nos hayamos ido, y considerar seriamente lo que estamos dejando para las generaciones futuras.

Hace dos mil años, cuando toda la población humana del planeta contaba con unos pocos cientos de millones de habitantes, el peor escenario imaginable era que más seres humanos significarían hacer más miserable la vida de los demás a través de la guerra, la esclavitud y el hambre. Ahora que somos miles de millones, nos enfrentamos a la amenaza real de alterar los ecosistemas y los patrones climáticos de forma tan completa y permanente, dejando tantos residuos tóxicos, plásticos y nucleares a nuestro paso, que el planeta se vuelva inhabitable no solo para los seres humanos, sino para la mayor parte de la vida animal y vegetal. Nuestra influencia colectiva ya ha provocado extinciones masivas a una escala solo vista anteriormente en el contexto de catastróficos «actos de Dios» como la erupción de supervolcanes o inmensos asteroides que chocan con gran fuerza contra la corteza terrestre.

Tanto si aprovechamos las nuevas tecnologías para frenar nuestras peores tendencias (de las que hablaremos en breve) como si confiamos en la determinación y las agallas a la antigua usanza, el futuro de la vida en la Tierra depende de que todos actuemos para mejorar nuestra capacidad de resistirnos a nuestros impulsos egoístas y considerar más seriamente las consecuencias negativas a largo plazo de nuestras decisiones cotidianas en el gran esquema de las cosas. De lo contrario, dejaremos a nuestros descendientes un mundo incapaz de mantener una calidad de vida razonable. En las últimas décadas, en lugar de tomar medidas para frenar nuestros impulsos egocéntricos, los hemos explotado sin piedad. Las fuerzas nefastas del comercio mundial se han aprovechado sistemáticamente de cada uno de los siete pecados capitales.

Nuestras tendencias narcisistas se ven alentadas por el mantra de que «el cliente siempre tiene razón». Tenemos la impresión de que la obsesión por uno mismo es una virtud porque estamos expuestos a un bombardeo interminable de anuncios que nos dicen que compremos productos de belleza, moda y lujo porque «¡te lo mereces!». Alimentar nuestro sentido de la autoimportancia y la vanidad como un aspecto esencial de la vida moderna nos hace más dispuestos a gastar nuestro dinero, engrasando así los engranajes de la economía.

El sexo vende, eso lo sabemos todos, pero el impacto de la exposición constante a gente guapa en los materiales de marketing rara vez se tiene en cuenta en el día a día. Tiende a generar insatisfacción con nosotros mismos. Esto nos hace más susceptibles a la sugerencia implícita de que, comprando ciertos productos, podemos llegar a ser mejores personas. Incluso deforma las perspectivas sobre las cualidades que deberíamos buscar en nuestras parejas románticas, forjando un ideal imposible de alcanzar, para aumentar aún más nuestra vulnerabilidad ante la idea de que la compra de determinados bienes podría ayudarnos a alcanzar esa esquiva sensación de satisfacción. El objetivo es mantenernos desequilibrados, en un estado perpetuo de preocupación por ser diferentes a como somos y descontentos con quienquiera que seamos.

El consumo habitual de pornografía en línea, omnipresente y gratuita, deforma gradualmente las actitudes sobre lo que constituye una vida sexual satisfactoria y alimenta las fantasías de encuentros sexuales ilícitos. Se ignoran las técnicas para reforzar los lazos de las parejas íntimas a largo plazo y los géneros más populares del cine erótico hacen que las relaciones parezcan tan desechables como los cubiertos de plástico. Ahora existen servicios de citas dirigidos específicamente a personas casadas para que engañar a la pareja sea más cómodo que nunca.

Las estrategias de comunicación dirigidas específicamente a los niños con el objetivo expreso de inculcarles hábitos de consumo excesivo para toda la vida contribuyen directamente a sobrecargar los sistemas sanitarios al dañar la salud física y cognitiva a través de la pandemia mundial de obesidad. El consumidor nunca ha tenido a su disposición tantos productos que le ahorren trabajo y lo ayuden a llevar un estilo de vida que le evite realizar cualquier esfuerzo más allá del absolutamente necesario.

Si la avaricia es el punto de inflexión en el que un deseo perfectamente razonable de maximizar la riqueza se convierte en codicia por lo que tienen los demás, la envidia ha sido aprovechada de forma flagrante por el mundo de la publicidad para impulsar las ventas durante décadas. Las cadenas de producción y las campañas de comunicación se organizan estratégicamente para introducir en el mercado una sucesión interminable de nuevos productos que garanticen que quienes no tengan los últimos modelos se sientan rápidamente descontentos cuando se den cuenta de que otros tienen versiones aún más punteras. De este modo, las calles, las tiendas en línea y los centros comerciales se llenan de consumidores siempre en busca de más.

En cuanto a la ira, el comercio de armas es un negocio enormemente lucrativo que se aprovecha del apetito mundial por la violencia, en el que el Reino Unido desempeña un papel fundamental. La industria informática genera enormes beneficios creando la ilusión de poner al jugador en el asiento del conductor a la hora de cometer delitos violentos. Ya sea masacrando todo lo que se mueve o robando vehículos para conducir por una ciudad de realidad virtual cometiendo actos de violencia al azar, capitaliza el apetito intrínseco de la humanidad por la destrucción con miles de millones de dólares al año. Incluso podría decirse que la venta de artículos deportivos a aficionados de todo el mundo es otro ejemplo de cómo las fuerzas comerciales aprovechan la emoción de la pelea entre grupos para obtener beneficios materiales. Aunque la compra de una camiseta de fútbol no perjudica a nadie, no deja de ser un buen ejemplo de cómo un impulso primario que encaja en la categoría de vicio capital —la ira— se explota para aumentar los beneficios.

Por mucho desorden que haya en nuestras casas, por muy llenos que estén nuestros armarios, si nuestros niveles de insatisfacción pueden aumentar constantemente, siempre buscaremos más. El último truco consiste en estimular la envidia, el orgullo y la codicia al mismo tiempo. Este triunvirato de impulsos pecaminosos se activa bien promoviendo la comparación directa con las atractivas, vanidosas y a menudo idiotas estrellas de la telerrealidad que hacen alarde de sus travesuras cada hora a través de las actualizaciones de las redes sociales. Al normalizar el narcisismo, al exhibir las ventajas que han obtenido gracias a su nueva riqueza y fama, la influencia que ejercen en la promoción del concepto más es mejor se ha convertido en una de las herramientas más poderosas del marketing. No es de extrañar que las grandes marcas se desvivan por ficharlos.

Con nuestra debilidad preexistente ante estas tentaciones explotada de forma tan despiadada, y con la influencia de las campañas multimedia tan difícil de evitar en los tiempos que corren, el panorama puede parecer sombrío. Pero hay esperanza. Mientras las últimas estrategias de marketing y publicidad hacen todo lo posible por aprovechar la tecnología más avanzada para eliminar los últimos vestigios de nuestro autocontrol, otras tecnologías podrían intervenir pronto para sacarnos del abismo.

¿LA CIENCIA AL RESCATE?

Thomas Insel es uno de los neurocientíficos cuyos estudios de los topillos de las praderas establecieron el papel de las neurohormonas oxitocina y vasopresina en el vínculo sexual. Ascendió rápidamente en el mundo académico y acabó siendo director de la mayor organización científica del mundo, el Instituto Nacional de Salud Mental (NIMH), durante más de una década. Después pasó una breve temporada al frente de Verily, una empresa de ciencias médicas propiedad de Google, antes de incorporarse a Headstrong, una empresa emergente con sede en San Francisco. Ambas empresas pretenden aprovechar los datos de los más de cinco mil millones de usuarios de teléfonos inteligentes de todo el mundo para mejorar las intervenciones en toda una serie de enfermedades mentales.

El planteamiento adoptado por Verily, Headstrong y otras iniciativas sanitarias del siglo XXI es bastante sencillo: rastrear el comportamiento digital de enormes grupos de individuos junto con otros datos relevantes, como sus historiales médicos, y luego mantener un ojo vigilante, potenciado por la inteligencia artificial, en busca de predictores de síntomas de problemas psiquiátricos comunes como la depresión, la manía y la psicosis. El objetivo: predecir mejor la aparición de enfermedades mentales e intervenir para tratarlas antes de que sea demasiado tarde. Si estas nuevas iniciativas multimillonarias de investigación digital de «grandes datos» tienen éxito allí donde fracasaron los 20 000 millones de dólares gastados en estudios basados en la biología durante la etapa de Insel en el NIMH (según él mismo admite), no hay ninguna razón por la que no pueda aplicarse el mismo enfoque para ayudarnos a tratar comportamientos antisociales, como los tradicionalmente etiquetados como los siete pecados capitales. Por muy prometedor que sea el potencial de este enfoque, permanecerá en el horizonte hasta que la lucha contra el vicio se considere una cuestión de ciencia y no de teología.

Nuestro conocimiento sobre cómo el aislamiento social perjudica invariablemente nuestra salud física y mental puede bastar para inspirar mejores estrategias de toma de decisiones. Si nos guiamos por las lecciones de la historia, es poco probable que el mero hecho de que nos digan lo que debemos o no debemos hacer nos ayude a seguir el camino recto. Sin un incentivo específico que nos motive a seguir el camino menos tentador, más allá de la poderosa atracción de las diversas tentaciones, el planteamiento del dedo acusador no tiene ninguna posibilidad de rendir dividendos. Por otra parte, una mejor comprensión de lo que ocurre en nuestro cerebro cuando procesamos los pros y los contras de las decisiones que tienen consecuencias sociales podría ayudarnos a inclinarnos más a menudo por las opciones prosociales. Una comprensión más profunda de las consecuencias de no hacerlo también puede ayudar. La aceptación plena de las terribles repercusiones que nos esperan a largo plazo si sucumbimos regularmente al señuelo de la gratificación inmediata, a pesar del daño que pueda causar a nuestros vínculos sociales y, en última instancia, también a nuestra salud, podría hacer que esos impulsos egoístas fueran más fáciles de resistir.

Incluso sería posible volver los pecados capitales unos contra otros. El truco consistiría en incentivar a la gente para que haga el bien a los demás convenciéndoles de que eso redunda en su propio interés egoísta. La avaricia y la envidia pueden mantener a raya las tentaciones de la pereza. Las personas pueden incluso aprovechar sus sentimientos de derecho a lo mejor de todo (soberbia) o su deseo desmesurado de adquirir más (avaricia) como fuente de motivación para elegir la opción prosocial más a menudo. Si los beneficios físicos y psicológicos que se derivan de sentirse conectado de forma significativa con los demás es el bien deseable del que quieren (y merecen) más, tomarán todas sus decisiones teniendo en cuenta el mayor impacto que tendrán en su pertenencia al grupo.

En apoyo de esta solución que suena ciertamente extraña, un estudio reciente demostró que, lejos de hacer que la gente se comporte de forma más agresiva, se observó un aumento de testosterona en los vencedores de un juego neuroeconómico en el que el dominio sobre los rivales se lograba tomando decisiones más prosociales. En la actualidad, la cultura dominante suele propagar la creencia de que gana quien más dinero tiene. Este estudio sugiere que, si se modifican las reglas del juego para que las decisiones prosociales sean el criterio definitivo del éxito, se puede aprovechar la naturaleza competitiva de las personas para motivarlas a superar a los demás siendo las más generosas, en lugar de las más egoístas. Los mundos experimentales de realidad virtual ya están experimentando con conceptos relacionados, como las «economías de regalo», en las que la gente no vende los productos deseados, sino que los regala para fomentar la reciprocidad en el futuro. Esta estrategia está teniendo un éxito sorprendente.

¿LA TECNOLOGÍA AL RESCATE?

¿No sería estupendo poder utilizar la tecnología para medir cuándo nuestro propio CCAd está hiperactivo y, por tanto, es probable que active nuestro lado oscuro? O mejor aún, ¿y si existiera una forma de tecnología que pudiera intervenir para cambiar realmente cómo responden esas áreas cerebrales cuando nuestras conexiones sociales se ven amenazadas?

El Internet de los objetos es un movimiento que trata de incrustar la tecnología en todo. Se instalan sensores en la ropa para medir respuestas fisiológicas como el ritmo cardíaco y la temperatura corporal. Esta información puede introducirse en dispositivos bluetooth para que podamos controlar continuamente nuestras constantes vitales biológicas. Dentro de poco, un icono en nuestra pantalla nos recordará que bebamos agua cuando nos estemos deshidratando, otro nos sugerirá un tentempié adecuado cuando nuestra glucosa en sangre esté por los suelos, y ya hay *smartcaps* disponibles para consumidores agobiados por el trabajo y preocupados por sus niveles de estrés. La tecnología EEG, que monitoriza la actividad eléctrica generada por el cerebro mediante electrodos fijados al cuero cabelludo, existe desde hace décadas. Durante la mayor parte de este tiempo, su uso ha estado restringido a los laboratorios, debido a los voluminosos aparatos necesarios para amplificar las señales eléctricas, increíblemente débiles, generadas por el cerebro y almacenar, eliminar el ruido y procesar los datos de forma que se pudiera extraer información útil. A medida que la tecnología ha ido mejorando, los dispositivos más potentes se han hecho mucho más pequeños y los electrodos se han adaptado para que puedan colocarse en prendas cotidianas como gorras de béisbol, cascos de ciclista y cascos de protección, por lo que la idea de utilizar un dispositivo de consumo para monitorizar continuamente la actividad del CCAd en movimiento ha dejado de ser una quimera futurista.

Imagina lo útil que sería tener una luz de advertencia parpadeando en tu visión periférica para informarte de que tu cerebro se encuentra en un estado que te hace vulnerable a tomar decisiones precipitadas, impulsado por sentimientos de dolor social en lugar de por un análisis racional calmado. En lugar de caer en la tentación de reaccionar con ira, verbal o de otro tipo, puedes tomar medidas para alejarte de la situación, comerte una pieza de fruta, echarte una siesta de diez minutos, realizar algunas meditaciones de atención plena y volver a la carga cuando los niveles de actividad del CCAd hayan disminuido. Para empezar, es posible que la gente ignore la señal de advertencia en el calor del momento, y opte por ceder al impulso de cortarse la nariz para fastidiarse la cara. Con el tiempo, es probable que hagan caso omiso de la advertencia de sobrecarga del CCAd más a menudo que no, habiendo aprendido por ensayo y error que suele conducir a resultados más favorables. Después de haber tenido múltiples experiencias de lo que se siente con un CCAd hiperactivo y de los beneficios de alejarse del borde en esas circunstancias, puede que sea posible deshacerse por completo del smartcap. Las personas pueden desarrollar una sensibilidad a las sensaciones sutiles que marcan este estado mental sin necesidad de más intervención tecnológica. Lograr estos objetivos implicaría básicamente sacar del laboratorio y llevar al mundo real el entrenamiento con neurorretroalimentación descrito en el capítulo anterior. Hay que superar algunos obstáculos técnicos importantes para lograr este objetivo, pero no son insalvables.

El siguiente paso lógico sería un dispositivo capaz de intervenir para calmar y excitar zonas cerebrales concretas en función de si están sobreestimuladas o poco activas en comparación con el nivel objetivo óptimo. En la actualidad, las bobinas magnéticas necesarias para generar los campos magnéticos necesarios para una estimulación magnética transcraneal (EMT) eficaz son demasiado pesadas y voluminosas para lograrlo de forma móvil. Incluso si en el futuro se lograra que la EMT fuera portátil, seguiría siendo imposible influir con precisión en zonas cerebrales situadas muy por debajo de la superficie craneal. Pero se vislumbran nuevas soluciones.

Tecnologías incipientes como la estimulación por interferencia temporal (EIT) podrían algún día perfeccionarse lo suficiente como para dirigirse con precisión a una zona hiperactiva del tejido CCAd y ayudarnos a aliviar esos molestos sentimientos de dolor social. Aunque los últimos estudios solo se han llevado a cabo en ratones de experimentación, anuncian la emocionante perspectiva de que dos ráfagas gemelas de energía eléctrica, cuidadosamente programadas, nos ayuden a tranquilizarnos cada vez que nos sintamos a punto de hacer algo de lo que podríamos arrepentirnos. Con solo pulsar un botón podríamos evitar tomar una decisión precipitada, gracias a un par de campos eléctricos de alta frecuencia emitidos a través del cráneo desde electrodos situados en dos puntos diferentes de la superficie del cuero cabelludo, para desactivar temporalmente el circuito CCAd solo en el lugar donde se cruzan los dos campos. La genialidad del TIS es que la estimulación eléctrica de alta frecuencia no afecta a la función cerebral. Pero en el punto en el que se cruzan dos campos se produce una interferencia que ralentiza la frecuencia de la estimulación eléctrica hasta el nivel en el que se ve afectada la actividad cerebral.

De momento, esta tecnología está en fase de prueba. Solo se ha probado en animales de laboratorio. Llegar a la fase en la que esté lista para su uso en humanos no será sencillo. En primer lugar, habrá que desarrollar protocolos para determinar la distancia entre los electrodos y las mejores formas de onda eléctrica para modificar la actividad de las áreas cerebrales objetivo, sin interferir en la función de las áreas cerebrales no objetivo. Inevitablemente, habrá complicaciones y efectos secundarios a los que habrá que hacer frente. Con el tiempo, este tipo de tecnología estará disponible para potenciar todo tipo de capacidades cerebrales, así como para disminuir las indeseables.

La pregunta es: si en 2025 saliera al mercado una gorra TIS, ¿comprarías una? Ya hemos establecido que un mínimo de soberbia, gula, lujuria, pereza, codicia, envidia e ira es adaptativo. Lo último que querríamos es arriesgarnos a eliminar estos comportamientos en su totalidad. Luego están los riesgos asociados a la intervención delictiva: por ejemplo, la gente que piratea las cápsulas TIS de los demás para interferir en su modo normal de funcionamiento. ¿Qué haríamos con un virus informático que reprogramara la cápsula TIS para que, cada vez que pulsáramos el botón para activar los campos eléctricos, en lugar de calmar nuestro deseo de golpear, lo estimulara? Esto podría suponer el riesgo potencial de obligar a alguien a cometer un asesinato a sangre fría, en lugar del arrebato de agresión verbal realmente inocente que habría tenido lugar en circunstancias normales, todo ello debido a la influencia malévola de un gorro TIS pirateado. Estas preocupaciones, improbables pero plausibles, deben abordarse antes de que la tecnología esté disponible para que puedan incorporarse escudos.

Cualquier tecnología milagrosa que prometa ayudarnos a tomar mejores decisiones en la vida tendría que demostrar que es capaz de ayudar a nuestros cerebros a encontrar la zona de Ricitos de Oro en lo que respecta a los impulsos que caen dentro del ámbito de los pecados capitales. En lugar de suprimir los impulsos por completo, habría que reducir la tentación a niveles más manejables: ni demasiado, ni demasiado poco, sino lo justo. Tendría que alejarnos suavemente de los extremos de comportamiento en los que suelen esconderse las conductas antisociales, sin privarnos de nuestra quintaesencia humana.

Una vez que estas innovaciones tecnológicas sean una realidad, surgirán muchos problemas éticos relacionados con el posible uso indebido de estas tecnologías. Uno de ellas es, suponiendo que se demostrara su eficacia para ayudar a las personas a comportarse de forma más prosocial, ¿qué ocurriría si estos dispositivos se impusieran a la gente en contra de su voluntad? ¿Qué pasaría si se obligara a alguien a llevar un *smartcap* TIS en circunstancias en las que realmente preferiría no llevarlo? Por otro lado, si un delincuente profesional que lleva toda la vida entrando y saliendo de la cárcel eligiera libremente pasar el resto de su vida con un par de electrodos incrustados físicamente en el cuero cabelludo como condición para salir en libertad, ¿sería tan malo? Si la Junta de Libertad Condicional de Su Majestad fuera responsable de gestionar la actividad cerebral de un convicto para maximizar su capacidad de resistir los impulsos antisociales, en lugar de abandonarlo a su suerte, ¿sería aceptable incluso con el consentimiento de la persona? ¿O esto huele a Gran Hermano? Estas medidas draconianas son, sin duda, una perspectiva aterradora para muchas personas, pero estas soluciones al viejo problema de cómo ayudar a los que no pueden ayudarse a sí mismos pueden estar a la vuelta de la esquina.

Es vital que nos planteemos cuanto antes la neuroética de este tipo de intervenciones. Ya hay a disposición de los consumidores kits de estimulación cerebral menos sofisticados[64] para uso doméstico. Aficionados a los juegos de ordenador de todo el planeta experimentan libremente con ellos en un esfuerzo por obtener una ventaja competitiva sobre sus rivales. Desgraciadamente, la experimentación libre siempre implica que la gente

---

[64] Actualmente solo pueden afectar a zonas cerebrales situadas justo debajo del cráneo y no a otras más profundas como el CCAd.

intente subir el dial al 11.[65] Hay muchos casos de experimentadores que se han quemado la frente con corrientes eléctricas tan fuertes que ningún científico en su sano juicio emplearía. Una vez que estas tecnologías incipientes se hayan perfeccionado hasta el punto de que empiecen a marcar una diferencia real a la hora de intentar modular el comportamiento humano, tendremos que haber creado ya unas directrices para aconsejar a la gente sobre cómo, cuándo y dónde deben y no deben utilizarse. Si esperamos a que esta tecnología llegue al mercado antes de pensar en los retos, escollos y catástrofes que se avecinan, puede que ya sea demasiado tarde.

MIENTRAS ESPERAMOS

Mientras tanto, quizá podamos utilizar *La ciencia del pecado* para ayudarnos a cambiar nuestra perspectiva sobre ciertos aspectos importantes de la naturaleza humana. Una cita de Dorothy Thomas, una de las periodistas estadounidenses más influyentes de los años treinta, capta perfectamente el mensaje principal de este libro: «La paz no es la ausencia de conflicto, sino la capacidad de afrontarlo». Esto es tan cierto para el espacio dentro de nuestros cráneos como para las interacciones humanas que tienen lugar fuera de nuestros cuerpos. El conflicto es inevitable, pero la forma en que respondemos a ese conflicto está bajo nuestro control.

Cuando las personas hacen las cosas que saben que no deberían hacer, la causa suele ser el sufrimiento emocional. El mejor ejemplo para apoyar esta idea es que la intensidad del dolor social que experimentan las personas narcisistas se refleja en la fuerza de su activación del CCAd, que a su vez es proporcional

---

[65] Una referencia al falso documental *Spinal Tap*: un grupo de heavy metal obsesionado con hacer el mayor ruido posible que pensó que era posible conseguirlo rediseñando sus amplificadores para que tuvieran diales que subieran hasta 11 en lugar de los 10 habituales.

a la magnitud del castigo infligido a quien les hizo sufrir los sentimientos de rechazo en primer lugar. Quienes luchan contra las consecuencias de un orgullo disfuncional son hipersensibles al rechazo, lo que provoca una amplificación del dolor social, y lo intentan sofocar con comportamientos antisociales. Aunque las pruebas que apoyan una cadena similar de causa y efecto en los otros pecados capitales son ciertamente escasas, dado que ni un solo estudio neurocientífico se ha propuesto comprender los correlatos neuronales del vicio *per se*, la implicación consistente del CCAd en estudios relevantes para tantos de ellos es sorprendente. Y es una base razonable para explicar el impulso a actuar de forma antisocial como una respuesta y un esfuerzo por reducir la experiencia de un intenso dolor social.

En apoyo de esta interpretación consideremos lo siguiente. Los grandes esfuerzos y gastos que la gente hace para parecer más atractiva físicamente —es decir, la vanidad— pueden estar motivados por el deseo de obtener cumplidos de los demás para eliminar el dolor de sentirse inútil. La búsqueda incesante de más dinero, es decir, la avaricia, podría verse como un medio para calmar la molesta sensación de vulnerabilidad social con la tranquilidad de saber que el saldo de la cuenta sigue aumentando. La falta de motivación que se observa en quienes parecen perpetuamente perezosos puede ser una estrategia para protegerse del dolor social que supone experimentar el fracaso. (Si no te molestas en intentarlo, nadie puede acusarte de haber fracasado). Los actos de envidia maliciosa pretenden reducir el dolor de sentirse socialmente inferior derribando al rival de su pedestal. La búsqueda constante de nuevas parejas sexuales puede verse como una táctica que intenta disminuir el dolor social con la ilusión de intimidad emocional creada por los ligues de una noche. La gente es muy propensa a la ira para aliviar temporalmente el dolor social que provoca sentirse despreciado socialmente. Y el poder de los «alimentos reconfortantes» para aliviar los conflictos emocionales hace que sea fácil ver cómo la dependencia excesiva de este enfoque puede conducir a los hábitos de la gula. Todos los pecados capitales, vistos a través de este prisma, son comportamientos antisociales motivados en última instancia por el deseo de reducir el sufrimiento personal.

Esta perspectiva es más útil que el enfoque tradicional de etiquetar a estos individuos como pecadores destinados a ser arrojados a las fosas ardientes del infierno. No es descabellado que una persona quiera reducir su experiencia de dolor social, aunque el método elegido para lograr ese objetivo esté lejos de ser el ideal. Si la causa fundamental del comportamiento antisocial de una persona es el sufrimiento emocional, entonces describir su conducta como malvada o como obra del diablo solo va a aumentar su autodesprecio, posiblemente incluso exacerbando la tendencia a ceder a cualquier tentación que le proporcione un alivio temporal. Pero la religión no lo entendió todo mal.

La agitación interior es un hecho de la vida. Para la mayoría de las personas intentar eliminar por completo la agitación interior es totalmente inútil. Un objetivo mucho más alcanzable es gestionar mejor los conflictos, tanto en nuestro mundo interior privado como en el mundo público exterior. Cómo decidamos responder a nuestros propios sentimientos de conflicto interior y cómo decidamos manejar los síntomas de las luchas de los demás cuando se enfrentan a los suyos propias puede hacer que la vida en la Tierra sea un paraíso o un infierno.

Todo el mundo quiere reducir su sufrimiento emocional. Sin embargo, los mejores enfoques para reducir nuestros sentimientos de confusión y conflicto no siempre son aquellos hacia los que nos guían nuestros instintos. El alivio del dolor social puede lograrse tanto por medios prosociales como antisociales. El problema es que la opción prosocial puede no parecer realista a las personas que han tenido malas experiencias con esta vía en el pasado. A quien ha sufrido más de una experiencia antisocial puede resultarle difícil imaginar cómo la vía prosocial puede resultar rentable. Para quienes ya se sienten socialmente aislados, el enfoque prosocial puede parecer totalmente inútil. ¿Por qué intentar hacer lo mejor para el grupo cuando, en el pasado, al grupo nunca pareció importarle lo que te ocurría, tanto si triunfabas como si fracasabas, si vivías como si morías?

Los que han tenido las peores experiencias de cooperación en grupo son los más propensos a desconfiar de los contratos sociales tácitos de rascarse las espaldas mutuamente o de ayuda recíproca. Una vez que la confianza de una persona ha sido traicionada varias veces, es probable que le resulte muy difícil volver a ser vulnerable a ese tipo de dolor social. Los hábitos antisociales que las personas desarrollan al verse atrapadas repetidamente en estos círculos viciosos son precisamente los comportamientos que aumentan la probabilidad de ser rechazadas por grupos con los que podrían llegar a asociarse en el futuro.

Si las personas más vulnerables de la sociedad pudieran acceder a algún tipo de *InGroup*, también podrían experimentar la seguridad que surge de sentirse valoradas por los miembros de una determinada comunidad. La pertenencia a un grupo podría ayudar a reducir los sentimientos de dolor social que dieron lugar a la tendencia a elegir comportamientos antisociales en primer lugar. Como mínimo, permitiría obtener los beneficios físicos y psicológicos de la pertenencia a un grupo.

¿En qué lugar de su comunidad local podría ir una persona en busca de pertenencia instantánea a un grupo, un lugar donde pudiera encontrar apoyo emocional independientemente de sus transgresiones pasadas? ¿Qué grupo de seres humanos fomenta el perdón, incluso para aquellos que tienen mala reputación? ¿Quién podría sentirse positivamente inclinado a tender la mano a las personas más necesitadas de apoyo? ¿Qué club o colectivo exige a sus miembros que participen activamente en actividades benéficas de forma regular?

La ciencia puede estar razonablemente bien equipada para llegar al fondo de por qué la gente hace las cosas que sabe que no debe hacer, pero se queda en blanco cuando se trata de ofrecer a la gente corriente un sentido de comunidad. Las religiones, en cambio, han desarrollado fantásticos medios para ofrecer a los miembros de la comunidad local un sentimiento de pertenencia, acceso instantáneo al apoyo emocional, rituales de interacción semanal y la oportunidad de participar en obras de caridad voluntarias. Si algún día se aboliera por completo la religión, esto es lo que más echaría de menos la humanidad. El mundo secular está muy lejos de poder reproducir estos antiguos sistemas de construcción de comunidades. Siempre existe el concurso semanal en el pub, el partido deportivo o el grupo de aficiones para reunirse con personas de ideas afines, pero estas opciones relativamente superficiales y tibias palidecen en comparación con las alternativas religiosas en cuanto a su capacidad para aliviar los dolores sociales, recordarle a la gente la importancia de adoptar una visión de helicóptero en la vida y tratar bien a los demás.

Antes de dar la espalda a la religión para siempre, primero debemos construir comunidades debidamente integradas en las que la gente entienda que la mejor manera de afrontar los conflictos internos es tender la mano a los demás, en lugar de ceder al impulso de hacer cosas que acaban alejándolas. Comunidades en las que la gente sienta que pertenece de verdad y en las que experimente menos el dolor social que causa la discordia social en primer lugar. Si queremos que las personas se sientan positivamente inclinadas a invertir su tiempo y energía en hacer cosas que ayuden a toda la comunidad, hay que venderles las pruebas científicas de que los actos de altruismo aportan enormes beneficios al individuo. El mundo laico debe encontrar métodos eficaces para incentivar todos los comportamientos que la religión ha descubierto que funcionan como antídotos contra la venenosa influencia del dolor social, pero sin basarse en los mitos del cielo y el infierno. El primer paso hacia la construcción de tales comunidades es, sin duda, asegurarse de que sus miembros se dan cuenta de que el comportamiento antisocial de las personas es un síntoma de su lucha para hacer frente a su confusión interior, en lugar de un signo de que están irremediablemente rotos o han nacido malos.

Creo que este proyecto merece la máxima prioridad posible porque, en un mundo posreligioso, si las personas sienten que no tienen a quién recurrir, se refugiarán cada vez más en la aparente seguridad emocional del aislamiento social. Al hacerlo, es probable que encuentren las opciones egoístas más atractivas a primera vista, a pesar de que esto suele tener consecuencias sociales negativas a largo plazo. En última instancia, este tipo de planteamientos erróneos les privarán de lo que hace que merezca la pena vivir en la Tierra: la sensación de estar profundamente conectadas con otras personas. Al fin y al cabo, las relaciones significativas no solo son agradables, sino vitales para nuestro bienestar y supervivencia.

El primer paso para poner todo esto en práctica es examinar con más atención tus propios impulsos a diario. La próxima vez que te encuentres a punto de hacer algo que sabes que no debes, contempla tu estado de ánimo. Si te sientes irritable y díscolo, entonces el impulso de ceder a la tentación podría estar impulsado por un déficit fisiológico. ¿Cuándo fue la última vez que comiste algo? ¿Has abusado de la cafeína? ¿Estás bien hidratado? Una carencia de nutrientes básicos, o un exceso de estimulantes, puede hacer que la gratificación inmediata de ceder a tus impulsos básicos sea preferible a la elección que aporta mayores beneficios a largo plazo. Si eso no puede explicarlo, entonces la siguiente explicación más probable de por qué te sientes impulsado hacia comportamientos egoístas y antisociales es un exceso de dolor social. En lugar de escuchar la voz de tu cabeza que justifica cualquier acción que suponga ceder a la tentación, busca las causas profundas. ¿Te has sentido avergonzado por algo que has hecho o dicho recientemente? ¿Te has sentido defraudado por alguien, te han dado la espalda o te han hecho sentir como un marginado social? Si es así, entonces tu deseo de halagar a los demás, coquetear escandalosamente con un desconocido, no molestarte en hacer tu parte, tomar más de lo que te corresponde, provocar la caída de un rival, atiborrarte de comida para llevar o arremeter en respuesta a una pequeña provocación pueden ser simplemente intentos de calmar el sufrimiento de tu agitación interior. El instinto de hacernos sentir mejor de estas siete maneras particulares ha existido, sin duda, desde que nuestros antepasados empezaron a caminar sobre dos piernas en lugar de cuatro. Pero que sean antiguas no significa que sean correctas. Puede que nos aporten una fugaz sensación de satisfacción, pero dañan nuestras relaciones, lo que a su vez arruina nuestra salud y calidad de vida. Si nos damos cuenta de que estamos a punto de ceder a estos impulsos y elegimos alternativas que reduzcan el dolor social y, al mismo tiempo, refuercen nuestros lazos sociales en lugar de amenazarlos, podremos gestionar nuestra agitación interior de forma que nos aseguremos todos los beneficios a largo plazo que se derivan de sentir que realmente pertenecemos a algo.

ANEXO I
«DESIDERATA», DE MAX EHRMANN
(POEMA EN EL QUE BASO MI PROPIA CONDUCTA)

Ve plácidamente entre el ruido y la prisa,
y recuerda qué paz puede haber en el silencio.
En la medida de lo posible, sin rendirte,
mantén buenas relaciones con todas las personas.
Di tu verdad en voz baja y clara; y escucha a los demás,
incluso a los aburridos e ignorantes;
ellos también tienen su historia.
Evita a las personas ruidosas y agresivas,
son vejaciones para el espíritu.
Si te comparas con los demás,
puedes volverte vanidoso y amargado,
porque siempre habrá personas mejores y peores que tú.
Disfruta tanto de tus logros como de tus planes.
Mantén el interés por tu propia carrera, aunque sea humilde:
es una posesión real en las cambiantes fortunas del tiempo.
Sé prudente en tus negocios,
porque el mundo está lleno de engaños.
Pero que esto no te ciegue a la virtud que hay;
muchas personas se esfuerzan por alcanzar altos ideales,
y en todas partes la vida está llena de heroísmo.

Sé tú mismo. Sobre todo, no finjas afecto.
Tampoco seas cínico sobre el amor,
pues frente a toda aridez y desencanto
es tan perenne como la hierba.
Acepta amablemente el consejo de los años,
renunciando con gracia a las cosas de la juventud.
Cultiva la fortaleza de espíritu para que te proteja
en las desgracias repentinas.
Pero no te angusties con oscuras imaginaciones.
Muchos miedos nacen del cansancio y la soledad.
Más allá de una sana disciplina, sé amable contigo mismo.
Eres un hijo del universo,
no menos que los árboles y las estrellas;
tienes derecho a estar aquí.
Y tanto si lo tienes claro como si no,
no hay duda de que el universo se desarrolla como debe.
Por tanto, estate en paz con Dios,
sea lo que sea lo que concibas que es.
Y cualesquiera que sean tus trabajos y aspiraciones,
en la ruidosa confusión de la vida,
mantén la paz con tu alma. Con toda su farsa,
su monotonía y sus sueños rotos,
sigue siendo un mundo hermoso.
Sé alegre. Esfuérzate por ser feliz.

ANEXO II
RECURSOS EN LÍNEA

- Meditación guiada con Eckhart Tolle (12 minutos, muy recomendable): www.youtube.com/watch?v=KsEfKk8trcc
- Meditación guiada para relajarse y dormir (7 minutos): www.youtube.com/watch?v=xydWEfDr-WQ
- Meditación guiada de conexión a la tierra con Scott Mills (8 minutos): www.youtube.com/watch?v=c6w0W22zhLI
- Meditación en el océano (9 minutos): www.youtube.com/watch?v=c2hpGer2qvI
- Meditación de atención plena para aliviar la ansiedad y el estrés (9 minutos): www.youtube.com/watch?v=Fpiw2hH-dlc
- Meditación de atención plena, al estilo de Jon-Kabat Zinn (15 minutos): www.youtube.com/watch?v=8v45WSuAeYI
- Viaje a la paz interior. Meditación matutina (17 minutos): www.youtube.com/watch?v=vCzoB1pPPQM
- Equilibrio de los chakras (23 minutos): www.youtube.com/watch?v=Mq7RDsm9Rkc
- No pedir nada (35 minutos): www.youtube.com/watch?v=NMldMnEfxX8
- Meditación guiada con Louise Hay (53 min): www.youtube.com/watch?v=QpQzuOp7RI0
- Reducir el ego: estrategias y consejos: www.taoism.net/theway/ego.htm

GLOSARIO

Amígdala

La central de detección de peligros del cerebro se encuentra en la parte anterior de los lóbulos temporales, orientada hacia el interior. Cuando detecta un peligro, la amígdala provoca un aumento de la presión sanguínea y de la oxigenación, dirigiendo la sangre hacia el cerebro y los músculos. La liberación de hormonas y la activación neuronal movilizan recursos adicionales para hacer frente al problema percibido. Aunque es famosa por orquestar las respuestas emocionales negativas a las amenazas, también interviene en la amplificación de las respuestas emocionales positivas.

Área tegmental ventral

El mesencéfalo se divide en una parte superior (tectum) y una inferior (tegmentum). En la parte inferior del tegmento se encuentra el área tegmental ventral, desde la que todas las neuronas cerebrales que contienen dopamina se proyectan a otras partes del cerebro, principalmente al núcleo accumbens y al córtex orbitofrontal medial.

Córtex cingulado anterior (CCA)

El CCA es la parte delantera del córtex cingulado, en la superficie interna de cada hemisferio cerebral, justo encima del cuerpo calloso.

Córtex cingulado anterior dorsal (CCAd)

El segmento superior de la corteza cingulada anterior, en contraposición a las partes de la corteza cingulada anterior directamente adyacentes al cuerpo calloso. El CCAd está implicado sistemáticamente en circunstancias en las que una persona siente dolor social.

Córtex cingulado anterior rostral (CCAr)

El segmento más anterior de la corteza cingulada anterior.

Córtex cingulado anterior subgenual (CCAs)

El córtex cingulado anterior subgenual es la parte del córtex cingulado que se encuentra justo debajo de la parte más anterior del cuerpo calloso.

Córtex orbitofrontal (COF)

El córtex orbitofrontal describe la parte de los lóbulos frontales izquierdo y derecho que se sitúa justo encima de las cuencas de los ojos (órbitas).

Córtex orbitofrontal medial (COFm)

Se trata de la parte del córtex orbitofrontal —la parte del cerebro situada sobre las cuencas de los ojos (órbitas)— directamente adyacente a la superficie interna (medial) del cerebro.

Córtex prefrontal (CPF)

El córtex prefrontal es la superficie externa de los lóbulos frontales, incluidas las superficies orientadas hacia dentro y hacia fuera.

Córtex prefrontal dorsolateral (CPFdl)

Se trata de la parte superior de la superficie externa de los lóbulos frontales izquierdo y derecho. En estudios en los que se exige a los participantes que restrinjan determinados comportamientos no deseados, a menudo se utilizan zonas concretas de esta parte del córtex prefrontal.

Cuerpo calloso

Un haz de unos 250 millones de neuronas, situado justo debajo del córtex cingulado, que conecta los hemisferios cerebrales izquierdo y derecho. La interacción entre los hemisferios izquierdo y derecho del cerebro es tan intensa que la noción popular de «cerebro izquierdo» o «cerebro derecho» es ridícula. Gracias al cuerpo calloso, todos los seres humanos pueden afirmar que son diestros y zurdos (salvo los pacientes con hemisferectomía o callosotomía).

Disonancia cognitiva

La disonancia cognitiva describe el malestar mental que solemos sentir cuando tenemos en mente dos o más creencias o ideas contradictorias al mismo tiempo.

Estriado

El cuerpo estriado, llamado así porque parece rayado a simple vista, está formado principalmente por el núcleo accumbens (cuerpo estriado ventral) y el núcleo caudado/putamen (cuerpo estriado dorsal). El estriado ventral realiza los cálculos necesarios para asignar un «valor predicho» a cada opción disponible, lo que constituye la base de una decisión, mientras que el estriado dorsal participa en la selección y el desencadenamiento de los movimientos voluntarios que permiten llevar a cabo la decisión.

Estriado dorsal

Se trata de la parte superior del cuerpo estriado, formado por el núcleo caudado y el putamen. Las cabezas del cuerpo estriado dorsal se sujetan alrededor de los lados izquierdo y derecho del tálamo, y las colas se enrollan hacia atrás y alrededor para seguir los contornos internos del lóbulo temporal. Esta estructura realiza varios cálculos esenciales para seleccionar y ejecutar acciones para lograr un objetivo específico.

Estriado ventral

Parte inferior del cuerpo estriado, que desempeña un papel fundamental en la asignación de un «valor predicho» a un determinado objeto, idea o elección. El núcleo accumbens y otras estructuras residen en esta parte del cuerpo estriado.

Ganglios basales

Se trata de un grupo de núcleos cerebrales profundos situados a ambos lados del tálamo, responsables de iniciar varias funciones de vital importancia, como los movimientos voluntarios y la toma de decisiones. El mayor grupo de estructuras se conoce como cuerpo estriado y comprende el putamen, el núcleo caudado, el globo pálido y el núcleo accumbens.

Hipocampo

En las profundidades de los lóbulos temporales izquierdo y derecho, estos densos núcleos de tejido neuronal intervienen fundamentalmente en la creación y recuperación de nuevos recuerdos, así como en nuestra capacidad para navegar e imaginar el futuro.

Hipotálamo

Es el lugar en el que se fabrican las hormonas del cerebro y se liberan en el torrente sanguíneo a través de la hipófisis. También envía y recibe mensajes a estructuras de todo el cerebro, especialmente al tronco encefálico.

Ínsula anterior

La ínsula anterior es la mitad anterior del córtex insular, que se encuentra en el fondo del valle cerebral (formalmente conocido como surco) que separa el lóbulo temporal del lóbulo frontal tanto en la mitad izquierda como en la derecha del cerebro.

Neurona

Células cerebrales largas, delgadas y similares a cables que transfieren información de un extremo a otro mediante impulsos de mensajes eléctricos discretos (potenciales de acción). Cuando llegan al otro extremo, desencadenan la liberación de mensajeros químicos (neurotransmisores) que atraviesan el espacio (sinapsis) que separa una neurona de la siguiente. Cada neurona está repleta de receptores especializados a los que se une el neurotransmisor para modificar su actividad.

Neuroplasticidad

Cambios que se producen en el cerebro humano al hacer algo de forma regular, intensa y persistente durante un largo período de tiempo. Un trabajo fundamental de la Dra. Eleanor Maguire y sus colegas del Laboratorio de Imagen Funcional de Londres consistió en escanear el cerebro de taxistas antes y después de que hicieran «The Knowledge». Se trata de un examen en el que deben memorizar las principales rutas y puntos de referencia en un radio de 10 kilómetros del centro de Londres para obtener su licencia de taxi negro. Por término medio, esta increíble proeza de memoria y navegación tarda más de dos años en completarse con éxito y hace que una parte del cerebro llamada hipocampo se agrande físicamente como resultado del enorme aumento del número de sinapsis (conexiones entre neuronas) creadas. Estudios posteriores demostraron que, tras la jubilación, el tamaño del hipocampo de los taxistas volvía a estar dentro de los límites normales. Esto indica que los cambios cerebrales inducidos por la neuroplasticidad solo duran mientras se mantiene el comportamiento que los provoca; es un caso de «úsalo o piérdelo».

Neurotransmisor

Los impulsos eléctricos que transportan información de una neurona a la siguiente provocan la liberación de unos mensajeros químicos denominados neurotransmisores en el hueco (sinapsis), lo que permite a la primera neurona ejercer un efecto sobre la segunda haciendo que ésta dispare sus propios impulsos eléctricos en mayor o menor grado.

Núcleo accumbens

El núcleo accumbens forma parte del estriado ventral, un eje central de la vía de recompensa que recibe información del área tegmental ventral del mesencéfalo y envía información a la corteza orbitofrontal. Durante la toma de decisiones, parece asignar un «valor previsto» a cada opción y actualiza estos valores en función de si el resultado de la decisión ha sido el esperado.

Resonancia magnética (RM)

La resonancia magnética es un aparato médico de diagnóstico por imagen que permite medir la estructura y el funcionamiento del cerebro. Las bobinas eléctricas superconductoras enfriadas con helio líquido se encienden y apagan rápidamente para proyectar pulsos de radiofrecuencia a través de finas láminas del cerebro, lo que hace que todas las moléculas de agua (dipolos) giren en ángulo perpendicular a la dirección del campo magnético. En la resonancia magnética funcional, el tiempo que tardan estos dipolos en desincronizarse se ve afectado por los niveles de oxigenación de la sangre en cada pequeño trozo de cerebro, y puede utilizarse para deducir distintos niveles de actividad cerebral. Las mediciones de cada corte del cerebro pueden apilarse para obtener una instantánea de los niveles de actividad de todo el cerebro cada dos segundos. La resonancia magnética también puede utilizarse para estudiar la estructura, no la función, de las áreas cerebrales, aprovechando que el tiempo que tardan los dipolos giratorios en realinearse con el campo magnético es diferente en la materia gris, la materia blanca y los espacios llenos de líquido. Por tanto, utilizando el mismo escáner de IRM de distintas formas, se puede medir la función o la estructura cerebral (pero no ambas simultáneamente).

Resonancia magnética funcional (RMf)

Consiste en escanear muchos cerebros humanos, cada uno de ellos sometido al mismo conjunto de procedimientos experimentales, y buscar las áreas cerebrales que se activan o desactivan sistemáticamente en un conjunto de circunstancias en comparación con otro. A continuación se utilizan técnicas estadísticas para comparar los niveles relativos de actividad en todo el cerebro que son constantes en muchas personas.

Tálamo

Es la principal caja de conexiones del cerebro, a través de la cual se conectan entre sí distintas partes de la corteza externa de los cuatro lóbulos cerebrales (frontal, temporal, parietal y occipital). Adquiere información del mundo exterior a través de los órganos sensoriales (ojos, oídos, etc.) y comparte información con los centros cerebrales más profundos y con el resto del cuerpo a través de la médula espinal.

Tallo cerebral

El tronco encefálico, formado por la protuberancia y la médula, está situado justo encima de la médula espinal y está unido a esta. Es responsable de los procesos fisiológicos básicos, como el mantenimiento de la oxigenación, la acidez y la presión sanguínea adecuadas mediante la modulación de la actividad de los pulmones, el corazón, los riñones, etc.

Teoría de la mente (TdM)

La teoría de la mente se refiere a la capacidad de comprender una situación desde la perspectiva de otra persona e inferir lo que probablemente esté pensando y sintiendo.

BIBLIOGRAFÍA SELECCIONADA

En mi sitio web www.sciofsin.com encontrarás una completa sección de referencias y bibliografía.

Capítulo I. Al principio

Eisenberger, N. I. y Cole, S. W. (2012). Neurociencia social y salud: mecanismos neurofisiológicos que vinculan los lazos sociales con la salud física. *Nature Neuroscience* 15(5): 669-74.

Hawkley, L. C. y Cacioppo, J. T. (2010). Loneliness matters: a theoretical and empirical review of consequences and mechanisms. *Anales de Medicina Conductual* 40(2): 218-27.

Heider, F. y Simmel, M. (1944). An experimental study of apparent behavior. *American Journal of Psychology* 57: 243-9.

Holt-Lunstad *et al.* (2010). Relaciones sociales y riesgo de mortalidad: una revisión metaanalítica. *PLoS Medicine* 7(7): e1000316.

House, J. S. *et al.* (1988). Relaciones sociales y salud. *Science* 241(4865): 540-5.

Miller, G. A. (1956). The Magic Number Seven Plus or Minus Two: Some Limits on our Capacity for Processing Information. *Psychological Review* 101(2): 343-52.

Capítulo II. Soberbia

Campbell, W. K. *et al.* (2000). Narcissism and comparative self-enhancement strategies. *Journal of Research in Personality* 34: 329-47.

Cascio, C. N.,*et al.* (2015). El dolor social de los narcisistas solo se ve en el cerebro. *Social Cognitive and Affective Neuroscience* 10(3): 335-341.

Edelstein, R. S. *et al.* (2010). El narcisismo predice una mayor reactividad del cortisol a un estresor psicosocial en los hombres. *Revista de Investigación en Personalidad* 44(5): 565-72.

Eisenberger, N. I. *et al.* (2007). Neural pathways link social support to attenuated neuroendocrine stress responses. *Neuroimage* 35: 1601-12.

Foster, J. D. *et al.* (2003). Individual differences in narcissism: Inflated self-views across the lifespan and around the world. *Revista de Investigación en Personalidad* 37(6): 469-86.

Slavich, G. M. *et al.* (2010). Neural sensitivity to social rejection is associated with inflammatory responses to social stress. *Actas de la Academia Nacional de Ciencias de EE.UU.* 107: 14817-22.

Wallace, H. M. y Baumeister, R. F. (2002). The performance of narcissists rises and falls with perceived opportunities for Glory. *Revista de Personalidad y Psicología Social* 82(5): 819-34.

Capítulo III. Gula

Micanti, F. *et al.* (2016). La relación entre la regulación emocional y la conducta alimentaria: un análisis multidimensional de la psicopatología de la obesidad. *Trastornos de la alimentación y del peso* 22(1): 105-15.

Nguyen, J. C. *et al.* (2014). Obesity and cognitive decline: role of inflammation and vascular changes (Obesidad y deterioro cognitivo: papel de la inflamación y los cambios vasculares). *Fronteras de la neurociencia* 8: 375.

Ronan, L. *et al.* (2016). Obesidad asociada a un aumento de la edad cerebral a partir de la mediana edad. *Neurobiología del envejecimiento* 47: 63-70.

Thomas, E. L. (2000). Preferential loss of visceral fat following aerobic exercise, measured by magnetic resonance imaging. *Lipids* 35(7): 769-76.

Capítulo IV. Lujuria

Burns, J. M. y Swerdlow, R. H. (2003). Tumor orbitofrontal derecho con síntoma de pedofilia y signo de apraxia construccional. *Archivos de Neurología* 60(3): 437-40.

Cantor, J. M. *et al.* (2008). Cerebral white matter deficiencies in pedophilic men. *Revista de Investigación Psiquiátrica* 42(3): 167-83.

Cantor, J. M. *et al.* (2016). Análisis de componentes independientes de imágenes de resonancia magnética funcional en estado de reposo en pedófilos. *Revista de Medicina Sexual* 13(10): 1546-54.

Chivers, M. L. *et al.* (2007). Gender and sexual orientation differences in sexual response to sexual activities versus gender of actors in sexual films. *Revista de Personalidad y Psicología Social* 93(6): 1108-21.

Fisher, H. E. *et al.* (2006). Romantic love: a mammalian brain system for mate choice. *Philosophical Transactions of the Royal Society of London B: Biological Sciences* 361(1476): 2173-86.

Voon, V. *et al.* (2014). Neural correlates of sexual cue reactivity in individuals with and without compulsive sexual behaviours. *PLoS One* 9(7): e102419.

Capítulo V. Pereza

Baum, A. *et al.* (1986). Unemployment stress: loss of control, reactance and learned helplessness. *Social Science Medicine* 22(5): 509-16.

Lee, I.-M. *et al.* (2012). Impacto de la inactividad física en las principales enfermedades no transmisibles en todo el mundo: un análisis de la carga de morbilidad y la esperanza de vida. *Lancet* 380(9838): 219-29.

Levy, R. y Dubois, B. (2006). Apathy and the functional anatomy of the prefrontal cortex-basal ganglia circuits. *Cerebral Cortex* 16(7): 916-28.

Capítulo VI. Codicia

Bartra, O. *et al.* (2013). The valuation system: a coordinate-based meta-analysis of BOLD fMRI experiments examining neural correlates of subjective value. *Neuroimage* 76: 412-27.

Christov-Moore, L. *et al.* (2016) Aumentar la generosidad mediante la alteración del córtex prefrontal. *Social Neuroscience* 12(2): 174-81.

Gabay, A. S. *et al.* (2014). El juego del ultimátum y el cerebro: un metaanálisis de estudios de neuroimagen. *Neuroscience and Biobehavioral Reviews* 47: 549-58.

Piff, P. K. *et al.* (2012). Una clase social más alta predice un mayor comportamiento poco ético. *Actas de la Academia Nacional de Ciencias de EE.UU.* 109(11): 4086-91.

Singer, T. *et al.* (2006). Empathic neural responses are modulated by the perceived fairness of others. *Nature* 439(7075): 466-9.

Capítulo VII. Envidia

Takahashi, H. *et al.* (2009). When your gain is my pain and your pain is my gain: neural correlates of envy and schadenfreude. *Science* 323(5916): 937-9.

Xiang, Y. *et al.* (2017). Examinar las estructuras cerebrales asociadas con la envidia disposicional y el papel mediador de la inteligencia emocional. *Informes científicos* 7: 39947.

Capítulo VIII. Ira

Beyer, F. *et al.* (2014). Emotional reactivity to threat modulates activity in mentalizing network during aggression. *Social Cognitive and Affective Neuroscience* 9(10): 1552-60.

Georgiev, A. V. *et al.* (2013). Cuando la violencia paga: un análisis coste-beneficio del comportamiento agresivo en animales y humanos. *Psicología Evolutiva* 11(3): 678-99.

Capítulo IX. Salvar nuestras almas

Bryan, C. J. *et al.* (2016). Aprovechar los valores de los adolescentes para motivar una alimentación más saludable. *Actas de la Academia Nacional de Ciencias de EE. UU.* 113(39): 10830-5.

Dewall, C. N. *et al.* (2010). Acetaminophen reduces social pain: behavioral and neural evidence. *Psychological Science* 21(7): 931-7.

Hennenlotter, A. *et al.* (2009). The link between facial feedback and neural activity within central circuitries of emotion - new insights from botulinum toxin-induced denervation of frown muscles. *Cerebral Cortex* 19: 537-42.

Rand, D. G. *et al.* (2012). Donación espontánea y avaricia calculada. *Nature* 489(7416): 427-30.

Tang, Y. Y. *et al.* (2015). La neurociencia de la meditación mindfulness. *Nature Reviews Neuroscience* 16(4): 213-25.

Tromholt, M. (2016). El experimento de Facebook: dejar Facebook conduce a mayores niveles de bienestar. *Ciberpsicología, comportamiento y redes sociales* 19(11): 661-6.

Capítulo X. Más allá de la tentación

Chester, D. S. y DeWall, C. N. (2016). Sonar la alarma: El efecto del narcisismo en la agresión de represalia es moderado por la reactividad CCAd al rechazo. *Revista de Personalidad* 84(3): 361-8.

Mansouri, F. A., *et al.* (2017). Monitorización de las demandas de control ejecutivo: Funciones compartidas entre primates humanos y no humanos. *Tendencias en Neurociencias* 40(1): 15-27.

AGRADECIMIENTOS

Este libro está dedicado a Alice Girle.

El primer y mayor agradecimiento debe ir para mis padres, Phil y Virginia Lewis, por inculcarme un sentido intrínseco de la autoestima que alimentó mi amor propio sin que se desbordara en narcisismo. Un millón de gracias por el amor incondicional y el apoyo que siempre me habéis brindado, por muy difícil que haya sido mi camino. Saber que, al menos a tus ojos, soy digna de amor siempre me ha ayudado a superar mis pruebas y tribulaciones más formidables hasta la fecha (incluida la escritura de este libro).

También estoy en deuda con Dave Amor y Melanie Craig, que me hicieron llegar sus valiosos comentarios sobre las primeras pruebas. Un enorme agradecimiento, por supuesto, a mis agentes Jo Wander y Sara Cameron por convencerme de convertir esta idea de un tratamiento para una serie de televisión en una propuesta de libro, y a Jim Martin de Bloomsbury Sigma por encargármelo. La editora Anna MacDiarmid y la correctora Catherine Best sugirieron numerosas mejoras brillantes en todo el manuscrito, por lo que debo darles las gracias por compartir su experiencia para ayudar a domar a esta bestia.

Me gustaría dar las gracias a Ollie Tait, de Lambent Productions, por mantenerme tan ocupado con el rodaje de *Los secretos del cerebro 2* que este libro ha tardado dos años en completarse, en lugar de solo uno. Debo dar las gracias a mi mejor amigo George Wolstencroft (¡el tipo con el que intercambié puñetazos en nuestra propia prueba TAP!) por haberme proporcionado un oasis de calma en las tierras altas, donde pude descansar, recuperarme y realizar muchos días de duro trabajo (!), antes del empujón final para que este manuscrito llegara a los ojos del editor.

Los siguientes son todos aquellos que me han ofrecido una forma muy moderna de amistad. Los empleados de tres cafeterías, dos bibliotecas y el vestíbulo de un hotel repartidos a lo largo del Támesis, desde Blackfriars Bridge hasta Tower Bridge, pasando por mi antigua zona de doctorado en Bloomsbury. En particular, mis interacciones diarias con Rosie, Ellie y los chicos de Coffee Works; Maeve, Allie, Keeren, TJ y Lily en Citizen M en Bankside; el encantador personal cuyos nombres nunca aprendí en Fuckoffee (¡seguramente la cafetería más fotografiada de Londres!), la biblioteca y cafetería Wellcome Collection, la biblioteca del British Film Institute y el Bermondsey Square Hotel; todos ellos me hicieron sentir una pequeña pero totalmente aceptada parte de sus respectivos InGroups. Estas interacciones tuvieron un valor incalculable para mí porque, al haberme unido a las crecientes filas de los nómadas digitales -profesionales que trabajan dondequiera que puedan encontrar buen wifi y un suministro interminable de café-, podría haberme sentido fácilmente aislado socialmente de otro modo.

Tengo una enorme deuda de gratitud con Adrian Webster, con quien escribí mi primer libro, *Sort Your Brain Out*. Cada vez que le enviaba un capítulo, borraba dos tercios y reescribía completamente lo que quedaba. Siempre me lo devolvía completamente transformado. Era doloroso ver mi trabajo cortado, cortado en dados y mezclado de nuevo; no siempre respondía bien a su cuchilla. Pero él aguantaba pacientemente mis rabietas y tejía tranquilamente hechizos sobre mis primeros borradores, y el resultado de su toque mágico era un bestseller. La gente suele comentar lo fácil que es leerlo, lo rápido que se lo pasan. Hice todo lo que pude para conseguir una magia similar con este, mi primer libro en solitario. Espero haber tenido algo de éxito.

Por último, estoy muy agradecido a los cientos de científicos, psicólogos, psiquiatras, filósofos y pensadores religiosos en cuyos experimentos, ideas y descubrimientos se basa este tomo. Nunca deja de sorprenderme la cantidad de trabajos que se publican cada año en las revistas académicas. Sin las mentes brillantes que elaboran hipótesis sobre el funcionamiento del cerebro, desarrollan estudios ingeniosos para ponerlas a prueba, recopilan y analizan minuciosamente océanos de datos y soportan las pruebas, tribulaciones e incertidumbres del proceso de revisión por pares, este libro habría sido pura conjetura. Puede que algunos piensen que su trabajo se ha tergiversado. Solo puedo ofrecerles mis disculpas y asegurarles que no era mi intención. He hecho todo lo posible por leer toda la bibliografía pertinente, pero no he podido leerla toda. Intenté que mis descripciones fueran exactas, pero con tanto material que revisar, puede que me haya equivocado de vez en cuando. Es la síntesis de los esfuerzos de muchas personas, pero los errores son míos.

Si tienes alguna sugerencia sobre cómo mejorar el rigor científico, ponte en contacto conmigo en www.sciofsin.com. Este libro es solo el principio de lo que espero que sea una larga conversación, así que te ruego que me comuniques tu opinión.

Solo queda agradecerte a ti, lector, por tu tiempo.